단숨에 정리되는
세계사 이야기

단숨에 정리되는
세계사 이야기

정헌경 지음

세계사 입문서의 새 지평을 연 책!

단언컨대 네 가지 이유에서 이 책은 역사 글쓰기의 모범을 보여 주는 최고의 서양사 입문서이다.

먼저, 역사 서술의 최고 원칙은 사실을 정확하게 반영하는 것이다. 최근 '교과서 사태'에서 보듯 교과서에도 틀렸거나 근거 없는 지식이 적지 않다. 어떻게 하면 그런 오류를 최대한 줄일 수 있을 것인가? 역사학계의 전문 연구 성과를 적극적으로 반영하는 것이 최선이다. 이 책에는 "루터가 비텐베르크 대학 정문에 95개조 반박문을 게시하지 않았다.", "루이 14세가 '짐이 곧 국가다'라고 말하지 않았다."와 같은, 전문 역사가들이 최근에야 밝힌 사실들이 충실히 반영되어 있다.

두 번째, 역사가 의미와 호소력을 가지려면 박제된 과거 사실을 나열하는 것이 아니라 우리의 현재와 맞닿아야 한다. 이 책은 서양사 전체의 흐름을 체계 있게 살피면서도 '우리 안에 존재하는 서양사'를 집중적으로 다루었다. '영국은 왜 축구 시합 때 단일한 팀으로 출전하지 않는지', '왜 성탄절을 기념하는 날짜가 나라별로 다른지'와 같이 한국인이 마주치게 되는 서양사의 현상들을 정확하게 짚고 설명하였다.

세 번째, 의미 있는 역사 학습을 하려면 과거의 사건을 암기하는 것이 아니라 비판적인 안목을 가지고 사건의 내면을 성찰해야 한다. 이 책은 서양 중심주의를 극복함으로써 참된 보편적 세계사를 추구하였다. 중남미 국가들이 '콜럼버스 날' 기념에 반대하는 운동을 펼치는 사실, 프랑스혁명이 자유와 평등을 주장하면서도 아이티의 독립을 억압했다는 사실 등과 같이 서양인들의 이중적인 모습을 신랄하게 지적하였다.

네 번째, 역사는 하나의 문학이며, 무엇보다 재미가 있어야 한다. 이 책의 필자가 이야기를 풀어 가는 방식, 구사하는 필체는 최고 중에서도 최고이다. 서양사의 수많은 제도와 사건을 정확하게 파악하여 설명하는 능력, 사건과 사건을 연관 짓는 능력이 뛰어나고, 시종 위트와 재치가 넘치는 필체를 구사함으로써 읽는 재미를 주고 있다.

결론적으로 이 책은 세계사 대중서의 새로운 지평을 연 책이라고 확신한다.

정기문 | 군산대 사학과 교수, 《한국인을 위한 서양사》의 저자

우리 안의 서양사 바로 보기

이 책을 쓰기로 결정하고 지인을 만났을 때입니다. 서양 역사 중 무엇이 관심 있냐는 질문에, 그는 딱히 떠오르는 게 없는 눈치였습니다. 사실 그렇지요. 몰라도 별 지장 없고, 궁금한 것도 없을 수 있습니다. 그러나 우리 자신을 한번 돌아볼까요? 의식주를 비롯한 일상생활의 대부분은 서양 문화에 '점령'되었다고 말할 수 있습니다. 사고방식도 상당히 서양화되어 있습니다. 옛것을 찾으려는 노력 자체가 이미 우리 옛것이 많이 사라지고 서양화되었음을 말해 줍니다. 지구촌 시대에 아무러면 어떠냐고 말하는 사람도 있겠지만, 설마 '나'를 몰라도 되는 사람은 없겠지요? 나 자신, 우리 역사를 알려면 서양 역사를 그냥 흘려버려서는 안 됩니다.

'나'와 역사는 무관하지 않고, 우리 역사와 세계사는 동떨어져 존재하지 않습니다. 우리 역사와 세계사의 관련성은 근현대에 들어 더욱 뚜렷해졌습니다. 일본의 식민 지배는 제국주의라는 세계사의 흐름 속에 일어났고, 국토 분단과 6·25 전쟁은 냉전 시대의 산물이었지요. 그럼에도 세계사는 교육과정에서 한국사보다 덜 중요하게 생각되었고, 일반인들의 관심에서도 멀어져 있곤 했습니다. 그러나 우리 역사는 세계사를 아우르는 넓은 시각으로 봐야만 제대로 이해할 수 있습니다.

저는 이 책을 통해 우리 안에 이미 자리 잡고 있는 서양 역사의 실체를 하나하나 다시 조명해 보고 싶었습니다. 동양사는 후속 작업으로 남겨 두었지만 오랫동안 서양 중심적 시각에 의해 소홀히 여겨졌던 라틴아메리카, 아프리카, 이슬람에 대해서는 관련 주제가 나올 때 비중 있게 다루었습니다.

이 책을 집필하는 동안 서양사 관련 서적 백여 권을 뒤적여 보았습니다. 요즘에는 지식을 대중과 나누려는 학자들도 늘어났고, 익히 알고 있는 사실 주변의 이야깃거리와 해석을 통해 지적 호기심을 충족시키는 책도 많습니다. 그러나 다행히(?) 제 의도에 부합하는 책은 찾기 힘들었습니다. 청소년 이상 누구나, 어쩐지 익숙하지만 머릿속에서 뒤죽박죽 얽힌 서양사의 사실들을 책에서 발견하곤 "아, 정말? 그게 그런 거였구나." 하며 고개를 끄덕일 수 있는 책 말입니다.

첫 단추를 잘 꿰어야 하듯, 서양사를 기초부터 알려 주는 책은 무엇보다 정확하고 객관성을 지향해야 한다고 생각합니다. 그러기 위해 현행 역사 교과서와 시대별, 주제별 책들을 두루 보면서 공통점과 중요한 요소를 뽑아내고, 지나치게 주관적이라 생각되는 내용은 배제했습니다.

또한 역사 교과서 서술의 문제점을 분석한 논문들과 최근 설득력 있게 받아들여지는 학설들을 반영하여 기존에 잘못 알려진 사실들을 바로잡았습니다.

방대한 서양 역사를 한 권에 정리하기란 쉽지 않은 일이었습니다. 그런데 어느 날, 중학교 때 수학 시간에 앞에 나가 문제 풀이 과정을 설명하던 기억이 떠올랐습니다. 이런 경우 반 친구들은 선생님보다 또래의 설명에 더 고개를 끄덕이게 마련입니다. 그 이유는 함께 배우는 입장에서 어느 부분이 막히는지, 어떻게 풀어 가야 하는지를 짚어 주기 때문이겠지요. 이 책은 그런 마음으로 썼습니다. 바로 옆에서 누군가가 "왜 그랬는데요?" 또는 "그게 나랑 무슨 상관이에요?" 하고 말을 건다 생각하고, 독자들이 각 주제를 오늘의 현실과 관련지어 생각할 수 있도록 이야기를 풀어 나갔습니다.

책을 쓰면서 때로는 두근대고, 때로는 가슴이 먹먹했습니다. 사건 하나하나, 사람 하나하나를 글 속에 살려 내는 일은 즐거운 경험입니다. 제가 그랬듯 독자 여러분도 이 책을 재미있게 읽어 나갔으면 좋겠습니다. 세월이 흘러도 한 사람, 한 사람이 가진 개성은 크게 변하지 않듯이 국가나 민족도 그렇습니다. 오늘의 현실과 비슷하게 느껴지는 사건들, 누군가를 연상시키는 역사 속 인물들이 있을 겁니다. 그러한 내용을 콕 집어서 서술하지는 않았습니다. 과거와 현재를 연관 지어 생각하는 것은 읽는 사람의 몫이기 때문입니다. 그 과정에 역사책 읽기의 즐거움이 있다고 생각합니다.

이 책을 통해 독자들이 서양사 속 사건과 인물들에 한층 더 다가가고, 역사를 더 깊이 이해하고 싶은 생각도 가질 수 있기를 바랍니다. 그리고 한 사람, 한 사람이 역사를 만든다는 것, 잊지 않고 살아갔으면 좋겠습니다.

벚꽃이 진 어느 날 도서관에 갔다가 나무의 팻말을 유심히 본 적이 있습니다. 관심 있는 사람은 꽃이 있건 없건 무슨 나무인 줄 알아봅니다. 누군가를 정말 알아준다는 건 그런 게 아닐까 생각했습니다. 봄부터 겨울까지 원고를 쓰는 동안 힘을 북돋아 주신 부모님, 풋풋한 역사학도로 성장한 아들 재석, 사람 하나 믿고 집필 기회를 준 좋은날들 이우희 대표님, 격려해 준 모든 이에게 고마운 마음을 전합니다.

정헌경

| 차례 |

현재에 대한 이해 부족은

필연적으로 과거에 대한 무지 때문에 생겨난 것이다.

반대로 현재에 대해 아무것도 알지 못하면서

과거를 이해하려고 노력한다면

아마 그것도 마찬가지로 헛된 일일 것이다.

– 마르크 블로크, 《역사를 위한 변명》

지중해에서 시작된
서양 최초의 문명

우리 일상 곳곳에는 고대 그리스가 숨어 있습니다. 그리스신화의 세세한 내용은 모르더라도 치명적인 약점을 '아킬레스건'이라 표현하고, 악성 프로그램에 붙은 '트로이의 목마'라는 이름을 자연스럽게 받아들입니다. 그뿐인가요, 위급할 때 울리는 사이렌은 노랫소리로 선원들을 유혹하던 바다 괴물 세이렌에서, 빙산에 부딪혀 침몰한 대형 여객선 타이타닉은 거대한 신 티탄에서 유래한 이름입니다. 그 밖에도 아테네에서 시작된 올림픽과 마라톤, 스파르타 교육 등 우리가 자연스레 알고 있는 많은 사실이 고대 그리스와 그 문화에 뿌리를 두고 있습니다.

그러나 익숙해서 다 아는 것 같아도, 머릿속에 단편적 사실들이 뒤엉켜 정리가 안 되거나 잘못 이해하고 있는 경우가 적지 않습니다. 오랫동안 무비판적으로 받아들인 사실들 때문에 은근히 서양 중심의 시각에 젖어 있기도 하지요. 실제로는 어땠을까요? 서양 문명의 요람인 고대 그리스의 면면을 살펴보겠습니다.

서양 최초의 문명이 탄생하다

인류는 처음에 먹을거리를 찾아 여기저기 떠돌면서 살았습니다. 그러다가 신석기 시대에 농사와 목축이 시작되면서부터 한곳에 정착했습니다. 이를 신석기 혁명이라 하지요. 그 후 일부 지역부터 차츰 원시생활에서 벗어나 문명 단계에 들어섰습니다. 문명civilization이라는 말은 도시를 뜻하는 라틴어 키비타스civitas에서 유래했습니다. 어원에서도 알수 있듯이 문명 단계에서는 우선 많은 사람이 모여 도시를 이룹니다. 이때의 도시는 그 자체로 국가였기 때문에 도시 국가라 합니다. 또한 문명단계에서는 문자와 청동기를 만들어 사용했고, 지배층과 피지배층이 구분되었습니다.

인류 최초의 문명은 기원전 3500년경 티그리스 강과 유프라테스 강사이의 메소포타미아 지방에서 탄생했습니다. 오늘날의 이라크에 해당하는 이 지방의 남쪽, 수메르에서 최초로 도시 국가가 세워졌습니다. 그후 이집트의 나일 강 유역, 중국의 황허 강 유역, 인도의 인더스 강 유역에서 문명이 탄생했습니다.

메소포타미아와 이집트 문명은 가까운 지중해로 전해졌습니다. 지중해의 동쪽에 자리한 오늘날의 그리스와 터키 사이에는 에게 해가 있습

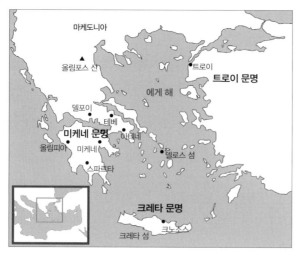

최초의 서양 문명이
탄생한 에게 해

니다. 이 일대에서 기원전 3000년경 에게 문명이라는, 서양 최초의 문명이 탄생했습니다.

에게 해는 파도가 잔잔해서 항해하기 좋고, 여러 섬이 징검돌처럼 흩어져 있어 바닷길을 찾기도 쉽습니다. 에게 해의 남쪽에는 크레타라는 커다란 섬이 있습니다. 크레타 섬 사람들은 배를 타고 소아시아(아시아의 서쪽 끝, 터키가 있는 반도)와 이집트를 오가며 발달된 문명을 받아들였습니다. 그래서 그리스 본토보다 더 빨리 문명을 탄생시킬 수 있었습니다. 이 문명을 섬 이름을 따서 크레타 문명, 또는 미노스 왕의 이름을 따서 미노아 문명이라고 합니다. 그런데 미노스 왕과 관련해서 다음과 같은 신화가 전해집니다.

어느 봄, 페니키아의 공주 에우로페가 바닷가에 나가 꽃을 꺾고 있었습니다. 에우로페에게 반한 제우스는 소로 모습을 바꾸어, 에우로페를 등에 태우고 바다를 건너 크레타로 갔습니다. 그러고는 제우스는 다시 신의 모습이 되어 에우로페와 결혼했습니다. 둘 사이에서 미노스가 태어났습니다. 미노스는 크레타의 왕이 되었는데, 바다의 신 포세이돈의 노여움 때문에 미노스의 왕비는 소를 사랑하게 되었습니다. 왕비는 소와 사랑을 나눈 끝에 소의 머리에 사람의 몸을 가진 괴물, 미노타우로스를 낳았습니다.

미노스 왕은 아주 복잡하게 얽힌 미궁을 만들어 미노타우로스를 가두고, 해마다 아테네로부터 소년과 소녀 일곱 명씩을 제물로 받아 미노타우로스의 먹이로 삼았습니다. 그 후 아테네의 왕자 테세우스가 미노타우로스를 처치하러 크레타로 옵니다. 테세우스는 미노스 왕의 딸 아리아드네와 사랑에 빠집니다. 그는 아리아드네의 지혜 덕분에 미노타우로스를 죽이고는 미궁에서 빠져나옵니다.

테세우스의 이야기가 묘사된 모자이크. 아리아드네가 알려 준 대로 테세우스는 실을 풀면서 미궁에 들어갔다가 그 실을 감으면서 밖으로 나왔다. 윗부분의 그림처럼 그 후 두 사람은 함께 배를 타고 떠났으나, 테세우스는 낙소스 섬에서 아리아드네가 잠든 사이에 홀로 떠났다고 한다. 고대 로마 시대의 작품. 빈 미술사 박물관 소장이 신화를 어떻게 해석해야 할까요? 에우로페가 살았던 페니키아는 오늘날 시리아와 레바논의 해안 지대입니다. 제우스가 페니키아의 공주를 크레타로 데려왔다는 것은 크레타 문명이 그리스 동쪽 문명의 영향을 받았음을 말해 줍니다. 페니키아 공주 에우로페Europe는 오늘날 '유럽'이라는 이름으로 남았습니다.

제우스가 소로 변신한 것을 비롯해 이 신화 속에는 소가 큰 비중을 차지하고 있지요. 이를 통해 당시에 소를 숭배했음을 알 수 있습니다. 아테네가 크레타에 소년 소녀 제물을 바쳤다는 것은 크레타가 그리스 본토의 왕국들을 굴복시킬 만큼 세력이 강했음을 뜻합니다. 그러나 테세우스가 미노타우로스를 물리친 것처럼, 나중에는 아테네를 비롯한 그리

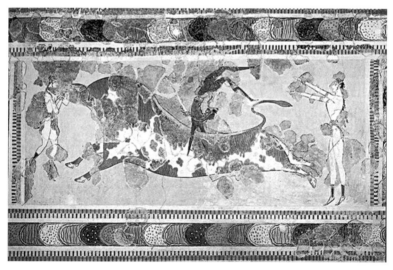

마치 돌고래처럼 유연하게 황소를 뛰어넘는 곡예 장면. 크노소스 궁전에서 발견된 벽화이다. 크레타 문명의 유물 중에는 이처럼 소 숭배를 보여 주는 것이 많다. 크레타 헤라클리온 미술관 소장

스 본토 왕국들의 세력이 강해집니다.

크레타 문명은 고고학적 발굴에 힘입어 사실로 드러났습니다. 미궁을 연상시키는 크노소스 궁전, 해양 문명의 특색을 보여 주는 도자기 등의 유물, 도시 수십 개의 흔적이 발견된 것입니다. 그러나 크레타 문명은 기원전 1400년경에 세력이 크게 약해졌습니다. 가까운 산토리니(테라) 섬에서 사상 초유의 화산 폭발이 일어나 크레타 섬까지 피해를 입은 것으로 짐작됩니다.

트로이 전쟁의 배경, 미케네 문명

크레타 문명이 몰락할 무렵, 그리스 본토에서 내려온 미케네 사람들이 에게 해를 장악해 문명을 이루었습니다. 신화에 따르면 미케네의 왕 아가멤논이 그리스의 총사령관으로서 트로이 전쟁을 승리로 이끌었다고 하지요. 트로이 전쟁 이야기는 '가장 아름다운 여신에게'라고 적힌 황금 사과를 놓고 세 여신이 다투는 것으로 시작됩니다. 트로이 왕자 파리스의 결정에 따라 그 사과는 아프로디테가 차지합니다. 아프로디테의 답례로 파리스는 스파르타 왕비 헬레네의 사랑을 얻습니다. 파리스가 헬레네를 데려가자, 스파르타 왕 메넬라오스가 형 아가멤논과 함께 오늘날 터키의 서쪽 연안에 위치한 트로이를 치러 떠나지요.

아킬레우스는 트로이 전쟁의 영웅입니다. 아킬레우스는 바다의 여신 테티스와 인간인 펠레우스 왕 사이에서 태어났다고 합니다. 테티스는

고고학자 슐리만이 미케네 유적에서 발견한 '아가멤논 가면'. 슐리만이 이렇게 이름 붙이기는 했지만, 실제로는 기원전 1500년경 왕의 장례 때 씌운 가면으로 아가멤논과는 무관하다. 아테네 국립고고학박물관 소장

아들 아킬레우스가 신성을 반만 가진 것이 못내 안쓰러웠습니다. 그래서 신처럼 죽지 않는 존재로 만들려고 아킬레우스를 저승과 이승의 경계를 흐르는 스틱스 강에 담갔다고 합니다. 그런데 남편 펠레우스가 방해하는 바람에 테티스가 잡고 있던 아킬레우스의 발뒤꿈치 언저리는 강물에 닿지 않았습니다. 결국 아킬레우스는 유일한 약점인 이 부위에 화살을 맞고 죽습니다. 발뒤꿈치 위쪽의 굵은 힘줄을 가리키는 '아킬레스건'은 여기서 유래한 말이지요.

목마 속에 숨어 있던 그리스 병사들을 비롯해 트로이 전쟁 이야기는 흥미롭습니다. 신화에서처럼 왕비를 뺏긴 것 때문에 10년이나 전쟁을 치렀을 리는 없지만, 트로이 전쟁이 정말 일어났는지에 대한 학계의 논란이 계속되고 있습니다. 고고학자 슐리만의 활약이 논쟁에 불을 붙였습니다. 그의 발굴을 계기로 관심이 뜨거워진 가운데 19세기 후반부터 트로이와 미케네의 유적 발굴이 활발하게 이루어졌습니다. 최근에는 당시 그리스 왕국들 중 가장 강했던 미케네가 소아시아로 진출해 트로이 전쟁을 일으켰을 거라는 주장이 주목받고 있습니다.

　미케네 문명은 점차 세력이 약해지다가 기원전 1200년경에 멸망했습니다. 그 후 그리스 세계는 약 400년간 암흑기에 들어갑니다. 고대 그리스의 암흑기는 기록이 사라져 어떤 일들이 일어났는지 전혀 알 수 없는 시기입니다. 그런 뒤 아테네, 스파르타 등 폴리스들의 새로운 역사가 펼쳐집니다.

그리스 문화에 관한 우리가 몰랐던 진실

　기원전 8세기 무렵에는 암흑기 동안 구전되던 이야기들이 기록으로 정리되었습니다. 가장 유명한 것이 호메로스의 《일리아드》와 《오디세이》입니다. 두 작품은 트로이 전쟁을 노래한 서사시권의 일부입니다. 《일리아드》는 트로이 전쟁의 마지막 해 동안 일어난 사건을, 《오디세이》는 영웅 오디세우스가 고향으로 돌아가면서 겪은 모험담을 다루었습니다. 헤시오도스는 《신들의 계보》를 지었습니다. 이런 작품들을 통해 그리스신화가 세상에 알려졌습니다.

　민족의 기원, 뿌리에 얽힌 여러 가지 신화가 있지만, 그리스신화는 유독 사람들의 관심을 모으곤 합니다. 아이들도 만화로 된 그리스신화를 즐겨 읽지요. 그러나 그냥 재미로 읽기에는 그리스신화 속의 세계가 너무나 복잡합니다. 고대 그리스의 철학자 플라톤은 《국가》에서, 그리스신화를 무비판적으로 받아들이지 말 것을 충고했습니다. 사실 그리스신화는 다채로운 내용 때문에 읽는 재미는 있어도 교육적이지는 않지요. 엽기적이고 황당한 내용이 많고, 전쟁 장면에서는 폭력이 지나칩니다.

특히 제우스가 최고의 신이 되기까지의 과정은 파란만장합니다. 《신들의 계보》에 따르면 하늘의 신 우라노스와 땅의 신 가이아는 티탄이라는 거대한 신 열두 남매를 낳았다고 합니다. 그중 막내아들이 시간을 뜻하는 크로노스입니다. 우라노스와 가이아는 거대하고 흉측한 외눈박이 삼형제와 팔이 백 개나 달린 삼형제도 낳았습니다. 그 후 크로노스는 아버지 우라노스에게서 통치권을 빼앗았습니다. 크로노스는 레아와 결혼하여 자식 여섯 명을 낳았는데, 혹시나 자기 자리를 넘볼까 두려워 자식들을 낳는 족족 삼켜 버렸습니다. 그러나 레아는 마지막으로 태어난 제우스를 몰래 살려 두었습니다. 제우스는 아버지 크로노스를 없애고 맙니다. 마침내 제우스는 티탄들을 물리치고 나서 포세이돈, 하데스와 함께 하늘과 바다, 지하 세계를 나누어 다스렸다고 합니다.

간추리면 우라노스, 크로노스, 제우스 3대에 걸쳐 아들이 아버지로부터 통치권을 빼앗고 나서 세상의 질서가 세워졌다는 이야기입니다. "시간 앞에 장사 없다."는 말처럼 시간을 뜻하는 크로노스는 아버지 우라노스를 무력하게 만듭니다. 제우스가 크로노스와 티탄들을 물리치는 이야기에는, 그리스인들이 이주해 와서 선주민(먼저 살던 사람)들을 힘으로 제압한 역사적 사실이 배경으로 깔려 있습니다.

그런데 이 신화는 히타이트 신화의 쿠마르비 이야기와 아주 비슷합니다. 쿠마르비는 하늘의 신인 아버지 아누를 죽이고 땅의 자식을 삼켰다고 합니다. 히타이트는 기원전 2000년경 소아시아에서 일어나 세력을 확장하면서 메소포타미아에 철기를 전한 민족입니다. 이들의 신화가 그리스에까지 전해져 영향을 준 것이지요.

이 밖에도 그리스신화에는 주변 문명의 영향을 보여 주는 예가 많습니다. 올림포스 산 꼭대기에 산다고 전해지는 신들의 수가 12인 것은 이집트의 영향이고, 그중 하나인 아폴론은 그리스 밖에서 들어온 신입니다. 그리스인들은 올림포스의 열두 신 외에도 수많은 신을 섬겼는데 그중에는 외래 신이 많았습니다. 그런데 그리스인들은 오랫동안 신을 섬기면서도 신전 지을 줄은 몰랐다고 합니다. 그리스 신전의 건축은 시리아, 팔레스타인의 신전 양식이 도입되면서부터 시작되었습니다.

호메로스의 작품에도 동방의 영향을 받은 부분들이 있습니다. 그의 서사시에는 인물의 구성, 이야기의 형식 등에서 길가메시 서사시를 연상시키는 장면들이 있습니다. 길가메시 서사시는 인류 최초의 신화입니다. 3분의 2는 신이요, 나머지는 인간인 길가메시가 영원한 생명을 찾아 여행을 떠났다가 포기하고 돌아왔다는 이야기입니다. 길가메시 서사시는 수메르인과 그 후손들이 남긴 기록에 의해 오래도록 전해졌습니다. 호메로스도 방대한 작품을 쓰면서 그 유명한 길가메시 서사시를 참고했던 것으로 짐작됩니다.

그리스신화가 담긴 예술 작품도 하나 살펴봅시다. 아테나 여신은 아테네의 수호신입니다. 아테네 사람들은 포세이돈이 만든 기적의 샘보다 아테나가 심은 올리브 나무를 더 좋은 선물로 여겼다고 합니다. 그래서 아테나 여신이 아테네를 차지하게 되었다고 하지요. 아테네 사람들은 파르테논 신전을 짓고 거대한 아테나 여신상을 세웠습니다.

아테나 여신상의 모사본. 조각가 페이디아스가 만든 원래 작품은 현재 남아 있지 않다. 페이디아스는 높이가 약 12미터에 이르는 거대한 여신상을 만들었는데, 목재로 골격을 만든 다음 금박을 입히고 얼굴과 두 팔은 상아를 붙여 만들었다고 한다. 이 모사본은 서기 2~3세기에 기록을 토대로 만든 것이다. 아테네 국립고고학박물관 소장

아테나 여신은 아버지 제우스의 갈라진 머리에서, 갑옷을 입은 채 태어났다고 전해집니다. 제우스는 세상을 지배할 아이가 태어날 거라는 예언을 듣고, 아테나의 탄생을 막기 위해 부인 메티스를 삼켰다고 합니다. 그러나 엄청난 두통을 못 이긴 제우스는 불과 대장간의 신 헤파이스토스에게 머리를 깨라고 명령했고, 그 머리에서 아테나가 태어났습니다. 아테나는 제우스의 머리에서 태어난 만큼 상당히 지혜로웠고, 무장하고 태어난 만큼 능히 전장을 누빌 만했습니다. 그래서 아테나 여신은 지혜의 여신이자 전쟁의 여신입니다.

아테나 여신의 상징은 지혜를 상징하는 올빼미로 많이 알려져 있지요. 그러나 도자기나 조각에 표현된 아테나 여신의 옷과 방패는 주로 뱀

으로 꾸며졌습니다. 고대 사람들은 뱀이 영원한 생명력을 갖고 있다고 믿어서 어머니 여신의 상징으로 뱀을 사용하곤 했습니다. 아테나 여신은 평생 결혼을 안 하고 살았지만 어머니 여신이기도 합니다. 아테나 여신의 뱀 장식은 그리스에 국한되지 않은, 고대에 널리 퍼져 있던 뱀 숭배를 보여 줍니다.

파르테논 신전에 있던 아테나 여신상은 뱀 외에 여러 가지 상징으로 장식되었습니다. 투구 중앙에는 스핑크스, 그 좌우에는 그리핀(독수리와 사자가 합쳐진 상상의 동물)이 조각되었습니다. 갑옷 한가운데에는, 보기만 해도 돌이 되어 버린다는 메두사의 얼굴이 달려 있었습니다. 이들은 모두 아테나 여신의 신비로운 힘을 과시하는 상징이었습니다. 또한 아테나의 오른손에는 승리의 여신 니케의 상이 들려 있어, 사람들에게 승리의 확신을 주었습니다.

예전에는 서양 문화의 원천으로서 고대 그리스 문화의 독자성, 우수성이 많이 강조되었습니다. 그러나 요즘에는 주변 문화와의 교류가 주목받고 있습니다. 앞에서 살펴보았듯이 실제로 그리스신화와 예술 작품에서는 외래문화의 영향을 많이 찾아볼 수 있습니다. 고대 그리스인들은 당시 앞섰던 메소포타미아, 이집트 일대의 문화를 적극 받아들인 뒤 자기만의 색채를 곁들여 발전시켰던 것입니다.

알파벳과 크리스트교의 기원

에게 문명의 문자는 메소포타미아 문명의 쐐기문자, 이집트 문명의 상형
문자만큼 유명하지는 않다. 그러나 크레타 섬의 크노소스 궁전에서는 문자
가 새겨진 수많은 점토판이 나왔다. 이후 그리스 본토에서도 점토판들이 발
견되어 문자 연구가 활발히 이루어졌다. 크노소스 궁전의 점토판에 새겨진
문자는 그림문자와 선문자 A, 선문자 B로 분류되었다. 그중 선문자 B가 해
독되었는데, 이 문자는 크레타 문명의 뒤를 이은 미케네 문명 시기에도 사
용되었다. 해독된 내용에 따르면 와낙스wanax라는 왕이 제사장을 겸하고 각
지방은 귀족들이 다스렸다고 한다. 그리고 '모든 신에 대한 제사'라는 내용이
자주 기록된 것으로 보아 국가에서 사람들을 모아 놓고 종교 의례를 행했음
을 알 수 있다.

기원전 800년 무렵 그리스인들은 알파벳을 사용하기 시작했다. 알파벳이
라는 이름은 그리스 문자 중 알파와 베타가 합쳐져 만들어진 말이지만, 알파
벳을 고대 그리스인들이 만든 것은 아니다. 알파벳은 페니키아 문자에서 비
롯되었다.

기원전 1200년경 동부 지중해 연안에는 페니키아와 헤브라이가 있었다.
페니키아인들은 배를 타고 지중해 여기저기를 다니며 교역을 하고 식민 도시
들을 세우며 살았다. 그러다 보니 자연히 여러 문명과 만나게 되었고, 결과적
으로 오리엔트(동방) 문명을 서양에 전해 주게 된다.

장사하는 데는 기록이 필수라 페니키아인들은 간편한 문자를 만들어 냈
는데, 이 문자가 그리스에 전해진 것이다. 페니키아 문자에는 모음이 없어서

문자의 의미	이집트 문자	페니키아 문자	그리스 문자	라틴 문자	로마 문자
황소의 머리	🐂	∠(ʔ) Aleph	AA(a) Alph	A	A
집		9(b) Beth	B(b) Beta	B	B
모서리	Γ	∧(g) Gimel	ΓC(g) Gama	C/G	C/G
창		∆d Daleta	∆D(d) Delta	D	D
기뻐하다		ㅋh He	ㅋE(ē) Epsilon	E	E

페니키아 문자에서 비롯된 알파벳

그리스인들이 그대로 쓰기에는 불편했다. 그리스인들은 모음을 추가하고 페니키아 문자를 일부 변형해서 그리스 문자 24개를 완성했다. 그리스 문자는 시민들 사이에 퍼져 나갔고, 지식인들은 그리스 고전을 기록으로 남겼다. 아테네의 도편추방제는 대부분의 시민이 글을 읽고 쓸 줄 알았음을 말해 준다. 그 후 그리스 문자는 로마로 전해져 오늘날 전 세계에서 사용되는 알파벳 26자가 되었다.

한편 헤브라이에서는 유일신 여호와를 섬기는 유대교가 생겨났다. 헤브라이인들은 이스라엘 왕국으로 통합되었다가 이스라엘과 유대로 갈라진 후 멸망했다. 유대교는 나중에 크리스트교와 이슬람교가 탄생하는 데 영향을 주었다.

민주주의의 고향?
아테네 정치의 본모습

고대 그리스 아테네의 직접 민주주의는 유명합니다. 시민들이 민회에 모여 국가 중대사를 정하고, 독재자가 될 것 같은 사람이 있으면 도기 조각에 그 이름을 적어 추방했다고 하지요.

그러니 '다른 건 몰라도 민주주의만큼은 서양에서 자랑할 만한 전통이 아닌가?' 하고 생각하기 쉽습니다. 그 시대에는 왕이 나라를 다스리는 왕정이 일반적이었으니까요. 아테네의 민주정은 한마디로 '튀는' 정치였고, 지금 사람들은 아테네의 정치가 범상치 않았다고 생각하게 됩니다.

그런데 현대의 민주주의도 쉽지 않거늘, 아테네 민주주의는 어떻게 생겨나서 어떻게 발전했을까요? 아테네 민주주의를 뒷받침한 것은 무엇인지, 실제로 민주적이었는지 하나하나 짚어 보겠습니다.

"인간은 정치적 동물"이라고 하지요. 이 말은 고대 그리스 철학자 아리스토텔레스의 저서 《정치학》에서 비롯되었습니다. 그런데 '정치적'이라고 번역된 폴리티콘politicon은 폴리스polis에서 나온 말이라, 원래 '폴리스에 거주하는'이라는 뜻이었습니다.

아리스토텔레스가 살던 시절 그리스는 수많은 폴리스로 나뉘어 있었습니다. 폴리스는 암흑시대 이후에 그리스 본토와 소아시아의 이오니아 지방에 나타난 도시 국가입니다. 이 일대의 지형은 해안선이 복잡하고 섬도 많고 산도 많습니다. 그래서 산과 섬을 경계로 분리된 폴리스들이 생긴 것입니다. 그중 아테네와 스파르타가 가장 유명하지요.

폴리스에는 아크로폴리스와 아고라가 있었습니다. 아크로폴리스는 '폴리스'에 높다는 뜻의 '아크로'가 붙은 말입니다. 말 그대로 높이 솟은 언덕입니다. 이곳에는 신전들이 세워졌고 전쟁 중에는 최후의 보루가 되었습니다. 아고라는 한 포털 사이트의 토론장에 붙은 이름이기도 하지요. 원래 '모이다'라는 뜻의 그리스어 '아게이로'에서 나온 말입니다. 사람들이 많이 모이는 광장을 뜻합니다. 아고라에서는 장이 서고 민회, 재판 등도 열렸습니다.

아테네의 직접 민주주의가 잘 알려져 있지만, 다른 폴리스들이 다 아테네처럼 민주정을 이룬 것은 아닙니다. 아테네가 속한 그리스 본토도 처음에는 왕이 다스리는 왕정이었습니다. 그런데 왕권이 약해지면서 아르콘(통치자) 중심의 귀족정이 이루어졌습니다. 기원전 7세기 중엽이 되

고대 그리스의 정치가 솔론의 두상. 솔론은 철학자 탈레스 등과
함께 그리스의 현명한 사람 일곱 명(7현인)에 포함된다.

면 아홉 명이 아르콘을 맡습니다. 전에 아르콘을 지냈던 사람들이 현직
아르콘들과 함께 귀족 회의인 아레오파고스 회의를 구성했고, 이 회의
에서 아르콘을 선출했습니다. 그러니 아르콘이 될 수 있는 사람은 귀족
뿐이었습니다.

이러한 귀족정을 바꾼 것이 솔론입니다. 솔론은 기원전 6세기에 아르
콘으로 선출되어 개혁을 실시합니다. 당시 아테네는 빈부 격차가 갈수
록 커지고, 빚을 못 갚아 노예로 전락하는 시민들이 점점 늘어나고 있었
습니다. 솔론은 빚 때문에 노예가 된 사람들을 풀어 주고, 몸을 담보로
돈을 빌려 주는 것을 금했습니다. 또한 재산을 기준으로 시민을 네 등급
으로 나누고, 그 등급에 따라 정치에 참여하도록 했습니다. 이렇게 해서
돈이 많은 사람들은 최고 관직인 아르콘이나 국고를 관리하는 직책을
맡을 수 있게 되었습니다.

재산에 따른 정치 참여라니, 지금 생각으로는 민주적인 것과는 거리
가 멀지요. 그러나 이 개혁의 핵심은 정치 참여를 귀족 밖으로 확대한

데 있습니다. 가문, 혈통이 아닌 재산, 능력에 따라 사람을 나누었으니 그 시대로서는 한 단계 앞으로 나아간 개혁이었습니다. 그리고 맨 아래 등급에 속한 사람들도 민회에 참석하고 법정의 배심원으로 참여할 수 있었습니다. 민회가 정기적으로 소집되어 국가의 중요한 일들을 결정하게 된 것도 이때부터입니다.

솔론의 이러한 개혁은 민주정치의 기초를 다진 것이었지만, 시민들을 만족시키지는 못했습니다. 부채를 탕감해 준 것 때문에 부자들은 두고 두고 솔론을 못마땅하게 여겼고, 빈민들은 좀 더 급진적인 개혁을 원했습니다. 점점 더 악화되는 여론을 감당하지 못한 솔론은 결국 10년간 아테네를 떠나 있게 됩니다.

클레이스테네스 이후 다져진 민주주의

솔론이 외국에 나가 있는 동안 아테네에는 페이시스트라토스라는 사람이 나타나 참주, 즉 독재자로 군림합니다. 솔론의 개혁에 시큰둥했던 사람들조차 참주정의 뜨거운 맛을 보고는 민주정치가 좋은 줄 새삼 느꼈겠지요. 다행히 참주정은 무너지고, 클레이스테네스가 전면에 나섭니다.

클레이스테네스는 먼저 네 개로 나뉘어 있던 부족을 열 개로 다시 나누고, 각 부족에서 50명씩 뽑아 500인 협의회를 만듭니다. 부족을 다시 나눈 이유는 무엇일까요? 지금도 담임이 학생들의 자리를 바꿀 때가 있지요. 자리를 뒤섞어 놓으면 같이 떠들던 친구들과 멀어지니 수업 분위기가 정숙해집니다. 한마디로, 분열시켜 힘을 못 쓰게 하는 것입니다. 클레이스테네스가 노린 것도 비슷합니다. 기존에 혈연에 따라 묶인 부족에서는 특정 가문이 영향력을 행사했습니다. 클레이스테네스는 부족을 개편함으로써 정치의 판을 새로 짜고, 각 부족 안에 있는 '데모스'가 시민 명부를 관리하게 했습니다. 데모스는 정치의 기본 단위였습니다. 데모스의 지배를 뜻하는 데모크라티아democratia에서 민주주의democracy라는 말이 나왔습니다.

당시의 민주주의는 나름 체계적이었습니다. 500인 협의회는 민회에서 결정할 사안을 준비하고, 1년을 10등분하여 열 개의 부족이 정해진 기간 동안 국가의 실무를 맡아보았습니다.

이보다 더 유명한 개혁은 도편추방제입니다. 시민들이 도편, 즉 도기 조각에 참주가 될 위험성이 있는 사람의 이름을 적어, 표가 가장 많이 나온 사람을 폴리스 밖으로 추방한 제도입니다.

기원전 5세기 페리클레스 때에 이르러 아테네의 민주주의가 완성됩니다. 남자 시민들은 민회에 모여 전쟁, 동맹 등 국가의 중요한 일을 결정하고 법률과 정책도 만들었습니다. 여자와 외국인, 노예는 정치에 참

추방할 사람의 이름이 적힌 도기 조각들

여할 수 없었습니다. 남자 시민은 성년이 되어야 민회에 참석할 수 있었는데, 이에 대해서는 학자에 따라 18세 이상 또는 20세 이상으로 보고 있습니다.

재판에 참여할 배심원은 매년 초 30세 이상의 남자 시민 중 6천 명을 추첨하여 배심원 명부를 만든 다음, 각 재판마다 사안의 경중에 맞게 인원을 정해 배심원을 뽑았습니다. 그리고 민회, 법정에 참석하거나 공직을 맡는 등 공무를 수행하면 수당을 주었습니다.

민주주의가 발달하면서 수사학과 연극도 발달했습니다. 민회와 법정에서는 물시계로 시간을 쟀고, 각자 할당된 시간만 지킨다면 얼마든지 의견을 말할 수 있었습니다. 약 6분 안에 조리 있게 말하는 것이 관건이었습니다. 법정에서는 지금처럼 판사, 검사, 변호사가 진행하는 것이 아니라 비전문가인 시민들이 주체가 되었습니다. 누군가를 고소한 사람은 그 이유를 직접 설명해야 하고, 피고가 된 사람도 스스로를 변호해야 했습니다. 판결을 내리고 형량을 정하는 일도 시민들이 서로 의견을 나누

고대 아테네에서 사용된 물시계. 위쪽 물동이 밑의 구멍을 통해 아래쪽 물동이로 물이 흘러내린다. 민회나 법정에서 말하는 사람들은 물이 다 흘러내릴 때까지 발언을 마쳐야 했다.

는 가운데 결정되니, 설득력 있게 말하는 사람이 유리할 수밖에 없었습니다. 그래서 언어를 효과적으로 구사하는 방법을 연구하는 수사학이 발달하게 됩니다. 시민들은 수사학 기법을 깨알같이 정리한 작은 책자를 사서 읽었습니다.

한편 아테네인들은 함께 연극을 보면서 웃고 떠들고 슬퍼하는 가운데 같은 시민으로서의 연대감과 정치의식을 길렀습니다. 연극 상연은 시민들이 작품을 감상하는 자리이자, 국가에서 대대적으로 개최하여 신에게 제사를 올리고 애국심을 고취하는 종교적, 국가적 행사였습니다. 보통 1만 명이 넘는 관객이 모여 연극을 관람했고, 이들에게는 민회에 참석할 때처럼 수당이 지급되었습니다. 연극이 시작되기 전에 전사자의 아들들은 시민들이 지켜보는 가운데 극장을 행진한 다음, 목숨 걸고 아테네를 지키겠다고 맹세했습니다.

비극은 관객들에게, 신 앞에서 무력한 인간의 슬픔을 공감하게 하는 한편, 정당하지 못한 권력이나 독재는 비극적으로 끝난다는 사실을 암시했습니다. 희극은 당대에 논란이 되는 인물들을 소재로 거침없이 조

아테네 시민들이 모여 비극을 감상했던 디오니소스 극장. 아테네에서는 디오니소스를 기리는 봄 축제 때 항상 비극이 상연되었다. 오늘날의 노천극장은 대부분 고대 그리스 극장의 모양을 따라 지어졌다.

롱하고 비난하면서 관객들을 웃겼습니다. 이로 인해 아테네 시민들은 비극과 희극에 흠뻑 빠져 즐거운 시간을 보내다가 어느새 민주주의의 필요성도 새삼 느끼고 정치적 결정에 필요한 이런저런 생각도 하게 되었던 것입니다.

아테네 민주정은 정말 민주적이었을까?

지금으로부터 약 2,400년 전에 벌써 민주주의가 이루어졌다니 놀라운 일이지요. 그러나 아테네 민주주의의 감춰진 모습을 들여다보면 더욱 놀랍습니다.

우선, 실권을 쥔 사람이 따로 있었습니다. 아테네에서는 해마다 전군의 최고 지휘관인 군사령관을 선거로 뽑았는데, 얼마든지 재선이 가능했습니다. 그리고 선출해 봤자 항상 뼈대 있고 돈 많은 가문 출신이 그자리를 차지했습니다. 아테네의 전성기를 이끈 페리클레스도 군사령관을 열다섯 번이나 연임했습니다. 아테네는 페르시아 전쟁을 비롯해 크고 작은 전쟁을 많이 치른 나라입니다. 그러니 군사령관은 가장 큰 권력을 갖게 마련이었습니다. 이 자리를 좋은 가문에서, 한 사람이 여러 번 차지했다는 것은 아테네 민주정의 본모습을 말해 줍니다.

페리클레스는 군사령관 자리에 계속 선출되기 위해 대중에게 잘 보이려고 무던히 애썼을 것입니다. 실제로 그는 언변이 뛰어나기로 유명해서, 희극 작가들은 그가 마치 천둥이나 번개가 치듯 열변을 토한다고 표

아테네의 전성기를 이끈 페리클레스의 흉상. 페리클레스는 머리가 길어서, 그림이나 조각에서 항상 투구를 쓴 모습으로 표현되었다.

현했습니다. 결국 그는 시민들의 마음을 들었다 놨다 할 수 있는 말솜씨와 강한 권력욕을 갖고 있었고, 그의 정책은 민주주의를 위한 것만은 아니었습니다.

또한 아테네는 다른 폴리스들에게 제왕처럼 군림했습니다. 아테네 밖에서는 민주적이지 않았던 것이지요. 아테네는 다른 폴리스들과 힘을 합쳐 페르시아 전쟁에서 이겼는데, 전후에도 동맹을 유지했습니다. 그리고 다시 전쟁이 일어날 것에 대비해 동맹국들에게 군함이나 돈을 내게 하고, 동맹국들로부터 받은 돈은 델로스 섬의 금고에 보관했습니다. 그런데 나중에 금고를 아테네로 옮기고는, 그 돈을 아테네 시민들에게 지급하는 공무 수당과 파르테논 신전의 건축비로 사용했습니다. 결과적으로 아테네는 점점 더 부강해지고 민주주의도 발전했습니다. 그러나 동맹국들의 불만은 이만저만이 아니었겠지요. 동맹에서 탈퇴하려는 나라가 있으면 아테네는 가차 없이 쳐들어가 무력으로 굴복시키고 그 나라 사람들을 잔인하게 죽였습니다.

페르시아 전쟁 후 아테네는 전성기를 맞지만, 그 번영이 오래가지는 못했습니다. 기원전 431년, 스파르타가 아테네에 도전장을 내밉니다. 이렇게 해서 아테네 중심의 델로스 동맹과 스파르타 중심의 펠로폰네소스 동맹이 맞붙어 27년간 전쟁을 벌입니다. 이 전쟁이 바로 펠로폰네소스 전쟁입니다. 전쟁의 승자는 스파르타였습니다.

아테네는 기나긴 전쟁에서 많은 남자가 전사한 것은 물론, 한동안 정치적, 사회적 혼란이 이어졌습니다. 이런 아테네의 상황을 지켜보며 사람들에게 계속 철학적 질문을 던진 이가 소크라테스입니다. 펠로폰네소스 전쟁 후 국운이 점점 기우는 가운데, 소크라테스는 가뜩이나 편치 않은 아테네인들의 심사를 여기저기 쑤셔 댔습니다. 그는 아테네의 번영을 비난하고 개개인의 도덕을 강조했습니다. 아테네 시민들은, 철학자

파르테논 신전. 전체적인 균형감과 높은 예술 수준을 보여 준다. 델로스 동맹의 기금으로 지은 이 신전에는 그리스 전체가 단결하여 페르시아 군대를 물리친 데 대한 자신감이 표현되어 있다.

아낙사고라스가 태양이 그저 붉게 달아오른 돌덩이일 뿐이라고 말하자 민회를 열어 그의 연구를 금지한 적이 있습니다. 익숙한 사고방식을 흔드는 소크라테스의 말 또한 아테네인들에게는 당혹스러울 뿐이었습니다. 소크라테스는 신을 모욕하고 사회를 해치는 사람으로 몰렸습니다. 게다가 소크라테스의 제자와 친구 중에는 민주정을 위협하는 사람들이 있었습니다. 결국 기원전 399년 소크라테스는 법정에서 유죄 판결을 받은 뒤 독배를 마시고 죽음을 맞습니다.

아테네는 오늘날 민주정치의 기원을 마련함으로써 역사에 큰 업적을 남겼습니다. 그러나 오늘날 우리의 시각으로 아테네 민주주의를 쉽게 판단해서는 안 됩니다.

아테네의 민주주의는 폴리스 단위로 이루어진 생활, 노예 노동이 뒷

신고전주의 화가 자크 루이 다비드가 그린 〈소크라테스의 죽음〉. 죽음을 앞둔 소크라테스가 제자들에게 마지막 말을 남기는 장면이다. 뉴욕 메트로폴리탄 미술관 소장

받침된 시민들의 정치 참여가 바탕이 된 특수한 형태였습니다. 성인 남자 시민들만 정치에 참여했다는 한계 외에도, 제도적 허점이 있었던 것이 사실입니다. 도편추방제만 해도 시민들이 뜻을 모아 애꿎은 사람을 추방한 사례가 있습니다. 무엇보다 아테네 민주주의의 이면에는 대대손손 권력을 쥐는 사람들이 있었고, 힘이 약한 동맹국들에게 행사한 폭력이 있었습니다. 이런 점에 주목할 때 아테네 민주주의의 실체에 좀 더 가까이 다가갈 수 있을 것입니다.

이상적인 공동체로 여겨졌던 나라, 스파르타

스파르타 하면 사람들은 대개 강압적인 교육, 용감한 전사 정도만을 떠올린다. 그래서 스파르타가 서양 최초로 공교육을 실시한 나라며, 가부장적인 아테네와 달리 여성을 중시했고, 소박한 생활을 공유하는 이상적인 공동체였다는 사실을 놓치기 쉽다.

스파르타인은 기원전 1200년경 남하한 도리아인의 후예로, 라코니아 지방에 살고 있던 사람들을 굴복시켜 함께 살았다. 그런데 그곳에 살고 있던 사람들은 스파르타인보다 열 배나 많았고, 단지 스파르타인이 아니라는 이유만으로 지배를 받아야 했으니 불만이 없을 수 없었다. 그러니 행여 이들이 반란이라도 일으킬까 두려워, 스파르타인은 신체를 단련하고 군사 훈련을 철저히 할 수밖에 없었다.

아이들은 7세가 되면 집을 떠나 단체 생활을 하면서 교육을 받았다. 하나같이 머리를 빡빡 밀고, 맨발에 옷 한 벌로 일 년을 버티게 하고, 먹을 것도 충분히 주지 않았다. 극한 상황에서 살아남도록 하기 위해서였다. 들키지만 않는다면 음식을 훔치는 것도 '잘하는' 일이었다. 아이들은 군사훈련과 함께 글쓰기와 읽기, 음악, 무용 등도 배웠다.

스파르타인은 결혼해서 가정을 꾸리더라도 공동생활을 평생 이어 갔다. 15인으로 구성된 공동체에 소속되어 60세까지 함께 식사하고 군사훈련을 했다. 이런 공동생활을 위해 밥값을 포함한 비용을 매달 냈는데, 스파르타 시민에게는 큰 부담이 아니었다. 국가에서 시민들에게 골고루 나눠 준 땅을 가지고 있었기 때문이다.

스파르타인은 30세가 되면 완전한 시민으로서 민회에 참석할 수 있었다. 건강한 신체를 유지하는 것은 법적인 의무여서 건강을 잃으면 시민권을 잃을 수도 있었다. 여자 또한 건강한 아기를 낳을 수 있도록 신체를 단련했다.

이렇게 스파르타는 땅을 나눠 가진 평등한 시민들로 이루어져 있었고, 시민들은 공동체 의식이 강했다. 그래서 참주가 등장한 적도 없고, 계층 간의 갈등도 별로 없었다. 스파르타는 아테네와 여러 면에서 대조적이었으며 결국 펠로폰네소스 전쟁에서 맞붙게 된다. 아테네의 찬란함에 가려 스파르타는 제대로 조명을 못 받았지만, 사실은 소크라테스를 비롯한 철학자들이 이상적인 공동체로 생각했던 나라였다.

투구를 쓴 스파르타 전사 조각

알렉산드로스,
새로운 시대를 열다

스파르타는 펠로폰네소스 전쟁에서 승리하여 아테네를 누르고 그리스 세계의 최강자가 되었지만, 얼마 안 가 테베와 치른 전쟁에서 패합니다. 그 후 테베도 힘이 약해집니다. 이렇게 아테네에서 숙명의 라이벌 스파르타로, 다시 테베로 패권이 넘어가는 동안 그리스 세계는 점점 전성기의 빛이 꺼져 갑니다.

이 무렵 그리스 북쪽 지방에서 세력을 키운 마케도니아가 두각을 나타냅니다. 결국 그리스는 마케도니아의 필리포스 2세에게 정복됩니다. 그의 아들이 바로 알렉산드로스입니다.

알렉산드로스는 33세의 젊은 나이에 생을 마감했지만, 그 짧은 생에서 패배를 몰랐던 정복자였습니다. 그는 역사상 가장 짧은 시간에 세계를 정복한 영웅으로 잘 알려져 있습니다. 그의 거침없는 정복은 세 대륙에 걸친 제국을 이루었고, 그는 동서 융합 정책을 펼쳤지요. 그런데 알렉산드로스가 세계사에 큰 획을 그었다는 사실은 잘 알려져 있지 않습니다. 그는 역사에 어떤 변화를 가져왔을까요?

페르시아 원정에 나선 알렉산드로스

알렉산드로스는 그리스 북쪽 변방의 작은 나라, 마케도니아의 왕자였습니다. 그의 아버지 필리포스 2세는 기원전 359년에 왕으로 선출되었습니다. 필리포스 2세는 먼저 귀족 세력을 누르고 자신에게 권력을 집중시켜 강력한 왕국을 만들었습니다. 그리고 마케도니아의 문화 수준을 그리스의 폴리스들만큼 끌어올리려 애씁니다. 그러기 위한 방편으로 철학자 아리스토텔레스를 모셔와 아들 알렉산드로스의 스승으로 삼습니다.

당시 그리스 폴리스들은 중심 세력이 없이 혼란에 빠져 있었습니다. 덕분에 필리포스 2세는 즉위한 지 20년 만에 그리스 전체를 장악하고, 페르시아 원정을 계획합니다.

마케도니아는 페르시아에 대한 원한이 그리스의 폴리스들보다 더 깊었습니다. 페르시아가 쳐들어왔을 때 마케도니아는 그 길목에서 국토가 무참히 짓밟히고 많은 사람이 죽었기 때문입니다. 필리포스 2세는 협소한 마케도니아를 벗어나 페르시아가 있는 아시아로 영토를 넓히려는 야심도 있었습니다.

필리포스 2세의 두상. 필리포스 2세는 아들 알렉산드로스의 업적에 가려 제대로 평가를 받지 못했지만, 마케도니아의 힘을 키워 그리스를 통합하고 페르시아 원정을 계획한 야심에 찬 왕이었다.

그런데 필리포스 2세는 원정을 떠나기 직전에 암살됩니다. 이렇게 해서 알렉산드로스가 20세의 나이로 왕위에 오릅니다.

알렉산드로스는 아버지처럼 뛰어난 정치가이면서 군인으로서의 자질, 강인한 의지, 과감한 추진력을 갖추고 있었고 스승 아리스토텔레스로부터 그리스 학문을 전수받았습니다. 거기에 더해 어머니처럼 격정적인 면도 있었습니다.

알렉산드로스는 먼저, 아버지의 사후 마케도니아의 지배에서 벗어나려는 그리스 폴리스들의 반란을 과감히 진압합니다. 본보기가 된 나라는 테베였습니다. 테베의 남자들은 알렉산드로스 군대에 맞서 싸우다가 거의 다 전사하고, 남은 주민들은 모두 노예가 됩니다. 폐허 속에 온전한 것은 시인 핀다로스의 집뿐이었습니다. 알렉산드로스가 핀다로스의 시를 좋아해서 그의 집만은 남겨 두라고 명했기 때문입니다.

이 소식을 들은 그리스의 다른 폴리스들은 알렉산드로스에게 복종할 수밖에 없었습니다. 알렉산드로스는 마케도니아와 그리스의 연합 부대를 이끌고 페르시아 원정을 떠납니다.

기원전 334년, 알렉산드로스는 오늘날의 터키 북서부를 흐르는 그라니코스 강에서 페르시아군과 처음으로 맞닥뜨립니다. 알렉산드로스의 군대는 그토록 먼 길을 행군한 적도 없고, 페르시아군에 비해 수적으로도 열세였습니다. 그러나 선봉에 선 알렉산드로스는 젊은 혈기로 두려울 게 없는 데다가 전술의 천재였습니다. 알렉산드로스는 이 전투에서 페르시아군을 거뜬히 격파한 뒤 소아시아 서쪽을 차지합니다.

당시 소아시아에는 프리기아라는 나라가 있었는데, 알렉산드로스가 이곳에서 고르디우스의 매듭을 푼 이야기는 아주 유명합니다. 오래전 프리기아의 왕 고르디우스는 전차를 굵은 밧줄로 단단히 묶어 두고, 이 매듭을 푸는 사람이 아시아를 지배할 거라는 신탁을 걸었습니다. 그 후 수많은 사람이 도전했지만 매듭을 푸는 사람은 아무도 없었습니다. 알렉산드로스는 그 매듭을 뚫어져라 보더니 칼을 꺼내 단번에 잘라 버렸습니다. 예언대로 알렉산드로스는 아시아를 지배하게 됩니다.

기원전 333년 알렉산드로스는 소아시아 해안의 이소스에서 페르시아군을 다시 격파합니다. 전투에서 패한 다리우스 3세는 달아나고, 알렉산드로스는 그 후 페니키아를 점령한 데 이어 이집트로 갑니다. 그는 이집트를 점령한 뒤 나일 강 하구에 도시를 건설하고 자신의 이름을 따서 '알렉산드리아'라는 이름을 붙입니다. 이후 점령지 곳곳에 알렉산드리아가 세워집니다.

기원전 331년, 가우가멜라에서 페르시아와의 마지막 전투가 벌어집니다. 알렉산드로스의 군대는 기병 7천 명에 보병 4만 명이었고, 페르시

이소스 전투를 묘사한 모자이크 벽화의 부분. 알렉산드로스(왼쪽)의 공격에 다리우스 3세(오른쪽)가 전차를 타고 퇴각하고 있다. 이탈리아 국립 고고학박물관 소장

아군은 제국의 각지에서 파견된 군사들이 동원되어 적어도 10만 명은 되었습니다. 가우가멜라는 지금의 이라크 북부에 펼쳐진 평원으로, 바퀴에 칼날이 달린 페르시아 전차가 자유자재로 다니면서 진가를 발휘할 수 있고 수적으로 우세한 페르시아군에게 유리한 지형이었습니다.

알렉산드로스는 먼저 페르시아군의 중앙 진영을 뚫은 다음 기병대를 돌격시켜 다리우스 3세의 호위대까지 다가갔습니다. 그러고는 다리우스 3세의 전차를 향해 투창을 던졌습니다. 전차를 몰던 병사가 투창에 쓰러지자, 다리우스 3세는 전차에서 내려 말을 타고 달아났습니다. 페르시아군은 후퇴하기 시작했고, 알렉산드로스 군대는 기세를 몰아 완승을 거뒀습니다.

알렉산드로스 군대는 바빌론에 이어 페르시아의 수도인 페르세폴리스를 점령했습니다. 한편 도망간 다리우스 3세는 왕위를 노린 베수스에게 목숨을 잃습니다. 알렉산드로스는 베수스를 찾으러 원정을 떠나, 그를 찾아내 죽입니다. 이렇게 해서 알렉산드로스는 아버지로부터 물려받은 페르시아 정복의 꿈을 마침내 이룹니다.

알렉산드로스의 정복은 인더스 강까지 이어진 뒤, 오랜 원정에 지친 병사들의 반대에 부딪혀 중단됩니다. 돌아오는 길에 알렉산드로스는 열병에 걸려 33세의 젊은 나이로 생을 마칩니다.

폴리스에 갇힌 그리스를 뛰어넘다

알렉산드로스는 역사상 가장 짧은 시간 안에 세계를 정복한 사람입니다. 그의 정복은 단순히 영토를 넓힌 것만이 아니었습니다. 아테네, 스파르타 등 폴리스들을 중심으로 번영하던 그리스 세계는 한계에 이르렀고, 새로운 시대가 열려야 할 시점이었습니다. 의도했든 안 했든, 결과적으로 그 역할을 한 사람이 알렉산드로스입니다.

알렉산드로스는 정복한 전 지역의 여러 민족을 통합하고 싶었습니다. 물론 그는 요즘처럼 '다문화'를 존중했다기보다는, 정복한 세계의 모든 사람이 하나가 되어 자신에게 복종하기를 바랐습니다. 그러나 그의 생각이 당시에 파격적이었던 것은 사실입니다.

그리스인들은 스스로를 헬렌(그리스신화에 따르면 대홍수 때 살아남은 데우칼리온 부부의 맏아들)의 후손이라는 뜻에서 '헬레네스'라 부르고, 외국인들을 '바르바로이'라 부르며 얕잡아 보았습니다. 바르바로이는 알아들을 수 없는 말을 하는 야만인이라는 뜻이었습니다. 알렉산드로스의 스승 아리스토텔레스 역시 그리스인이 다른 민족보다 뛰어나다고 확신했습니다.

그는 수천 명이 모여 사는 작은 폴리스를 이상적인 사회로 생각했기 때문에 당연히 제국 건설에도 반대했습니다.

알렉산드로스는 이 점에서 스승의 생각과 당시 그리스인들의 고정관념을 뛰어넘었습니다. 페르시아를 정복한 뒤 그는 페르시아 공주들과 결혼하고, 부하들도 페르시아 여인들과 맺어 주어 1만 쌍의 합동결혼식을 치릅니다. 그리고 페르시아인들을 군대에 합류시킵니다. 기나긴 원정을 함께한 마케도니아인들과 그리스인들은 크게 반발하지만, 알렉산드로스의 뜻을 꺾지는 못합니다. 그리고 알렉산드로스는 점령지의 군사와 재정은 마케도니아인이나 그리스인이 장악하게 하되, 행정관은 페르시아인에게 맡겨 안정적인 지배를 꾀했습니다.

알렉산드로스는 왕 앞에서 무릎을 꿇어 절하는 페르시아의 전통 예법도 따르게 했습니다. 신 앞에서나 그런 예를 취할 뿐 인간에게는 불가하다는 반발이 빗발쳤지만, 알렉산드로스는 자신의 뜻을 관철했습니다.

알렉산드로스의 이러한 정책은 여러 민족이 섞여 살게 된 커다란 제국을 효율적으로 다스리기 위해서였습니다. 그러나 그가 이룬 제국은 폴리스에 갇혀 살며 외국인을 차별했던 그전 시대와는 분명히 다른 것이었습니다. 사고의 틀과 문화의 영역이 폴리스를 벗어나 세계로 확장된 것을 알려 주는 단적인 예가 있습니다. 그리스 철학자 디오게네스는 어느 나라 사람이냐는 질문을 받자 "나는 세계의 시민"이라고 대답했다고 합니다. 고르디우스의 매듭을 제대로 풀지 않고 칼로 잘라 버렸듯, 알렉산드로스는 자기만의 방식으로 새로운 시대를 활짝 연 것입니다.

알렉산드로스가 오래 살았다면 그가 건설한 제국은 어떻게 되었을까요? 그는 차분히 전략을 짜기보다는 선두로 나가 싸우는 것을 좋아하는, 무모한 구석이 많은 사람이었습니다. 탁월한 리더십을 가진 왕은 아니었습니다. 다행인지 불행인지 그는 승리만 계속하다가 젊은 나이에 죽었습니다. 그가 죽은 후에 제국은 시리아, 이집트, 마케도니아 세 왕국으로 분열되고, 이 왕국들은 나중에 로마에 정복됩니다.

알렉산드로스의 정복 이후 나타난 변화들

알렉산드로스의 정복은 역사에 큰 변화를 가져왔습니다. 그래서 그가 죽은 기원전 323년부터 로마가 지중해를 제패하는 기원전 31년까지를 헬레니즘 시대라고 합니다. 이 시대에 그리스 문화가 오리엔트 지역으로 퍼져 나갔고, 두 지역의 교류도 늘어났습니다.

헬레니즘 시대에 가장 크게 발달한 분야는 과학이었습니다. 그리스 시대에는 과학과 철학의 구분이 모호했으나, 이 시대부터 과학이 독자적으로 발전했습니다. 알렉산드로스는 여러 학문을 두루 섭렵하고 있었습니다. 그는 과학자들을 데리고 다니면서, 정복한 땅의 지도를 만들고 식물, 동물, 자원 등 정보를 모았습니다. 이에 힘입어 과학이 놀라울 정도로 발달했고, 이집트의 알렉산드리아가 과학의 중심지가 되었습니다.

과학 중에서도 두드러진 발전을 보인 분야는 천문학이었습니다. 지구의 자오선을 측정한 에라토스테네스가 대표적입니다. 천문학과 관련이 깊은 수학도 함께 발달했습니다. 기하학을 체계화한 유클리드, 부력의 원리를 깨닫고 목욕탕에서 뛰쳐나오며 "유레카!(알았다)"를 외친 아르키메데스가 이 시대의 과학자들입니다.

철학에서는 폴리스 중심의 공동체 의식이 무너지면서 개인의 행복이 중요한 화두로 떠올랐습니다. 에피쿠로스가 창시한 에피쿠로스학파는 마음의 안정을 통한 정신적 쾌락을 추구했습니다. 제논이 창시한 스토아학파는 금욕과 금기를 통하여 자연에 순응하는 삶을 이상으로 내세웠습니다. 에피쿠로스학파는 단순히 '쾌락주의'로 알려져서 향락적이라는

아프로디테상. 그리스의 밀로스 섬에서 발견되어 '밀로의 비너스'로 알려졌다. '비너스'는 아프로디테에 해당하는 로마 여신이다. 두 팔이 사라져 버린 이 조각의 높이는 2미터가 넘는다. 루브르 박물관 소장

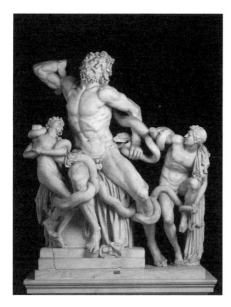

라오콘 군상. 라오콘은 트로이 전쟁 때 그리스인들이 두고 간 목마를 성안에 들이는 것에 반대했다고 한다. 뱀 두 마리가 나타나 라오콘과 그의 두 아들을 물어 죽이자, 트로이 사람들은 라오콘이 신의 저주를 받았다고 생각하고는 성문을 열어 목마를 들여놓았다. 이 작품에는 죽기 직전 라오콘과 아들들의 참담한 모습이 생생히 표현되어 있다. 바티칸 박물관 소장

오해를 받곤 합니다. 그러나 실제로는 욕망을 되도록 버려 행복해질 것을 주장했다는 점에서 스토아학파와 통하는 면이 있었습니다.

조각에서는 남성 누드만 소재로 삼던 그리스 시대와 달리 여성 누드상이 만들어졌습니다. 사랑과 미의 여신 아프로디테의 조각상이 대표적입니다. 그리고 라오콘 군상에 보이듯, 그리스 시대에 비해 현실적인 아름다움이 추구되었습니다.

제국으로 발전한
로마의 성공 비결

서양사의 바탕이 된 두 가지로 흔히 헬레니즘과 헤브라이즘을 꼽습니다. 헬레니즘은 그리스 문화, 헤브라이즘은 크리스트교를 말하지요. 이 두 가지를 서양에 널리 퍼뜨린 나라가 로마입니다. 그래서 역사학자 랑케도 로마를 서양사의 원천으로 중요하게 여겼습니다.

지금 우리의 일상에서도 로마가 남긴 유산을 쉽게 찾아볼 수 있습니다. 알파벳과 Ⅰ, Ⅱ, Ⅲ 같은 로마자, 공중목욕탕, 로마 가톨릭교회 등이 대표적이지요. 또한 양원제 국가의 상원은 로마 원로원에서 유래한 것이고, 서양 신문에 붙는 '트리뷴'이라는 이름에는 로마 호민관tribune처럼 국민 입장에서 정부를 감시, 견제하겠다는 의미가 담겨 있습니다.

테베레 강가의 작은 나라에서 출발한 로마는 나중에 지중해 일대를 넘어 영국에서 아라비아 사막에 이르는 영토를 정복하여 거대한 제국을 이루었습니다. 이렇게 넓은 영토를 장악한 것은 알렉산드로스나 이슬람, 몽골 제국도 마찬가지였습니다. 그러나 로마는 공화정과 그에 뒤이은 제정이 유지된 기간만 해도 천 년이나 됩니다. 다른 어떤 나라도 로마만큼 그렇게 오래도록 번영을 누리지는 못했습니다. 로마의 성공 비결은 무엇일까요?

200년이나 걸려 완성된 로마 공화정

고대 로마가 오래 번영한 비결은 "로마는 하루아침에 이루어지지 않았다."는 말에서 힌트를 찾을 수 있습니다. 이 말은 《돈키호테》로 유명한 에스파냐 작가 세르반테스가 한 말입니다. 로마가 나라 안의 힘을 천천히 다진 다음, 나라 밖으로 천천히 힘을 뻗어 나간 사실을 함축적으로 표현하고 있지요.

로마 역사를 쓴 책 중에 폴리비오스가 쓴 《역사》가 있습니다. 폴리비오스는 그리스의 역사가인데 전쟁 중에 포로가 되어 로마에 끌려왔습니

로마를 상징하는 이니셜. Senatus Populas Que Romanus(원로원과 로마 시민)의 약자 S.P.Q.R은 로마 공화정 시대에 등장했다. 지금도 로마 시에서 운영하는 기관이나 단체는 이 이니셜을 사용하고 있다.

다. 보통 그리스 학자들이 로마에 오면 세력 있는 사람에게 맡겨져 편하게 지냈습니다. 포로긴 해도 학자니까 귀한 대접을 받은 것이지요. 폴리비오스는 2차 포에니 전쟁 때 카르타고를 격파한 스키피오 아프리카누스의 조카에게 넘겨졌습니다.

폴리비오스는 로마 귀족들과 가까이 지내면서, 쇠락한 조국 그리스와 달리 로마가 빠르게 성장하는 모습을 지켜볼 수 있었습니다. 그는 나중에 그리스로 돌아가 자유인이 되었지만 자주 로마에 찾아왔고, 3차 포에니 전쟁에도 참전해 로마의 숙적 카르타고의 멸망을 지켜보기도 했습니다. 그렇게 20년 동안 보고 듣고 느끼며 로마에 대해 쓴 책이 《역사》 40권입니다. 그는 로마 성공의 비결을 정치체제에서 찾았습니다. 로마 공화정은 왕정, 귀족정, 민주정의 요소를 모두 가진 가장 이상적인 정치체제라는 것입니다.

여기서 잠깐 로마 공화정에 대해 짚고 넘어갑시다. 로마는 건국 이래 200여 년간 일곱 명의 왕이 왕정을 이어가다가 기원전 509년에 공화정을 이루었습니다. 라틴어로 레스 푸블리카res publica라고 하는 이 공화정은 공공의 것public thing을 뜻합니다. 즉, 개인이 권력을 독점하지 않는다는 뜻으로 왕정에 대립되는 말이지요. 이 말은 공화국republic의 어원이 되었지만, 공화국과는 엄연히 다릅니다. 공화국에서는 주권이 국민에게 있는데, 고대 국가가 그랬을 리 없지요. 로마 공화정은 귀족이 특권을 누리는 귀족정이나 소수가 지배하는 과두정에 가까웠습니다.

기원전 509년, 로마 귀족들은 왕정을 무너뜨린 후 집정관(콘술) 두 명과 원로원 의원 300명을 뽑았습니다. 집정관은 임기가 1년뿐이었고 서

로마 원로원의 회의 모습. 19세기의 벽화로, 집정관 키케로(BC 106~BC 43)가 원로원에서 카틸리나의 반란 음모를 폭로하고 있다. 오른쪽 끝에 카틸리나가 풀이 죽은 모습으로 연설을 듣고 있다.

로 반대할 수 있는 권리가 있어서 상대방을 견제하면서 독재를 막았습니다. 처음에는 귀족들이 집정관과 원로원 의원 자리를 모두 차지했습니다.

그런데 기원전 5세기에 이르러 평민들이 전쟁에서 중요한 역할을 하면서 참정권을 요구하게 되었습니다. 당시에는 전쟁이 일어나면 남자 시민들은 자기 돈으로 갑옷과 투구, 무기를 마련하여 무장하고 전쟁터에 나갔습니다. 귀족들은 기병, 평민들은 보병 부대에 들어갔습니다. 그런데 중장 보병의 밀집 대형이 전쟁을 승리로 이끌자 평민들의 입지가 강화된 것입니다.

기원전 494년, 평민들은 집단행동에 들어갔습니다. 그들은 로마 교외의 성산으로 올라가 절대 타협하지 않겠다는 뜻을 행동으로 보였습니다. 평민들끼리 따로 국가라도 세울 태세였습니다. 사태가 이렇게 되자 귀족들은 매우 당황했습니다. 곧 다시 전쟁에 나서야 하는데 평민들이 참전하지 않는다면 그보다 더 큰 일은 없었습니다.

평민들은 자신들 중에서 두 명을 호민관으로 뽑고 평민회를 조직했습니다. 호민관의 호護는 '보호한다', 민民은 '평민'을 뜻합니다. 말 그대로 평민을 보호해 주는 관직이 생긴 것입니다. 나중에 호민관은 열 명으로 늘어납니다.

기원전 449년에는 12표법이 민회에서 통과되었습니다. 12표법은 로마 최초의 성문법으로 잘 알려져 있지요. 법을 열두 개의 청동판 또는 목판에 기록하여 광장에 세워 두었기 때문에 '12표법'이라 하는데, 지금은 그 내용의 일부만이 전해집니다. 귀족에게 유리한 내용이 많았지만, '무법천지' 때보다는 평민들을 법으로 지켜 줄 수 있게 되었습니다.

그 후 귀족과 평민 사이의 결혼이 가능해졌고, 리키니우스·섹스티우스법에 따라 집정관 둘 중 하나를 평민 중에서 뽑게 되었습니다. 기원전 287년에는 호르텐시우스법에 따라, 평민회에서 의결한 내용이 원로원의 승인 없이 법률로 인정받게 되었습니다.

이렇게 로마는 기원전 509년부터 거의 200년 동안 귀족과 평민 간의 갈등과 투쟁이 이어진 끝에 공화정을 완성했습니다. 왕을 대신하는 집정관, 귀족의 지배 체제를 공고히 하는 원로원, 평민을 지켜 주는 호민관과 민회가 모여, 폴리비오스가 말했던 이상적인 정치체제가 이루어졌습니다. 그 후 로마는 비약적으로 발전하게 됩니다.

'노블레스 오블리주'의 원조, 로마 귀족들

상류층의 도덕적 의무를 흔히 '노블레스 오블리주'라고 합니다. '노블레스'는 귀족, '오블리주'는 의무를 뜻합니다. 이 말은 지체 높고 돈 많은 사람이 재산을 사회에 환원하거나 어려운 사람들을 도와줄 때 쓰이지요.

노블레스 오블리주를 처음 실천한 사람들은 로마 귀족들입니다. 대표적인 예가 2차 포에니 전쟁 때 있었습니다. 이때 카르타고의 한니발은 북쪽의 알프스를 넘어 로마에 쳐들어왔습니다. 북쪽을 거의 무방비 상태로 두었던 로마 사람들은 크게 당황했고, 한니발은 파죽지세로 밀고 내려와 이탈리아 남부 일대까지 차지했습니다. 전쟁이 여러 해 동안 계속되면서 농토는 짓밟히고 집은 불타고 사람들은 굶주렸습니다.

카르타고를 물리치려면 군대와 식량, 무기를 보충해야만 했습니다. 그래서 집정관들은 식량과 돈을 나라에 바치라는 명령을 내렸지만, 시민들은 돈도 없고 식량도 없는데 무엇을 바치라는 말이냐며 거세게 항의했습니다. 이때 집정관 라이비누스가 원로원으로 가서 귀족들이 먼저 부담을 져야 시민들이 따를 것이라는 연설을 합니다. 이 연설에 마음이 움직인 원로원 의원들은 재산을 국가에 바쳤고, 덕분에 로마는 카르타고를 물리칠 수 있었습니다.

로마 귀족들은 병역과 납세에 있어서도 모범을 보였습니다. 병역은 재산 정도에 따라 부과되어, 재산이 많을수록 무장을 많이 하고 전쟁터에 나갔습니다. 로마 사람들은 적에게 재산을 빼앗기느니, 자신의 재산은 스스로 지켜야 한다고 생각했습니다. 그리고 승전하면 전리품도 얻을 수 있으니 병역의 의무가 괴로운 일만은 아니었습니다. 세금 또한 재산 정도에 따라 부과되었습니다. 특권에 상응하는 의무를 지는 귀족들의 모습을 보며 시민들은 기꺼이 병역을 지고 세금을 냈습니다.

노블레스 오블리주는 작은 나라였던 로마가 넓은 영토를 정복하고 번영을 누리기까지 큰 힘이 되었습니다. 그러나 공화정 말기부터 소수에게 부와 권력이 집중되고 도덕이 무너지면서 노블레스 오블리주는 서서히 사라져 갔습니다. 노블레스 오블리주는 부의 대물림, 상류층의 병역 기피가 일어나는 지금 우리 사회에도 절실히 요구되는 가치입니다.

군사력 이상으로 뛰어난 통치 기술

4세기에 베게티우스는 《군사학 논고》에서 로마 사람의 특징을 다음과 같이 서술하고 있습니다.

로마 사람은 갈리아 사람보다 아이를 많이 낳지도 않고, 에스파냐 사람보다 몸집도 작으며, 아프리카 사람처럼 부유하거나 기민하지도 않고, 기술이나 이성적인 능력에서 그리스 사람만 못하다.

로마 사람 자체로 봐서는 여러 나라를 정복하고 제국으로 성장할 만한 요인이 별로 없다는 것입니다. 베게티우스는 로마의 성공 비결을 최강의 군사력에서 찾았습니다. 로마 군대가 엄격한 규율과 정확한 상벌에 따라 일사불란하게 움직이며 승전을 거듭한 것은 사실입니다.

그럼에도 군사력만 가지고는 그토록 오랫동안 넓은 영토를 장악할 수 있었던 이유가 설명되지 않습니다. "하룻강아지 범 무서운 줄 모른다."는 말처럼 로마는 처음에 이웃 나라들에게 '하룻강아지'처럼 보였을지도 모릅니다. 그러나 로마는 이웃 나라들을 하나씩 정복해 갔고, 정복한 다음에는 효율적으로 다스려 로마로부터 이탈하는 것을 막았습니다. 사실 정복하는 것보다 '유지'하는 것이 중요합니다. 가장 짧은 시간에 넓은 영토를 정복했지만 결국 분열되고 만 알렉산드로스 제국과 확실히 비교되는 지점입니다.

로마는 우선 이탈리아 반도의 나라들을 정복하고 나서 편입 또는 동맹의 방법으로 이들을 다스렸습니다. 편입하는 경우 시민권을 주어 로마 시민으로 대우했습니다. 그런데 시민권에는 투표권이 있는 경우와 없는 경우가 있었습니다.

로마와 민족이 같은 라틴 동맹국에게는 일반 동맹국보다 권리를 더 많이 주었습니다. 일반 동맹국들은 군대와 군함을 로마에 바쳐야 했고, 외국과 조약을 맺을 수 없었습니다.

이처럼 로마는 정복한 나라들을 각각 다르게 통치함으로써 분열시키는 한편, 시민권을 얻기 위해서라도 로마에 협조하게끔 만들었습니다. 기원전 88년쯤에는 이탈리아 동맹국들이 모두 시민권을 얻었습니다. 로마는 이들을 자치 도시로 삼아 최소한의 감독만 하고 전통과 관습을 존중해 주었습니다. 이렇게 시민으로서의 혜택과 자율성을 주는데 동맹국들이 로마를 배신할 리 없었겠지요. 이들의 협조는 로마가 영토를 점점 더 확대하고 제국으로 성장하는 데 반드시 필요한 것이었습니다.

로마 사람들은 여러 민족을 정복하면서도 다른 민족에게 배울 것이 있으면 적극 받아들였습니다. 이는 로마 성장의 큰 원동력이 되었습니다.

초기에 로마는 북쪽에 있던 에트루리아의 지배를 받았는데, 에트루리아의 문화 수준은 상당히 높았습니다. 특히 에트루리아인들은 석재를 아치 모양으로 쌓아 안정적이고도 아름다운 건축물을 지을 줄 알았습니다. 로마가 수도교, 개선문 같은 뛰어난 문화유산을 남기게 된 것은 에트루리아로부터 건축 기술을 배운 덕분입니다. 로마는 그리스의 영향도 많이 받았습니다. 그리스신화는 물론 철학과 문학, 알파벳도 받아들였습니다.

지중해를 둘러싸고 숙명의 대결을 펼쳤던 카르타고 역시 로마에게 가르쳐 준 것이 있습니다. 로마는 처음에는 해군이 약했는데, 카르타고의 배 한 척을 붙잡아 분해하고 연구하여 똑같은 배를 만들어 냈습니다. 그 배는 해군 다섯 명이 한 조가 되어 노를 젓도록 설계되어 있었습니다. 로마는 카르타고의 배를 모방하는 데 그치지 않고 새로운 장치를 달았습니다. 쇠갈고리가 달린 다리를 설치한 것입니다. 로마군은 적군의 배에 다리를 연결하고 건너가 싸울 수 있게 되었습니다. 비장의 무기가 달린 이 배는 해전에서 카르타고를 물리치는 데 크게 기여했습니다.

카르타고는 농업 기술에 있어서도 로마를 앞섰습니다. 로마는 카르타고를 멸망시키고 나서 카르타고의 농업 기술이 정리된 책을 가져와 라틴어로 번역했습니다.

연결 다리를 설치한 로마의 전함

실용적인 분야에서 진가를 발휘한 로마 사람들

로마는 정복지 곳곳을 도로로 연결하고, 물을 끌어오기 위해 수도를 놓았습니다. 사람들을 다스리려면 법률도 정비해야 했습니다. 그래서 토목, 건축, 법률 등 실용적인 분야가 발달했습니다.

가장 주목할 만한 것은 도로입니다. "모든 길은 로마로 통한다."는 말도 있듯이 로마는 기원전 312년에 아피아 가도를 건설한 것을 시작으로, 로마의 세력이 미치는 곳이면 어디든 도로를 설치했습니다.

도로 건설은 당시에 아주 획기적인 일이었습니다. 지금으로부터 약 2천 년 전, 그 시절에는 비만 오면 길이 질퍽질퍽해져서 걸어 다니기 힘들었기 때문입니다. 사람도, 소나 말도, 수레바퀴도 모두 진창 속에 빠져 속수무책이었지요.

그런데 왜 로마는 도로를 건설했을까요? 일차적인 목적은 군대가 빨리 출동하기 위해서였습니다. 반란이 일어나면 즉각 군대가 가서 진압

로마가 최초로 건설한 아피아 가도

해야 하는데, 길이 진창이라면 곤란하겠지요.

　로마는 영국을 포함한 유럽부터 북아프리카, 중동에까지 도로를 건설했습니다. 간선 도로만 해도 8만 킬로미터에 이르렀는데, 이는 오늘날 유럽 국가들의 철도 운행 거리를 전부 합친 것에 맞먹습니다.

　로마 사람들은 직선으로 곧게 뻗은 길을 만들기 위해 정밀하게 측량을 했습니다. 그러고 나서 1미터 정도 흙을 파낸 다음 그 안에 여러 층으로 돌을 쌓고, 단단한 돌판으로 도로를 포장했습니다. 그리고 빗물이 잘 빠지도록 도로의 중앙은 조금 튀어나오게, 옆면은 조금 가라앉게 하고, 도로 옆에 배수로를 파 두었습니다.

　이렇게 건설된 로마 도로는 아스팔트가 깔린 현대 길 못지않게 단단합니다. 그리고 군사적 목적으로 건설되기는 했지만 사람과 문물이 자유롭게 오가는 통로가 되어 사회 발달에 기여했습니다.

　수도교 역시 로마 사람들의 토목 기술이 돋보이는 유산입니다. 멀리서 물을 끌어오는데 계곡이 있으니 다리를 놓고 맨 위층으로 수도가 흐르게 설계한 것이지요. 수도교는 기능 면에서 우수할 뿐 아니라 아치 모양이 반복되어 아름다운 건축물이기도 합니다.

한편 넓은 땅의 여러 민족을 다스리기 위해 법률도 체계적으로 정비되었습니다. 12표법은 로마 시민에게 적용되는 시민법을 거쳐 외국인에게도 적용되는 만민법으로 발전했습니다.

이렇게 로마가 제국으로 발전한 데는 귀족과 평민의 타협으로 이루어진 공화정, 노블레스 오블리주를 실천한 귀족들, 앞선 문화를 적극적으로 받아들이는 자세, 실용적인 분야에서 발휘된 탁월한 재능이 큰 힘이 되었습니다.

에스파냐 세고비아에 남아 있는 로마의 수도교. © Bernad Gagnon

로마의 공중목욕탕 '테르마이'

2013년 7월에 개봉한 영화 〈테르마이 로마이〉는 고대 로마의 공중목욕탕 '테르마이'를 배경으로 하고 있다. 작품의 시대적 배경은 2세기, 로마 14대 황제 하드리아누스가 다스리고 있을 때이다. 주인공인 목욕탕 설계사는 현대 일본의 목욕탕과 화장실을 체험하며 감탄을 금치 못한다.

현대 기술을 따라오지는 못하지만, 로마의 공중목욕탕은 규모나 시설 면에서 황제의 권위를 자랑할 만큼 수준이 높았다. 가장 큰 규모로 꼽히는 디오클레티아누스 목욕탕에는 약 3천 명이 들어갈 수 있었다. 목욕탕에는 운동장, 정원, 도서관 등이 갖춰져 있었다. 목욕탕은 단순히 몸을 씻는 공간이 아니라 로마 시민들이 모여 여가를 즐기는 곳이었다.

로마 사람들은 먼저 몸에 기름을 바르고 가벼운 운동을 해서 땀을 낸 다음 온탕, 열탕, 냉탕을 거치며 목욕을 했다. 때를 밀 때는 영화 〈테르마이 로마이〉에도 잠깐 나왔던 '스트리질'이라는 쇠로 된 긁개를 사용했다.

로마 사람들이 목욕탕에서 때를 밀 때 사용했던 스트리질. 사진 아래쪽 작은 깡통에는 기름이 담겨 있었다.

로마, 공화정의
몰락과 함께 저물다

로마는 기원전 3세기에 이탈리아 반도를 통일한 뒤, 지중해로 세력을 뻗어 나갔습니다. 그 무렵, 지금의 북아프리카 튀니지에는 카르타고가 자리하고 있었습니다. 카르타고는 페니키아인(라틴어로 '포에니')이 세운 식민 도시였는데 당시 지중해 서부에서 활발한 해상 무역을 펼치고 있었습니다. 로마가 지중해를 장악하려면 카르타고와의 대결은 불가피했습니다. 두 나라가 백 년이 넘도록, 세 차례에 걸쳐 맞붙은 전쟁이 바로 포에니 전쟁입니다.

2차 포에니 전쟁에서 한니발이 카르타고의 대군과 코끼리 부대를 이끌고 눈 덮인 알프스를 넘어 로마에 쳐들어온 이야기는 유명하지요. 카르타고는 로마를 격파하여 궁지에 몰아넣었지만, 로마의 주도면밀한 전략에 말려들어 결국 패배하고 맙니다. 로마는 카르타고가 다시는 일어나지 못하도록 카르타고를 철저히 파괴하고 땅에 소금까지 뿌렸다고 합니다.

그리고 나서 로마는 동쪽으로 군대를 돌려 마케도니아와 그리스, 소아시아까지 정복했습니다. 이렇게 해서 로마는 지중해 일대를 장악하고 이후 영토를 더 확장합니다.

그런데 포에니 전쟁에서 패배한 한니발이 저주를 내린 걸까요, 로마는 점점 사회 모순이 심화되면서 위기로 치닫기 시작합니다.

형제는 용감했다! – 그라쿠스 형제의 개혁

지중해를 장악한 뒤 로마 병사들은 에스파냐, 아프리카, 소아시아 등으로 원정을 떠났습니다. 병사들은 여러 해를 전쟁터에서 보내야 했고, 전사하여 영영 돌아오지 못하는 경우도 많았습니다. 남자들이 집을 비운 사이에 농지는 황폐해졌고, 정복지에서 값싼 곡물이 들어오면서 곡물 값이 폭락하여 농민들은 살기가 어려워졌습니다. 반면에 귀족들은 넓은 땅을 차지하고는, 전쟁에서 잡아온 노예들을 이용하여 대농장(라티푼디움)을 경영했습니다. 결국 빈부 격차가 점점 심해지고 빈민으로 전락한 사람들의 불만이 커져 갔습니다.

이때 그라쿠스 형제가 농민 편에서 개혁을 실시하고자 나섰습니다. 기원전 133년에 호민관이 된 형 티베리우스는 다음과 같은 연설을 하며 농지 개혁을 주장했습니다.

이탈리아를 위해 싸우고 죽어 가는 사람들이 가진 것이라고는 공기와 햇볕밖에 없으며, 집도 안식처도 없이 처자를 이끌고 거리를 방황하고 있다. 그들은 다른 사람들의 부귀와 사치를 위해 싸우다 죽지만, 한 뼘의 땅도 갖지 못한 것이다.

– 티베리우스 그라쿠스의 연설

티베리우스는 무엇보다, 전쟁에서 얻은 공유지를 귀족들이 마음대로 차지하는 것이 부당하다고 생각했습니다. 그래서 로마 시민 중 누구도 공유지를 500유게라(약 40만 평) 이상 가질 수 없도록 하고, 그 이상을 가진 사람의 토지는 국가에서 몰수하여 농지가 없는 시민들에게 나눠 줄 것을 주장했습니다. 그러나 땅을 몰수당할 귀족들이 가만있었을 리 없지요. 티베리우스는 귀족들의 습격을 받아 무참히 살해되고 맙니다.

10년 후 동생 가이우스가 형처럼 호민관이 되었습니다. 그는 빈민들에게 싼값으로 곡물을 나눠 주는 등 형의 뜻을 이어받아 개혁을 실시하

기원전 2세기에 농민들을 위한 개혁을 펼쳤던 그라쿠스 형제의 조각상. 오르세 박물관 소장

러 했습니다. 그러나 이 개혁 역시 귀족들의 반대에 부딪혀 실패합니다.

티베리우스와 가이우스의 개혁이 실패했을 때 그들을 따르던 무리 수천 명이 살해되어 강물에 던져졌습니다. 특권을 유지하려는 귀족들의 반발이 얼마나 거셌는지를 실감할 수 있습니다. 귀족들이 앞을 다투어 모범을 보였던 '노블레스 오블리주'의 전통은 어디로 간 걸까요?

검투사 노예 스파르타쿠스의 반란

빈부 격차가 날로 커지기는 했지만, 로마는 정복 전쟁에서 얻은 전리품과 수많은 노예로 풍요를 누리게 되었습니다. 이 무렵 검투사 경기가 자주 열렸습니다. 검투사는 영어로 글래디에이터입니다. 영화 제목이기도 하니 귀에 익을 것입니다. 검투사라는 말을 그대로 풀면 '검을 들고 싸우는 사람'이지만, 이들은 검뿐만 아니라 삼지창, 그물 등을 가지고 다른 검투사 또는 표범, 사자 등 맹수에 맞서 싸웠습니다. 검투사들은 대개 경기를 위해 훈련된 노예들이었습니다.

수많은 관중이 모여 검투사 경기를 지켜봤습니다. 경기를 개최한 것은 정치가나 장군들이었습니다. 오락거리를 주어 정치적 불만을 잊게 하고 대중으로부터 인기를 끌기 위해서였지요.

관중은 검투사들의 피, 잔인한 싸움, 숨이 끊어지기 직전의 처참한 모습을 보며 환호했습니다. 색다른 재미를 찾는 부자든, 삶의 고단함을 잊고 싶은 빈민이든, 로마 사람들에게 검투사 경기는 최고의 오락이었습

기록에 따르면 검투사들이 제대로 싸우지 않을 경우 관중들의 요구에 따라 그 자리에서 처형되기도 했다고 한다. 검투사 경기는 황제들이 강인한 로마의 이미지를 시민들에게 심어 주는 한편, 현실의 문제를 잊고 잔인한 쾌락을 즐기게 하는 자리였다.

니다. 경기가 끔찍할수록 사람들은 열광했습니다. 로마 역사의 부끄러운 장면이지요.

당시 사람들은 노예를 '말하는 도구'라 여겼습니다. 자유도, 인격도 생각할 수 없는 존재였지요. 더구나 검투사 노예는 사람들 앞에서 죽도록 싸워야 하는, 짐승만도 못한 존재였습니다.

그런데 기원전 73년, 검투사 스파르타쿠스가 반란을 일으켰습니다. 스파르타쿠스는 검투사 훈련소에서 동료 노예들과 함께 탈출했습니다. 그는 베수비오 산에 진을 치고 노예 해방을 주장하며 약 7만 명의 무리를 모았습니다. 이들은 로마 군대로부터 무기를 빼앗은 뒤 감옥을 습격하여 노예들을 풀어 주었습니다. 반란군은 점점 늘어났고, 이들은 기원전 71년까지 로마 제국을 온통 뒤흔들어 놓았습니다.

스파르타쿠스의 반란은 결국 진압되어 수많은 노예가 처형되었지만, 당대는 물론 후대에까지 강렬한 인상을 남겼습니다. 그 후 로마 노예들의 처우가 조금 개선되었습니다. 스파르타쿠스의 반란은 로마 사회가 위기에 처했음을 분명히 보여 주었습니다. 누군가 나타나 흔들리는 사회를 안정시켜야 할 때였습니다.

카이사르는 왜 루비콘 강을 건넜을까?

그라쿠스 형제가 죽고 난 뒤 평민을 위한 개혁을 실시하려는 평민파와, 원로원을 중심으로 뭉친 벌족파가 첨예하게 대립했습니다. 평민파 중에 아주 유명한 사람이 있습니다. 바로 율리우스 카이사르입니다. 영어로는 '시저'라고 부르는 사람이지요. 황제를 칭하는 러시아의 차르, 독일의 카이저는 모두 카이사르에서 유래했습니다. 이는 카이사르가 황제 못지않은 사람이었음을 말해 줍니다.

원로원에 상당히 도전적이었던 카이사르는 기원전 60년에 폼페이우스, 크라수스와 함께 1차 삼두정치를 시작하고, 그 후 8년 동안 갈리아(오늘날의 프랑스, 벨기에, 북이탈리아 일대) 정복에 전념합니다. 그런데 크라수스가 원정 중에 죽자 원로원은 폼페이우스와 손잡고 카이사르를 제거하려 합니다.

카이사르는 원로원으로부터, 당장 군대를 해산하고 로마로 돌아오라는 명령을 받습니다. 그는 로마로 돌아오는 길에 루비콘 강에 이릅니다. 무장한 채 그 강을 건너면 로마에 반기를 든다는 것을 뜻했습니다. 이때 카이사르는 "주사위는 이미 던져졌다."라고 말하고는 로마로 진군

합니다.

카이사르가 남긴 또 하나의 유명한 말은 "왔노라, 보았노라, 이겼노라."입니다. 이 말은 기원전 47년에 그가 소아시아에서 전쟁을 치르고 나서 승전보에 적은 글이었습니다.

카이사르는 반대 세력을 진압한 뒤 정권을 차지하고 여러 개혁을 실시했습니다. 우선 원로원에서 논의된 내용은 그다음 날 로마 광장에 써 붙여 누구나 볼 수 있게 했습니다. 또한 공직자 윤리법을 만들어 기강을 바로잡고, 낮은 신분이거나 외국인이더라도 차별하지 않고 높은 관직에 임명했습니다. 기존에 쓰던 태음력 대신 이집트 태양력을 도입해 새로운 달력을 만들기도 했습니다. 이것이 율리우스력입니다. 지금 우리가 쓰는 달력의 기원이 되었지요.

벌족파를 크게 자극한 것은 경제 개혁이었습니다. 카이사르는 세금을 공정하게 걷고, 빈민들에게 곡물을 싼값으로 나눠 주어 생계를 도우려 했습니다. 그라쿠스 형제가 제안했던 농지법도 보완하여 다시 제안했습니다.

이러한 카이사르의 개혁은 민중으로부터 큰 인기를 얻었지만, 벌족파로부터는 왕이 되려는 게 아니냐는 의심을 받았습니다. 그런 의심이 전혀 근거 없지는 않았습니다. 카이사르는 왕처럼 자신의 초상을 주화에 새기게 하고, 자신의 조각상을 신상과 나란히 세우도록 했습니다. 그리고 로마에는 비상시에 선출되어 6개월간 일하는 '독재관'이라는 관직이 있었는데, 카이사르는 종신 독재관, 즉 임기에 제한이 없는 독재관의 자리에 올랐습니다.

카이사르(BC 100~BC 44)의 석상. 카이사르는 1차 삼두정
치 후 정권을 독점하고 개혁을 실시했으나, 공화정을 지
키려는 귀족들에게 암살되고 만다.

　　결국 카이사르는 기원전 44년에 암살되고 맙니다. 카이사르에 대해
서는 다양한 평가가 엇갈립니다. 카이사르는 공화정의 한계를 직시하고
새로운 지도자로서 사회 문제를 해결하려 했던 걸까요, 아니면 야심에
찬 독재자였을까요?

황제들의 시대가 열리다

　　카이사르는 누나의 외손자 옥타비아누스를 양자로 삼는다는 유언을
남겼습니다. 카이사르의 측근이었던 안토니우스와 레피두스는 옥타비

아누스와 함께 2차 삼두정치를 열었습니다.

그러나 얼마 안 가 안토니우스는 이집트의 클레오파트라와 손잡고 옥타비아누스에 맞섰습니다. 기원전 31년, 옥타비아누스는 악티움 해전에서 안토니우스와 클레오파트라의 연합군을 격파합니다. 이로써 그는 이집트를 손에 넣었고 로마에서도 최고 권력자가 되었습니다.

지나친 결단력으로 원로원의 반발을 샀던 카이사르와 달리, 옥타비아누스는 침착하고 신중했습니다. 그는 자신을 로마의 프린켑스(제1시민)라고 칭했습니다. 동등한 시민으로서 통치하겠다는 뜻을 밝힌 것입니다. 그가 일인자, 즉 원수가 되어 다스린 체제를 프린키파투스(원수정)라고 합니다. 원로원은 그에게 '존엄한 자'라는 뜻의 '아우구스투스'라는 칭호를 바쳤습니다. 사실상 아우구스투스는 황제였습니다. 그때부터 로마에는 황제가 다스리는 제정이 시작됩니다(기원전 27).

로마 최초의 황제 아우구스투스(BC 63~AD 14)의 석상. 오늘날의 달력에서 아우구스투스는, 7월July의 이름으로 남은 율리우스 카이사르에 이어 8월August의 이름으로 남아 있다.

아우구스투스 이후 로마는 약 200년간 황제들의 통치 아래 최고의 전성기를 누렸습니다. 이때가 팍스 로마나(Pax Romana, 로마의 평화) 시대입니다. 다섯 명의 현명한 황제가 다스렸다고 해서 5현제 시대라고도 합니다. 《명상록》을 지어 유명해진 마르쿠스 아우렐리우스 황제(재위 161~180)가 5현제 중 마지막을 장식했습니다.

원형 경기장, 공중목욕탕 등 대형 건축물이 세워진 것도 이때입니다. 황제들은 콜로세움 같은 원형 경기장을 짓고 시민들을 모아 빵을 나눠 주며 검투 경기, 전차 경주 등을 즐기게 했습니다. 로마의 풍자시인 유베날리스는 황제들의 이런 정책에 대해, 시민들의 정치적 불만을 잠재우려는 '빵과 서커스'라 표현하기도 했습니다.

그러나 2세기 중엽 이후 이민족들의 침입이 잦았고, 로마가 다스리는

콜로세움의 내부. 콜로세움은 80년 티투스 황제 때 완성되었다. 약 5만 명이 들어갈 수 있는 이곳은 검투 경기가 열리는 곳이자 공개 처형 장소였다.

속주에서도 반란이 자주 일어났습니다. 3세기 중엽에는 군인 황제 26명이 등장하여 정치가 극도로 혼란스러웠습니다. 그러한 가운데 시민들의 삶은 갈수록 어려워졌습니다.

3세기 말에 디오클레티아누스 황제는 제국을 넷으로 나누어 통치하는 방법도 시도해 봤지만, 제국을 안정시키지는 못했습니다. 이러한 때에 로마 시민들을 위로해 준 것은 크리스트교였습니다. 크리스트교는 급속도로 퍼져 나가, 4세기에 콘스탄티누스 대제가 크리스트교를 공인하기에 이릅니다(밀라노 칙령).

기울어 가던 로마 제국은 결국 395년에 동로마와 서로마로 분열되었고, 476년에 서로마 제국은 게르만족의 침입을 받아 멸망하고 맙니다.

외교 감각과 지적 매력이 넘쳤던 클레오파트라

클레오파트라는 로마의 카이사르와 안토니우스를 사랑했던 여인으로 잘 알려져 있다. "클레오파트라의 코가 조금만 낮았어도 역사가 달라졌을 것"이라고 한 파스칼의 말이 회자되면서, 클레오파트라는 빼어난 미모로 남자들을 유혹한 이집트 여인으로만 기억되고 있다. 이런 인식은 남성의 시각, 로마 중심적 사고에서 비롯된 것이다. 사랑 이야기에 가려진 클레오파트라는 어떤 사람이었을까?

클레오파트라는 이집트 프톨레마이오스 왕조의 마지막 왕이다. 정확한 이름은 클레오파트라 7세이다. 알렉산드로스가 죽고 나서 제국은 마케도니아, 시리아, 이집트로 분열되었다. 이집트는 알렉산드로스의 부하 장군이었던 프톨레마이오스가 다스리게 되었다. 그 후손들이 약 300년간 이집트를 다스렸고, 왕조의 최후를 클레오파트라가 장식하게 된 것이다.

이집트에는 '세계의 도서관'이라 불릴 만큼 많은 책이 보관된 왕실 도서관이 있었다. 클레오파트라는 어려서부터 이곳을 드나들며 학식을 쌓았고, 여러 나라의 언어도 구사할 수 있었다. 그녀는 남동생인 프톨레마이오스 13세와 결혼하여 함께 왕위에 올랐다. 당시 이집트에서는 왕실의 순수한 혈통을 지키기 위해 근친혼이 자연스러운 일이었다. 공동 왕이기는 했지만 정치를 주도한 것은 클레오파트라였다. 그런데 점차 프톨레마이오스 13세가 반기를 들기 시작했고, 지중해 일대를 장악한 로마는 이집트를 세력권에 넣기 위해 넘보고 있었다.

이러한 위기를 극복하기 위해 클레오파트라는 카이사르를 만나기로 결심

한다. 마침 카이사르는 원로원과 한편이 된 폼페이우스를 뒤쫓아 이집트에 와 있었다. 프톨레마이오스 13세는 카이사르에게 잘 보이기 위해 폼페이우스를 암살하여 그의 목을 바쳤다. 예기치 않은 일에 카이사르는 크게 화를 냈다. 폼페이우스는 정치적 입장은 달랐지만 그의 사위이자 집정관이었기 때문이다.

카이사르와 클레오파트라의 첫 만남은 아주 극적이었다고 전해진다. 어느 날 밤 카이사르가 카펫을 선물로 받았는데 카펫을 펼치자 그 속에서 클레오파트라가 나온 것이다. 어쨌든 두 사람은 사랑에 빠졌고, 덕분에 클레오파트라는 프톨레마이오스 13세를 몰아내고 이집트의 독립도 보장받는다.

카이사르가 암살된 후 클레오파트라는 안토니우스와 사랑에 빠진다. 그러나 옥타비아누스가 안토니우스를 제거하기 위해 이집트 정벌에 나선다. 옥타비아누스와 맞붙은 악티움 해전에서 안토니우스는 패배하고 만다. 그 소식에 클레오파트라는 독사에게 가슴을 물게 하여 자살했다고 전해진다. 안토니우스도 그녀의 품에서 죽었다고 한다.

클레오파트라를 마지막으로 프톨레마이오스 왕조는 무너지고 이집트는 로마의 지배를 받게 된다. 클레오파트라는 외교 감각과 지적인 매력이 넘치는 여자였다. 나라 안팎의 위기를 지혜로 극복하려 했고, 사랑 역시 어쩌면 그 수단으로 이용되었을지도 모른다.

알고 보면 역동적인 시간,
중세 천 년

중세라는 말은 고대와 근대 사이에 끼어 있는 시대를 뜻합니다. 고대 그리스 로마의 찬란한 문화와 근대의 눈부신 기술 발달에 가려, 중세는 오랫동안 주목을 받지 못했습니다. 더구나 14세기 무렵 이탈리아에서 시작된, '고대의 부활'이라는 뜻의 르네상스를 강조하기 위해 중세는 '암흑기'가 되어야 했습니다. 이런 해석에 따르면 중세는 교회와 봉건 제도의 속박 때문에 학문과 예술이 발달할 수 없었던 정체기라는 결론에 이릅니다.

그러나 고대와 중세, 근대는 역사를 쉽게 이해하기 위해 나눈 것일 뿐입니다. 역사가 그렇게 딱딱 끊어질 리 없고, 전 시대에 차곡차곡 쌓은 성과들 없이 갑자기 무언가가 이루어질 리 없습니다.

중세는 근대를 이끌어 낸 시대입니다. 근사한 성, 기사의 모험담, 봉건제, 영주와 농노 등 우리에게 익숙한 사실들 뒤에 숨어 있는 중세 역사를 살펴보겠습니다.

오늘날 유럽의 틀이 처음 만들어지다

중세라고 하면 언제를 말할까요? 역사학자들은 대부분 서로마 제국이 멸망한 476년부터 1500년경까지, 약 천 년의 시간을 중세라 합니다.

중세가 시작되던 때로 거슬러 올라가 봅시다. 서로마 제국을 무너뜨린 게르만족은 원래 유럽 북부에 살던 민족으로 앵글로 · 색슨족, 프랑크족 등 여러 갈래가 있습니다. 이들은 점차 남쪽으로 영역을 확대했고, 일부는 로마 제국에 들어와 살았습니다. 그러다가 4세기 후반에 훈족에게 쫓겨 대대적인 이동을 시작합니다. 이들은 서로마 제국 곳곳에 왕국을 세웠고, 그러던 중 서로마 제국이 멸망합니다.

게르만족이 세운 왕국들은 대개 오래가지 못했습니다. 종교를 비롯한 로마 문화에 잘 섞여 들어가지 못했기 때문입니다. 그러나 프랑크 왕국(지금의 프랑스)은 갈리아 지방을 중심으로 굳건히 뿌리를 내렸습니다. 5세기 말에 프랑크 왕국의 왕 클로비스가 로마 가톨릭으로 개종한 것이 큰 힘이 되었습니다.

프랑크 왕국은 카롤루스 대제(프랑스어로는 '샤를마뉴') 때 전성기를 맞았습니다. 카롤루스 대제는 '유럽의 아버지'로 통합니다. 그의 아버지 피핀은 본래 왕족이 아니었는데, 전 왕조를 무너뜨리고 새로 왕조를 세웠습

서로마 황제의 관을 받는 카롤루스 대제. 오늘날 유럽 연합(EU)으로 대표되는 유럽 국가들의 연대감은 카롤루스 대제 때 그 기반이 형성되었다.

니다. 크리스트교 신앙에 따르면 신의 뜻에 따른 왕위 계승을 인간이 바꿀 수 없습니다. 그 불가능한 일을 이루기 위해 피핀은 교황에게 잘 보이려 애썼습니다. 이탈리아 중부를 교황에게 바친 것도 그 일환이었습니다.

카롤루스 대제는 영토를 확장하면서 크리스트교를 퍼뜨리는 데 힘썼습니다. 카롤루스 대제도 아버지 피핀처럼 교황과 가깝게 지내면서 권력의 정당성을 인정받고 싶었습니다. 교황도 호락호락하지 않은 비잔티움 황제 대신 의지할 상대가 필요했습니다. 마침 성상 파괴령 때문에 교황과 비잔티움 황제가 갈라선 때였습니다. 반면 카롤루스 대제와 교황의 이해관계는 잘 맞아떨어졌습니다. 800년, 교황 레오 3세는 크리스마스 미사에 참석한 카롤루스 대제에게 서로마 황제의 관을 씌워 주었습니다. 이는 멸망한 서로마 제국에 이어 프랑크 왕국이 로마 가톨릭을 수호하게 된 상징적 사건이었습니다.

한편 이는 새로운 문제의 시작이기도 했습니다. 황제의 관을 감사히 받기야 했지만, 세속의 세계를 호령하는 황제가 교황에게 굽실댈 리 없습니다. 이후 양측은 서로를 굴복시키기 위해 오랫동안 힘겨루기를 벌였습니다.

카롤루스 대제는 수차례 정복에 나선 강인한 왕이었지만, 문화에도 많은 관심을 가졌습니다. 카롤루스 자신도 라틴어를 배우기 위해 노력하는 한편 수도 아헨에 학교를 세워 교육에 힘썼습니다. 가장 큰 업적은 여기저기 흩어져 있던 고전 문헌과 복음서 등을 수집, 정리한 것입니다. 당시 문헌들은 손으로 쓴 필사본이었는데, 수도원마다 서체가 제각각이고 내용도 체계적으로 정리되어 있지 않았습니다. 카롤루스는 작은 서체를 만들어 서체를 통일하고, 가장 믿을 만한 원본을 찾아 그 사본을 여러 권 만들도록 했습니다. 오늘날 전해지는 문헌들은 이때 정리된 문헌을 기초로 한 것입니다. 이러한 업적으로 그는 후대에 '카롤루스 르네상스'를 일으켰다는 평가를 받았습니다. 그의 노력으로 게르만 문화와 로마 문화, 크리스트교가 한데 어우러져 중세 서유럽 문화의 바탕이 되었습니다.

그러나 9세기에 카롤루스 대제가 죽은 후 프랑크 왕국은 동프랑크, 서프랑크, 중프랑크로 나뉘었습니다. 여기서 오늘날의 독일, 프랑스, 이탈리아가 비롯되었습니다.

이 무렵 서유럽은 노르만족을 비롯한 이민족이 쳐들어와 혼란을 겪었습니다. 노르만족은 바이킹이라 불리는 사람들입니다. 이들은 스칸디나비아 반도 남부에 살았는데, 배도 잘 만들고 항해술도 뛰어났습니다. 그래서 일찍부터 배를 타고 그린란드까지 나아갔고, 콜럼버스보다 먼저 아메리카 대륙에 상륙했던 민족으로 잘 알려져 있습니다.

노르만족은 무엇보다 해적질로 유명합니다. 그들은 시도 때도 없이 나타나 식량과 재물을 약탈한 뒤 재빨리 사라지곤 했습니다. 그러다가 잉글랜드의 노르만 왕조, 프랑스의 노르망디 공국, 이탈리아의 나폴리 왕국 등을 세워 유럽에 정착했습니다. 그중 노브고로드 공국과 키예프 공국은 러시아의 기원이 되었습니다. 그리고 북유럽에 남아 있던 노르만족은 노르웨이, 덴마크, 스웨덴을 세웠습니다.

이처럼 중세는 게르만족과 노르만족의 이동으로 오늘날의 유럽 국가들이 비로소 모습을 드러낸 때입니다.

중세의 기본, 봉건제가 성립되다

그 시절은 왕이 있어도 국가 전체를 지휘할 만한 권력이 없던 때였습니다. 그래서 지방마다 스스로 무장을 하고 싸움을 일삼는 사람들이 나타났습니다. 이들이 바로 기사입니다. 《아서 왕 이야기》에 나오는 원탁의 기사들을 비롯해 기사들의 모험담을 낭만적으로 그린 문학 작품이 많습니다. 그래서 중세 기사는 정의로운 사람의 이미지로 남았습니다. 어려운 일을 도와주는 사람을 흑기사라 하는 것도 이런 이미지 때문입니다.

그러나 중세 기사가 싸우는 목적은 정의를 위해서가 아니라, 힘의 우열을 가리고 전리품을 얻기 위해서였습니다. 중세는 무법천지, 달리 말한다면 '주먹'이 통하는 세계였습니다. 게다가 기사들은 일자무식이었습니다. 그들은 글을 읽으면 용맹스러운 기상이 떨어진다고 믿었습니다. 난폭하기 그지없던 기사들은 나중에 '기사도'가 자리 잡으면서 조금 양순해졌습니다. 교회가 기사들에게 명예를 중시하고 약자를 돕도록 가르친 것입니다.

기사들은 전투가 없으면 몸이 근질근질해서 마상 시합을 하며 놀았습니다. 마상 시합은 갑옷과 투구로 무장한 기사들이 말을 타고 달리며 싸우는 경기였습니다. 시합에서 이기면 명예도 얻고, 포로로 잡은 기사의 몸값도 받아 낼 수 있었습니다. 그래서 마상 시합은 갈수록 인기가 치솟았고, 흥분한 기사들이 위험한 상황으로 몰아갈 때가 많았습니다. 이에

중세 기사들의 마상 시합. 그림에 보이는 것처럼 귀부인들도 참석해 구경을 즐겼다. 마상 시합은 오늘날 토너먼트(승자 진출전)라는 경기 방식으로 남았다.

교회가 제재에 나섰고, 나중에는 나무로 만든 창이나 장식을 덧대어 끝이 뭉툭한 창을 사용하고 말에서 떨어지면 지는 것으로 경기 방식이 바뀌었습니다.

기사들은 주종 관계를 맺었습니다. 강한 사람이 주군, 약한 사람이 봉신이 되었습니다. 봉신이 충성을 다할 것을 서약하면, 주군은 땅(봉토)을 하사하고 봉신을 보호할 의무를 졌습니다. 주종 관계는 지배층 내에서 여러 층으로 형성되어 피라미드 모양을 이루었습니다. 즉, 왕은 주군으로서 제후들을 봉신으로 삼는데, 이 제후들도 주군이 되어 기사들을 봉신으로 삼고, 기사들은 또 주군이 되어 그 아래에 봉신들을 두는 식이었습니다. 이렇게 이루어진 사회 제도를 봉건제라 합니다. 봉건제는 동양에도 있었지만, 서양의 봉건제는 서로 의무를 이행해야만 유지되는 계약관계라는 점에서 혈연에 따라 맺어지는 동양의 봉건제와 달랐습니다. 봉신은 주군에게 받은 땅을 누구의 간섭도 받지 않고 독자적으로 다스렸습니다. 이렇게 해서 지방 분권적 사회가 이루어졌습니다.

마침 이민족들의 침입이 계속되어 사람들은 힘 있는 누군가에게 보호를 받아야만 하는 상황이었습니다. 기사들은 사람들을 보호해 주는 대신, 자기 땅을 경작하게 했습니다. 이렇게 운영되는 땅을 장원이라 하고, 장원을 다스리는 사람은 영주, 영주에게 예속된 사람은 농노라 합니다.

장원은 대개 영주의 저택, 교회, 농민들이 사는 마을, 경작지, 방목지 등으로 이루어져 있었습니다. 한 마을에 여러 영주의 토지가 섞여 있는 경우도 많았습니다. 경작지의 일부는 영주가 직접 경영하고, 나머지는 농민들에게 나눠 주었습니다. 방목지에서는 마을에서 공동으로 기르는 가축을 키웠습니다.

영주라고 해서 모두 으리으리한 성에 살았던 것은 아닙니다. 목재로 지은 집에 사는 영주도 많았습니다. 유럽에 남아 있는 고풍스러운 중세 성은 11세기 무렵부터 유력한 영주들이 지은 것입니다.

장원에 사는 농민은 대부분 농노였습니다. 농노는 노예와 달리 집과 토지를 가질 수도 있고 결혼해서 가정을 꾸릴 수도 있었습니다. 농노가 가진 땅은 엄밀히 말하면 '보유지'라고 합니다. 장원의 땅은 모두 영주가 '소유'했지만, 농노는 일부의 땅을 빌려 '보유'한 상태에서 농사짓고 자손에게 물려줄 수 있었습니다. 그러나 농노는 자유로운 농민보다는 구속을 받는 신분이었습니다. 영주와 농노는 대개 계약을 맺고 그 내용을 장원 문서에 적었습니다. 그래서 농노는 장원을 떠날 수 없었고, 영주가 직접 경영하는 땅의 농사를 지어 줘야 했습니다. 자신이 보유한 땅에서

중세 영국의 농노들과 감독관. 농노들이 허리를 구부려 낫으로 곡물을 수확하고 있다.

는 수확물의 일부를 세금으로 냈습니다. 농노는 방앗간 등 장원 시설에 대한 사용료와 결혼세를 비롯한 각종 세금도 영주에게 냈습니다. 다리를 지나갈 때도 톨tall이라는 통행료를 냈는데, 이것은 오늘날 톨게이트에서 내는 요금의 기원이 되었습니다. 그리고 장원 안에서 문제가 생겼을 경우에는 영주가 주재하는 재판을 받아야 했습니다.

이처럼 영주에게 강하게 예속된 농노의 존재는 중세의 낙후성을 보여줍니다. 그러나 농노가 예속된 정도는 다양했고, 시간이 흐르면서 농노의 지위도 차츰 향상되었습니다.

한편 마을에는 방앗간 주인, 대장장이처럼 솜씨가 좋은 장인들도 있었습니다. 오늘날 서양인의 성姓 중에는 이들의 직업에서 유래한 것이 더러 있습니다. 예를 들어 독일의 축구 선수 토마스 뮐러의 '뮐러'는 방앗간 주인에서 유래한 말입니다.

현재까지 이어지는 중세의 많은 것

중세 동안 많은 것이 새로 생겨나고 여러 가지 변화가 일어났습니다. 식생활에서는 게르만족이 들어오면서부터 식탁에 둘러앉아 먹는 방식이 보급되었습니다. 긴 의자에 비스듬히 누워 음식을 먹던 고대 로마의 습관을 버리게 된 것입니다.

인구가 늘어나면서 방앗간에서는 쉴 새 없이 밀을 빻아 밀가루를 만들었습니다. 고대 로마 사람들도 물의 힘으로 방아를 돌릴 줄은 알았지만 그 시절에는 노예들의 노동력을 주로 사용했기 때문에 방아의 쓸모를 별로 느끼지 못했습니다. 중세에는 물레방아가 본격적으로 사용되었고, 풍차도 처음 나타났습니다.

유럽에서 고양이를 기른 것도 중세부터입니다. 개가 사냥에 동원되어 거의 집 밖에서 지낸 것과 달리, 고양이는 쥐를 잡기 때문에 집 안 어디든 드나들 수 있었습니다.

의생활에서는 단추가 발명되어 널리 쓰였습니다. 단추 덕분에 사람들은 몸에 꼭 맞는 옷을 입게 되었고, 특히 탈착이 가능한 소매로 멋을 냈습니다. 속옷은 고대 로마 사람은 물론 중세의 하층민도 입지 않았지만, 중세의 상류층은 팬티를 갖춰 입었습니다. 중세 귀족 남자들은 끈을 이용해 고정하는 기다란 스타킹을 신었습니다.

안경도 중세에 발명되었습니다. 안경다리 없는 코안경 같은 형태라 불편하기는 했지만, 렌즈를 눈에 대어 시력을 교정한다는 것은 그 자체로 획기적인 일이었습니다.

중세 사람들도 공부를 했을까요? 물론입니다. 교회나 수도원에 딸린 학교가 있었고, 나중에는 고등교육기관인 대학까지 생겼습니다. 12세기 후반쯤 명성이 자자한 신학자 주위에 많은 학생이 몰려들면서 처음으로 대학이 나타났습니다. 볼로냐 대학, 파리 대학, 옥스퍼드 대학을 시작으로 대학이 확산되었습니다. 대학에 모인 사람들은 스승과 제자의 구분을 떠나 서로 질문하고 토론하면서 학문을 발전시켰습니다. 또한 학생 조합과 교수 조합이 있어서 스스로 권익을 지키고 도시 당국, 교회와 싸워 대학의 자율권을 얻어 냈습니다. 대학 교육이 보편화된 지금보

중세 볼로냐 대학 학생들의 모습을 새긴 조각. 오늘날의 대학은 중세에 처음 나타났다.

다 중세에는 대학이 권위를 더 크게 인정받았습니다. 교황은 종교 문제에 대해 신학으로 유명한 파리 대학과 의논했고, 대학을 나온 학생들은 행정가, 법률가, 교사, 성직자 등 전문직에 종사했습니다.

제본한 책이 처음 만들어진 것도 중세입니다. 고대 로마 사람들은 주로 파피루스 잎을 이어 붙인 긴 두루마리에 글을 썼습니다. 두루마리는 뒷면에 글을 쓸 수 없고, 펴서 읽기도 불편합니다. 중세 유럽 사람들은 주로 양피지를 사용했습니다. 양피지는 양의 가죽으로 만들었다는 뜻이지만, 염소나 소의 가죽을 쓰기도 했습니다. 이런 가죽을 무두질로 부드럽게 한 다음 표백하고 얇게 만들었습니다. 그러고 나서 한 장씩 잘라 4면이 나오도록 접었습니다. 이것을 한 묶음씩 실로 제본하고 표지로 싸면 지금의 책과 같은 형태가 됩니다.

인쇄술이 보급되기 전이라, 이렇게 만들어진 책에 원본의 내용을 하나하나 베껴 적어야 했습니다. 몸과 마음을 닦아야 하는 수도사들이 수

행의 일환으로 이 일을 전담하다가, 나중에 대학이 늘어나고 책이 많이 필요해지면서 전문적으로 책을 베껴 쓰는 사람들이 나타났습니다. 인쇄술은 유럽에서 15세기 이후에 가서야 정착되고, 종이도 인쇄술과 함께 널리 쓰이게 됩니다.

중세 유럽 사람들은 간편한 필기도구로는 고대부터 있던 밀랍 판도 사용했습니다. 밀랍 판은 나무나 상아로 틀을 만들고 가운데에 밀랍을 채워 글을 쓸 수 있게 만든 판입니다. 계산하거나 강의 내용을 적을 때에는 밀랍 판이 쓰기 편했습니다.

정치에서도 중세에 큰 변화가 나타났습니다. 의회가 생긴 것입니다. 입법, 행정, 사법의 삼권이 구분되지 않던 시대라, 중세의 의회는 지금의 입법기관인 국회와는 다릅니다. 그러나 중세의 의회는 각 집단의 대표가 모여 왕과 의논하는 대의제로, 그전까지는 없던 제도였습니다.

의회가 생기기 전에도 왕이 대표들을 불러 의논하는 일은 많았습니다. 전쟁이 없을 때 봉신은 주군에게 가서 정치 문제에 대해 의논 상대가 되어 주거나 재판을 도왔습니다. 이렇게 의논하던 관행이 의회로 발전했다고 볼 수 있습니다. 또한 중세의 왕은 자신이 소유한 경작지와 숲, 관세에서 나오는 소득 말고는 자유롭게 쓸 수 있는 재정이 없었습니다. 전쟁이 일어나면 막대한 비용을 마련하는 게 큰 문제였습니다. 신하들이 십시일반 모아 주는 돈으로는 충분치 않았고, 세금을 더 거둘 수밖에 없었습니다. 그러려면 대표들을 불러 모아 의논해야 했습니다. 이렇게 해서 의회가 생겼습니다.

의회는 13세기에 영국에서 어느 정도 체계적인 모습을 갖추었고, 유럽의 다른 국가들에서도 소집되었습니다. 프랑스의 의회는 1789년에 혁명을 촉발한 삼부회로 잘 알려져 있습니다. 영국에서는 의회제가 모범적으로 발전하여 나중에 입헌군주제를 수립하게 됩니다.

이렇듯 중세에는 일상생활의 소소한 변화는 물론 대학과 의회가 생기는 등 눈에 띄는 변화들이 많았습니다. '암흑기'라는 오명은 이제 걷어 버려야겠지요?

중세 유럽을
지배한 크리스트교

2013년 3월 교황으로 취임한 프란치스코는 역대 교황들과 여러 면에서 다릅니다. 프란치스코는 아르헨티나 출신으로, 역사상 최초로 유럽 밖에서 교황으로 선출된 사람입니다. 그는 격식을 과감히 깨고 서민적인 행동을 보이며 진보적인 발언도 서슴지 않습니다. 그래서 가톨릭 신자가 아닌 사람들도 프란치스코 교황과 관련된 소식을 흐뭇한 마음으로 접하고 있습니다.

19세기까지는 교황을 만나면 교황의 신발에 키스하는 전통이 있었다고 합니다. 그런 전통은 사라졌지만 지금도 교황은 권위 있는 존재입니다. '신의 대리자'로서 12억 명이 넘는(2011년 말 교황청에서 발표한 연감 기준) 가톨릭 신자들의 지도자이면서, 동시에 바티칸 시국의 원수로서 국제 외교상 독립된 지위를 갖고 있습니다.

교황이 중요한 존재로 부각된 것은 중세부터입니다. 중세 서유럽에서는 크리스트교, 정확히 말하면 로마 가톨릭의 권위가 하늘을 찔러 교황이 황제를 능가하기까지 했습니다. 이제부터 크리스트교가 어떻게 성장하고 변해 갔으며, 중세 유럽에 어떤 영향을 미쳤는지 살펴보겠습니다.

크리스트교, 둘로 나뉘다

크리스트교를 믿던 지역 중 예루살렘, 시리아, 이집트 일대는 7세기에 이슬람 세력의 지배를 받게 되었습니다. 그 후 로마와 콘스탄티노폴리스(콘스탄티노플) 교회만 남았는데, 그중 로마 교회가 크리스트교를 이끌게 되었습니다. 로마는 오랫동안 세계 제국의 중심지였던 데다가 바울과 베드로가 순교한 곳이었습니다. 무엇보다도 로마 교회는 예수의 열두 제자 중 일인자인 베드로를 계승한 교회라 단연 특별했습니다.

로마 교회의 주교 레오 1세는 베드로의 후계자임을 내세웠습니다. 《마태복음》에 따르면 예수가 베드로에게 하늘나라의 열쇠를 줄 것을 약속했다고 합니다. 이에 따라 로마 주교는 신과 인간을 이어 주는 존재로서 '교황Pope'이라 불리게 되었습니다. 베드로를 초대 교황으로 삼은 이 제도는 지금까지 약 2천 년간 이어지고 있습니다.

교황이 처음부터 권위가 높았던 것은 아닙니다. 서로마 제국 멸망 후 비잔티움 제국 황제들은 로마 교회까지 지배하려 들었습니다. 또한 콘스탄티노폴리스의 주교는 자신을 제치고 로마 주교가 맨 윗자리를 차지하는 것에 반발했습니다.

726년, 비잔티움 제국의 황제 레오 3세는 성상을 모두 없애라는 명령을 내렸습니다. 성상은 예수나 성모를 그림이나 조각으로 표현한 것인데, 당시 교회와 수도원에서는 포교를 위해 성상을 사용하고 있었습니다. 레오 3세는 이것이 성경에서 금한 우상 숭배에 해당된다고 여겼습니다. 레오 3세는 성직자들의 반대를 무릅쓰고 제국 내의 성상을 없앤 뒤, 이 금지령을 로마에까지 확대하려 했습니다.

그러나 로마 교회는 이 금지령을 거부했습니다. 세속의 황제가 종교 문제까지 관여하는 것이 옳지 않다고 여겼기 때문입니다. 이때부터 양측의 갈등은 점점 심해졌습니다. 1054년, 크리스트교는 교황이 이끄는 로마 가톨릭과 비잔티움 황제가 이끄는 그리스정교로 나뉘었습니다.

황제를 무릎 꿇게 한 교황

8세기에 롬바르드족의 세력이 확대되면서 교황은 근거지를 잃게 될까 두려웠습니다. 교황은 마침 서유럽에서 힘을 키우고 있던 프랑크 왕국과 손을 잡았습니다. 프랑크 왕국이 분열된 후 교황은 동프랑크의 오토 1세에게 황제의 관을 씌워 주었습니다. 이로써 오토 1세는 신성 로마 제국의 황제로서 크리스트교를 수호하는 역할을 맡게 되었습니다.

그러한 가운데 크리스트교의 세력은 점점 커졌습니다. 로마 교회는 왕과 귀족들로부터 많은 땅을 기증받아 재정이 넉넉해졌습니다. 이렇게 권력자들과 결탁하면서 교회는 세속화되었습니다. 9세기 이후에는 성직 매매가 이루어지고 성직자들이 결혼하는 등 교회의 부패와 타락이 나날이 심해졌습니다.

이에 클뤼니 수도원을 중심으로 교회 개혁 운동이 일어났습니다. 클뤼니 수도원은 이상적인 수도 생활과 참된 신앙을 되찾을 것을 주장했습니다. 그러는 한편 주교와 귀족이 수도원 운영에 간섭하는 것에 반대했습니다. 한마디로 종교의 영역에서 세속적인 것을 배제하고자 했습니다. 이 개혁 운동은 신성 로마 제국 황제 하인리히 3세와 그의 재위 중에 선출된 교황들의 지지를 받으며 널리 퍼졌습니다.

1059년에는 교황 선출 법령이 만들어져, 추기경(교황 다음가는 성직) 회의에서 교황을 뽑게 되었습니다. 그전까지는 성직자들뿐 아니라 신자들도 교황 선출에 참여했기 때문에 권력자의 입김에 따라 교황이 결정될 때가 많았습니다. 이때부터 교황 선출에서 외부의 간섭이 배제되었습니다.

교황을 선출하는 '콘클라베'는 2013년 초에 새삼 주목을 받은 바 있습니다. 가톨릭의 전통에 따르면 교황은 세상을 뜰 때까지 그 자리를 지켜야 하는데, 베네딕토 16세가 사의를 표하는 바람에 전임 교황 생전에 새로 교황을 뽑는 이례적인 사건이 일어난 것입니다. 콘클라베는 '자물쇠를 채운 장소'라는 뜻입니다. 추기경들은 교황이 결정될 때까지 꼬박 성당에 갇혀 있어야 합니다. 참석한 추기경 수의 3분의 2 표가 나올 때까지 추기경들은 빵과 포도주, 물만 먹으며 투표를 계속해야 합니다. 이 제도는 13세기에 최초로 실시된 이래 지금까지 이어지고 있습니다.

중세에 교회가 세속의 권력에서 벗어나는 과정은 험난했습니다. 1073년에 교황이 된 그레고리우스 7세는 확고한 의지를 갖고 개혁을 단행하려 했습니다. 그런데 신성 로마 제국 황제 하인리히 4세는 왕권을 강화하면서 교회마저 지배하려 했습니다.

두 사람은 서임 문제로 날카롭게 대립했습니다. 서임은 고위 성직자를 임명하는 것인데, 관행에 따라 왕들이 주교를 골라 임명하고 있었습니다. 이러한 관행이 잘못되었다고 생각한 교황 그레고리우스 7세는 교황법령을 만들어, 교황이 주교를 서임하는 권한을 가지며 세속 군주는 이에 관여할 수 없음을 명백히 밝혔습니다. 황제 하인리히 4세가 이를 무시하고 밀라노의 대주교를 서임하자, 교황은 황제를 파문해 버렸습니다. '파문'은 신자로서의 자격을 빼앗는 것입니다. 그 시대에 파문은 엄청난 벌이었습니다. 하인리히 4세는 카노사에 머물고 있던 교황을 찾아갔습니다. 그는 사흘간 성 앞 눈밭에서 맨발로 참회한 끝에 가까스로 사면을 받았습니다. 이것이 유명한 '카노사의 굴욕'입니다(1075년).

여기까지가 잘 알려져 있지만, 그 뒷이야기도 재미있습니다. 카노사의 굴욕을 겪는 사이에 독일에서는 하인리히 4세의 반대 세력이 새로운 황제를 뽑아 놓았습니다. 독일로 돌아온 하인리히 4세는 새로운 황제의 무리와 싸워 이긴 후 교황에게 다시 꼿꼿한 자세를 유지했습니다. 굴욕은 순간이었나 봅니다. 그러자 교황이 다시 하인리히 4세를 파문했고, 이에 맞서 하인리히 4세는 교황을 폐위하고 새로운 교황을 뽑아 버렸습니다.

그 후 1122년, 하인리히 5세 때에 이르러 보름스 협약이 맺어졌습니

카노사의 굴욕을 묘사한 그림. 하인리히 4세가 무릎 꿇고 앉아, 교황과 화해할 수 있도록 도와달라고 간청하고 있다. 그의 앞에는 카노사 성주인 토스카나 백작 부인과, 교황 편에 섰던 클뤼니 수도원장이 앉아 있다.

다. 이로써 황제가 교황의 주교 서임권을 인정했습니다. 교황권은 점점 커져 교황 인노켄티우스 3세 때 절정에 이르렀습니다. 인노켄티우스 3세는 교황을 해, 황제를 달에 빗대어 교황이 더 위대함을 선언했습니다.

학문과 예술의 중심이 된 크리스트교

교회와 수도원은 종교의 공간일 뿐 아니라 학문과 예술의 중심지였습니다. 고대 로마 제국 이래 유럽의 공용어는 라틴어였는데, 라틴어를 아는 사람은 거의 다 성직자였습니다. 당시에는 성직자가 최고의 지식인이었던 것입니다. 그러다가 12세기 후반 무렵부터 유럽 곳곳에 대학이 세워지면서 지식이 확산됩니다.

수도원은 속세와 격리되어 공동생활을 하면서 수행하는 곳입니다. 요 몇 해 사이에 영화 〈위대한 침묵〉과 〈사랑의 침묵〉이 국내에 개봉되면서, 시끄러운 속세에 대비되는 침묵의 가치와 함께 수도원의 일상이 주목받기도 했습니다. 두 영화에서 그려진 것처럼 속세와 완전히 단절된 수도원도 있고, 외부와 접촉하는 수도원도 있습니다.

최초의 수도 생활은 3세기 초에 이집트 사막에서 시작되었습니다. 수도사들은 완전한 삶에 다다를 거라는 믿음 아래 척박한 환경에서 고행을 계속했습니다. 그 후 6세기에 성 베네딕트가 수도원의 규범을 널리 퍼뜨렸습니다. 이 규범에 따라 수도사들은 공동 기도, 혼자만의 묵상과 영적 독서, 노동을 하며 생활하게 되었습니다.

중세는 크리스트교가 지배적인 사회였던 만큼 구원을 얻고자 수도원에 들어오는 사람이 많았습니다. 그중에는 다양한 분야에서 재능이 돋보이는 인재들도 많았습니다. 오늘날 전해지는 중세 교회의 건축, 성화 등에서 이들은 중요한 역할을 했습니다. 대표적인 사람으로 12세기에 활동한 힐데가르트 수녀를 들 수 있습니다. 힐데가르트는 최초의 음악가로 꼽히는데 그 외에도 시, 철학, 의학, 미술 등 여러 방면에서 재능을 발휘했고 대성당 건축을 주도하기도 했습니다. 또한 여자를 수동적인 존재로만 여기던 당시 교회와 싸워, 남자 수도원에 귀속되지 않은 여자 수도원을 최초로 세웠습니다. 힐데가르트는 2012년에 성인 반열에 올랐습니다.

수도원은 도서관 역할도 했습니다. 수도원에는 종교 서적을 비롯한

책을 베껴 쓰고 있는 중세의 수도사. 영혼의 적인 나태함을 물리치기 위해 수도사들은 잠자고 음식 먹는 짧은 시간을 빼고는 기도와 독서, 노동을 하며 시간을 보냈다. 책을 베끼는 일도 중요한 일과였다.

수많은 책이 보관되어 있었습니다. 수도사들이 책을 베껴 쓰는 고역을 마다하지 않은 덕분입니다. 크리스트교의 세계관과 맞지 않는 책은 금서로 지정되어 수도원 깊숙이 숨겨지기도 했습니다.

12세기부터는 고대 그리스와 이슬람의 문헌들이 들어오면서 서유럽의 학문이 한층 더 발달할 수 있었습니다. 이를 '12세기 르네상스'라 평가하기도 합니다. 중세 서유럽이 크리스트교 신앙과 교리에 몰두해 있는 동안, 이슬람 학자들은 고대 그리스 학문을 받아들여 더 높은 수준으로 끌어올려 놓았습니다. 서유럽 사람들은 이베리아 반도의 이슬람 세력을 몰아내고 십자군 전쟁을 치르는 과정에서 이슬람 학자들이 이룬 학문의 결실을 접하게 되었습니다. 수도사들은 아랍어를 공부하여 이슬람에서 들어온 책을 라틴어로 번역하고, 여러 권의 필사본을 만들었습니다.

중세 유럽의 학문은 신학을 중심으로 발달했습니다. 철학도 크리스트교 신앙과 인간의 이성을 조화시키는 데 초점을 두었습니다. 토마스 아퀴나스는 고대 그리스 아리스토텔레스의 철학을 바탕으로 크리스트교의 교리를 이해하고 정리했습니다. 그가 집대성한 철학을 스콜라 철학이라 합니다. 스콜라 철학자들은 인간의 이성에 대한 확고한 신념을 갖고 있었습니다. 그들은 이성에 의해 사물의 본질을 밝혀낼 수 있기에 신의 존재 또한 사물들의 근본적인 원인으로서 입증할 수 있다고 생각했습니다.

중세 예술 역시 그 바탕에는 크리스트교가 짙게 깔려 있었습니다. 교회와 수도원의 건축물과 내부를 장식한 조각과 벽화, 서적을 꾸민 그림은 높은 수준을 보여 줍니다. 건축에서는 로마식의 아치를 사용한 로마네스크 양식이 유행하다가 12세기 이후 고딕 양식이 유행했습니다. 고

프랑스 노트르담 대성당의 장미창. 고딕 양식의 걸작인 이 성당은 빅토르 위고가 지은 소설 《노트르담의 꼽추》의 배경으로도 유명하다. 노트르담Notre Dame은 우리의 부인, 즉 성모 마리아를 뜻한다. 성모 마리아를 상징하는 장미창을 비롯한 스테인드글라스를 통해 아름다운 빛이 성당 안으로 들어온다.

딕 양식에서 하늘나라를 향한 기원은 높게 솟은 첨탑으로, 신의 은총을 가득 채우고 싶은 마음은 빛이 환하게 들어오는 스테인드글라스로 표현되었습니다.

또 다른 로마, 비잔티움 제국

서유럽에서 교황과 신성 로마 제국 황제가 옥신각신하고 있을 때, 동유럽에서는 일찍부터 또 다른 방식으로 로마를 계승한 비잔티움 제국(동로마 제국)이 발전하고 있었습니다. 비잔티움 제국의 수도 콘스탄티노폴리스는 원래 기원전 7세기에 세워진 고대 도시 '비잔티움'이었습니다. 4세기에 로마의 콘스탄티누스 대제가 수도를 이곳으로 옮기면서 '콘스탄티누스의 도시'라는 뜻으로 이름을 '콘스탄티노폴리스'라 지었습니다. 오늘날의 터키 이스탄불에 해당되는 이곳은, 유럽과 아시아를 오가며 무역을 하고 문화를 교류하기 좋은 곳에 위치하고 있습니다. 그래서 경제적으로 풍요로운 가운데 높은 수준의 문화가 발달했습니다.

395년에 로마가 동서로 분열된 뒤, 비잔티움 제국은 천 년 넘는 세월을 이어 갔습니다. 비잔티움 제국은 그토록 오랜 시간 번영을 누렸고 세계사에 큰 영향을 끼치기도 했습니다. 서유럽 문화와는 또 다른 개성을 보여 주기도 합니다. 그러나 비잔티움 제국은 서유럽 중심의 역사 서술에 가려 제대로 조명을 받지 못했습니다. 아무래도 오늘날 서유럽에 부강한 나라들이 많다 보니 서양사 연구의 중심도 그쪽에 놓였던 게 아닌가 싶습니다.

비잔티움 제국은 강력한 황제를 중심으로 번영했습니다. 비잔티움 제국 사람들은 스스로를 로마인이라 불렀고, 수도 콘스탄티노폴리스는 제2의 로마로 발전했습니다. 6세기 유스티니아누스 대제 때에는 옛 로마의 영토를 대부분 되찾으면서 전성기를 맞았습니다. 유스티니아누스 대제는 《유스티니아누스 법전》을 펴내 로마법을 집대성하는 한편, 성 소피아 성당(아야 소피아, Aya Sofia)을 지었습니다.

비잔티움 제국은 이민족들의 침입으로 영토가 줄어들고 국력이 쇠하다가 1453년에 오스만 제국(13세기 말에 소아시아를 중심으로 세워진 이슬람 제국)에게 멸망했습니다. 그 후 비잔티움 제국의 전통은 모스크바를 중심으로 성장한 러시아로 이어졌습니다. 러시아의 이반 3세는 비잔티움 제국 마지막 황제의 조카딸과 결혼하여 비잔티움 제국 계승을 가시화했습니다. 또한 스스로를 로마의 카이사르에서 따온 '차르'라 칭하고, 전제 군주로서의 권력을 강화했습니다. 이렇게 해서 모스크바는 제3의 로마로 발전하게 되었습니다.

비잔티움 제국 황제의 권위를 보여 주는 모자이크화. 중앙에 왕관을 쓰고 그 뒤로 후광이 표현된 사람이 유스티니아누스 대제(재위 527~565)이다. 양옆에 관료, 군인, 성직자를 거느리고 있어, 황제가 정치와 군사, 종교를 모두 지배했다는 것을 알 수 있다. 이탈리아 산 비탈레 성당 소장

비잔티움 건축의 걸작으로 손꼽히는 성 소피아 성당. 하늘을 상징하는 웅장한 돔(반구형 지붕)이 돋보이는 성당의 내부는 화려한 모자이크 벽화로 장식되었다. 나중에 이슬람 사원인 모스크로 바뀌면서 네 개의 첨탑이 추가되었다.

　　비잔티움 제국의 문화에는 로마의 전통을 이은 가운데 그리스정교, 그리스 및 헬레니즘 문화가 어우러져 있었습니다. 특히 그리스어를 공용어로 하면서 그리스와 로마의 고전을 보존, 연구하여 서유럽에 전한 업적이 높게 평가받고 있습니다.

가톨릭의 빛에 가린 또 하나의 크리스트교, 그리스정교

비잔티움 제국 사람들은 그리스정교(동방정교)를 믿었다. 그리스정교는 우리나라 사람들에게는 익숙지 않지만, 로마 가톨릭에서 갈라져 나온 크리스트교의 한 교파이다. 동유럽과 러시아를 중심으로 교세를 확장하여, 전 세계에 약 3억 명의 그리스정교 신자들이 있다.

그리스정교는 가톨릭과 비슷한 점도 있지만 몇 가지 뚜렷한 차이점이 있다. 우선 교황과 별개의 조직이다. 비잔티움 제국에서는 황제가 그리스정교회의 수장으로서 주교와 사제를 임명하고 교회를 관리했다. 그래서 수도인 콘스탄티노폴리스의 주교조차 지위가 높지 않았고, 각 교회는 독자적으로 발전했다. 지금도 그리스, 러시아, 루마니아 등에 세워진 그리스정교의 교회들은 각각 독립되어 있고, 이들을 통합하는 교회 조직은 없다.

비잔티움 제국에서는 성상 숭배를 금한 적이 있지만, 그리스정교에서는 목판에 성인을 그려 넣은 전통 양식의 이콘이 중시되고 있다. 신자들은 이콘을 집에 걸어 두기도 하고 작은 것을 갖고 다니기도 한다.

그리스정교의 주교와 수도사는 가톨릭처럼 독신으로 지내지만, 하위 성직자의 경우 사제 서품 전에는 결혼이 허락된다. 예배당에서 신자들은 서서 예배를 보며, 반주 없이 찬송가를 부른다. 또한 그리스정교를 믿는 지역 중 러시아, 세르비아 등은 율리우스력을 쓰고 있다. 이런 나라들은 가톨릭이나 개신교와는 다른 날짜로 크리스마스, 부활절 등을 기념한다.

종교를 내세운 폭력, 십자군과 마녀사냥

종교는 사람들이 쉽게 꺼내지 못하는 이야깃거리 중 하나입니다. 아주 친한 사람이라도 종교에 대해 깊이 얘기를 나누다 보면 엄청난 벽을 느낄 수 있지요.

중세 유럽에서는 어땠을까요? 그 시절에는 종교의 자유라는 개념 자체가 아직 없었습니다. 민간신앙이 남아 있기는 했지만, 중세 유럽 사람들은 선택의 여지가 없이 크리스트교를 믿었습니다. 그러니 종교를 둘러싼 다툼의 소지가 없었을까요? 그렇지 않습니다. 유럽 사람들은 크리스트교 외의 종교에 대해 상당히 배타적이었습니다. 이슬람에 맞선 십자군 전쟁, 유대인에 대한 강한 적대감이 단적인 예입니다. 그뿐인가요, 애꿎은 사람을 마녀로 몰아 죽이기까지 했습니다.

종교와 관련된 이런 사건들은 결과적으로 종교가 의도하지 않는 방향으로 치달았습니다. 그 이면에 또 다른 목적이 숨겨져 있었기 때문입니다. 수많은 사람의 피를 흘리게 한 이 사건들의 이면을 살펴보겠습니다.

십자가 뒤에 숨은 세속의 욕심, 십자군 전쟁

2000년 3월 로마 교황청은 지난 세월 동안 크리스트교가 인류에게 저지른 잘못을 공식 인정하고 반성했습니다. 그중에는 십자군 전쟁도 끼어 있었습니다. 그러나 크리스트교를 믿는 서양 국가들은 오랫동안 십자군 전쟁을 정의로운 전쟁으로 포장해 왔습니다. 2001년에 9 · 11 테러가 일어난 뒤 미국의 조지 W. 부시 대통령도 현대의 '십자군 전쟁'을 벌이겠노라, 말한 바 있습니다. 최근 우리나라에서는 한 목사가 운영한 십자군 알바단, 줄여서 십알단의 SNS 선거 운동이 문제가 되기도 했습니다.

이렇게 십자군이라는 이름은 우리에게 익숙하지만, 십자군 전쟁의 진실은 잘 알려져 있지 않습니다. 중세의 십자군은 그 성스러운 이름 뒤에 세속의 욕심이 감춰져 있었습니다.

십자군이 결성되던 11세기 말, 서유럽은 이민족의 침입이 뜸해진 가운데 인구도 늘고 경제도 성장하고 있었습니다. 이렇게 내부가 안정되면 밖으로 눈을 돌릴 여유가 생기게 마련입니다. 그 무렵 동방의 비잔티움 제국은 바짝 쳐들어온 셀주크 튀르크의 공격에 시달리고 있었습니다. 셀주크 튀르크는 족장 셀주크가 이끄는 튀르크족으로, 11세기부터 이슬람 세계를 지배했습니다. 이들은 지금의 이란 지역을 중심으로 서쪽으로 영토를 점점 늘려 소아시아까지 차지한 뒤 비잔티움 제국의 수도 콘스탄티노폴리스까지 위협하고 있었습니다. 다급해진 비잔티움 제국 황제는 교황에게 지원군을 요청했습니다.

교황 우르바누스 2세는 이참에 비잔티움 제국 황제를 무릎 꿇리고 싶었습니다. 비잔티움 제국 사람들은 교황을 인정하지 않은 채 그리스정교를 믿으며 독자적인 길을 가고 있었기 때문입니다. 동서로 나뉜 교회를 통합할 절호의 기회가 찾아온 것입니다.

교황은 예루살렘을 크리스트교만의 성지로 독차지하고 싶은 생각도 있었습니다. 크리스트교인에게 그곳은 예수가 십자가에 못 박혀 죽은 뒤 부활한 성지입니다. 그런데 예루살렘은 유대인과 이슬람교도에게도 중요합니다. 고대 이스라엘의 2대 왕 다윗은 시온이라는 언덕에 예루살렘을 세웠다고 합니다. 유대인의 민족 국가 건설 운동을 일컫는 시오니즘이라는 말은 여기서 생겨났습니다. 예루살렘은 오랫동안 유대인들이 시련을 이기고 단결할 수 있는 힘의 원천이 되었습니다. 한편 이슬람교에서는 예언자 무함마드가 예루살렘의 모리야 바위 위에서 하늘로 올라갔다고 믿습니다.

예루살렘은 로마에 이어 비잔티움 제국의 지배를 받다가 7세기부터 이슬람 세력권으로 들어갔습니다. 이 지역에 살던 사람들, 특히 유대인들은 이슬람의 지배를 환영했습니다. 유대인을 박해한 로마와 비잔티움 제국과 달리, 이슬람 세력은 세금을 걷는 데 만족할 뿐 종교 개종을 강요하지 않았기 때문입니다. 세금 부담도 전보다 적었고, 종교에 상관없

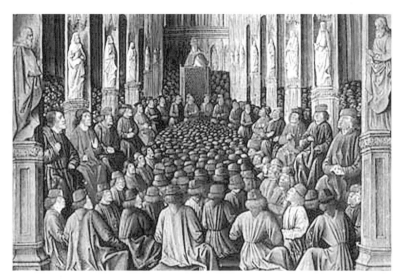

1095년 프랑스 클레르몽에서 열린 공의회. 교황 우르바누스 2세는 하느님이 약속한 땅인 예루살렘을 되찾자며 전쟁을 선포했다.

이 예루살렘 순례도 보장되었습니다. 순례자들은 간혹 도둑을 만나기는 했지만, 공식적으로는 이슬람 당국의 보호 아래 자유로이 예루살렘을 오갔습니다.

그러나 교황은 이교도에 대한 적대감을 부추기면서 성지 예루살렘을 되찾기 위한 전쟁을 선포했습니다. 사람들은 하느님이 이 전쟁을 원하며, 참전하면 구원받을 거라 확신했습니다. 사람들이 너도나도 옷에 십자가 표시를 달고 출전하여 '십자군'이라는 이름이 생겼습니다.

십자군이 종교적 열정만으로 가득 찬 것은 아니었습니다. 서유럽은 늘어난 인구에 비해 땅이 턱없이 부족했습니다. 전쟁을 기회로, 복작이는 서유럽을 떠나 기름진 땅, 새로운 삶을 찾으려는 사람들이 많았습니다. 이런저런 노동과 세금으로 등골이 휜 농노, 빚에 쪼들린 사람, 귀족 이긴 해도 장남이 아니어서 물려받은 재산이 시원찮은 사람, 목숨 건 모험을 즐기려는 기사, 답답한 수도원을 벗어나고 싶은 수도사 들이 십자군에 섞여 있었습니다.

1096년 봄, 십자군 전쟁이 시작되었습니다. 정규군에 앞서 가난한 농민들을 중심으로 군대가 꾸려졌습니다. 이들은 길 떠날 채비를 대충 하고, 현지에서 물자를 구하기로 했습니다. 그러니 약탈은 예정되어 있었습니다. 첫 번째 희생양은 유대인들이었습니다. 십자군은 광분하여 유대인들을 학살하고 재산을 빼앗았습니다. 십자군의 약탈과 학살은 크리스트교인들이 사는 헝가리 마을에서도 이어졌습니다. 뒤쫓아 온 헝가리 기사들의 공격으로, 목적지에 이르기도 전에 많은 십자군이 목숨을 잃었습니다.

제후들 중심의 정규 십자군은 1099년에 예루살렘을 탈환했습니다. 십자군은 무슬림(이슬람교도)과 유대인을 닥치는 대로 죽였습니다. 성지 예루살렘은 피바다가 되었지만 십자군은 그것이 신의 심판이라 믿었습니다. 학살 후에는 재물을 약탈해 챙기느라 바빴습니다. 당시 이슬람 지배자들은 다툼을 벌이느라 전쟁에 효과적으로 대처하지 못했습니다. 십자군은 예루살렘을 중심으로 영토를 확대해 그 일대에 네 개의 독립국을 세웠습니다.

이슬람 세력은 반격에 나서 1144년, 십자군이 세운 국가 중 하나인 에데사를 점령했습니다. 이에 2차 십자군이 조직되었고, 그 후 십자군은 8차까지 이어졌습니다. 그러나 무슬림의 장수 살라딘은 1187년에 예루살렘을 되찾았습니다. 시간이 흐를수록 십자군은 전리품 챙기는 데 만 신경 쓸 뿐, 성지 회복에는 관심이 없었습니다.

4차 전쟁 때는 같은 크리스트교 국가인 비잔티움 제국을 공격하기까지 했습니다. 4차 십자군은 전쟁 비용이 부족해서 베네치아 상인들에게 뱃삯을 주지 못했는데, 베네치아 상인들은 콘스탄티노폴리스를 공격해 주면 그 빚을 탕감해 주겠다고 제안했습니다. 베네치아 상인들은 비잔티움 제국을 몰락시켜 그 일대의 상권을 독차지하고 싶었던 것입니다. 이 제안에 솔깃해진 십자군은 콘스탄티노폴리스를 약탈하고 라틴 제국을 세웠습니다.

십자군 전쟁은 거의 200년 동안 이어지다가 13세기 말에 가서야 끝났습니다. 유럽은 목적했던 바는 이루지 못했지만 그 대신 많은 것을 얻었습니다. 이슬람 세계에서 들어온 서적들 덕분에 서유럽의 학문은 비약적으로 발전했습니다. 지중해를 중심으로 무역도 활성화되었습니다. 특히 이탈리아 도시들은 전쟁 중에 사람들과 물자를 실어 나르면서 많은 돈을 모았습니다. 이는 나중에 이탈리아에서 성대하게 일어날 르네상스의 밑거름이 되었습니다. 한편 전쟁을 주도한 교황의 권위는 여지없이 떨어졌고, 오래 참전했다가 돌아온 영주들도 세력이 약해져 봉건제가 흔들리게 되었습니다.

서양 선진국들이 대부분 크리스트교를 믿다 보니, 다른 종교는 편견에 의해 왜곡되기 쉽습니다. 우리도 그런 시각에서 자유롭지 못합니다. 서양 사람들이 오랫동안 배척한 이슬람교에 대해 살펴봅시다.

이슬람교는 7세기에 아라비아 반도의 메카(사우디아라비아의 도시)에서 무함마드가 창시한 종교입니다. 중동 지역, 아랍인에 국한되지 않고 전세계에 이슬람 신자들이 분포하고 있습니다. 무장 세력 탈레반, 석유 파동 등 부정적인 이미지 때문에 이슬람교의 본모습이 가려지곤 하지만, 이슬람교는 '알라 앞에 모든 인간이 평등하다'는 기본 생각을 갖고 출발한 유일신교입니다. '알라'는 이슬람교에서 유일신을 부르는 말이지요. 이슬람 경전은 《쿠란》입니다.

무슬림들은 이브라힘이 분가를 시킨 큰아들 이스마일을 아랍인의 조상으로 여기는데, 이는 《구약 성경》 '창세기'에 나오는 아브라함 이야기와 비슷합니다. 아브라함의 또 다른 아들 이삭은 유대인의 조상입니다. 교리상의 차이가 있지만, 이런 이야기를 공유한다는 점에서 유대교와 크리스트교, 이슬람교는 그 뿌리가 같습니다. 형제 같아야 할 유대인과 아랍인이 오늘날 팔레스타인에서 서로 총부리를 겨누는 현실은 신의 의도에서 너무나 멀리 떨어진 듯합니다.

"한 손에는 《쿠란》, 다른 손에는 칼"이라는 말은 서양에서 지어낸 것입니다. 이런 말은 마치 무슬림들이 칼을 들이대고 종교 개종을 강요한 것 같은 인상을 줍니다. 무슬림들은 서쪽으로 이베리아 반도와 북아프리카, 동쪽으로 중국 서부 산악 지대까지 진출했지만, 종교 개종을 강요하지 않았습니다. 이들은 정복지의 주민이 이슬람교로 개종할 경우 인두세(개인에게 부과하는 세금)를 면제해 주었는데, 그 수입이 줄어들까 봐 오히려 개종을 억제한 적도 있다고 합니다.

이슬람 문화의 진가는 높은 수준의 학문에 있습니다. 신의 영역에 도전하는 학문 연구가 금지된 중세 서양과 달리, 이슬람 세계에서는 지적 탐구가 얼마든지 가능했습니다. 이슬람 학자들은 인도, 중국, 그리스 등의 학문을 받아들여 더 높은 수준으로 끌어올렸습니다. 지금 우리가 사용하는 아라비아 숫자도 이슬람 학자들이 인도에서 숫자 영의 개념을 받아들여 만든 것입니다. 또한 정확히 메카를 향해 절을 하고 성지를 찾아가야 했기에 지리학, 천문학이 발달했습니다. 금을 만들어 내려고 시

천문을 관측하고 있는 이슬람 과학자들. 천문학은 무슬림들이 성지를 향해 머나먼 길을 떠나거나 바닷길을 개척하는 데 꼭 필요한 지식이었다. 그들은 아스트롤라베라는 기구로 천체를 관측하여 현재의 위치, 시간 등을 알아냈다.

도한 연금술은 화학 연구의 기초가 되었습니다. 알코올, 알칼리 같은 화학 용어는 아랍어에서 유래한 것입니다. 이러한 이슬람 학문은 유럽에 전해져 큰 영향을 주었습니다.

누구든 마녀사냥의 표적이 될 수 있다!

〈헨젤과 그레텔〉 같은 동화나 만화 속에는 괴상한 모자, 뾰족이 튀어나온 코에 빗자루를 타고 날아다니는 마녀가 등장합니다. 마녀가 정말 있었을까요? 진짜 마녀였는지는 모르겠지만, 유럽에서는 15세기 무렵부터 수백 년 동안 많은 사람이 마녀로 몰려 죽었습니다. 이를 마녀사냥이라 하지요. 마녀 하면 중세를 떠올리기 쉽지만, 실제로는 근대가 시작될 무렵 마녀사냥이 본격화되었습니다.

먼 옛날부터 동서양 어디든, 미래를 점치거나 병을 고치기도 하고 저주도 내리는 사람들이 있었습니다. 쉽게 말해 무당 같은 사람이지요. 크리스트교에서는 이들을 악마와 가까이하는 사람으로 단정했습니다. 보통 사람들이 갖고 있지 않는 초자연적인 힘은 신 또는 악마에게서 나오는데, 신에게 그 힘을 받는 사람은 성직자뿐이라는 논리였습니다. 이 주장에 따르면, 성직자 외에 이상한 힘을 발휘하는 사람이 있다면 그는 악마로부터 힘을 받았다는 결론에 이릅니다.

15세기에 이르러 교회는 마녀가 어떤 사람인지, 마녀를 판별하기 위한 고문과 재판은 어떻게 해야 하는지 등을 정리해 책으로 펴냈습니다.

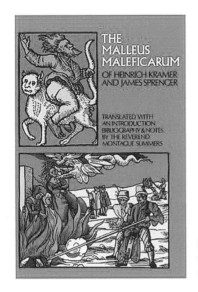

마녀사냥의 교본이 된 《마녀의 망치》. 종교 재판관 하인리히 크라머가 15세기에 펴낸 책으로, 마녀를 가려내고 고문하는 방법이 정리되어 있었다.

《마녀의 망치》가 대표적입니다. 마녀들은 으슥한 산이나 들판에서 만나 '사바트'라는 악마의 연회를 벌인다고 합니다. 이들은 빗자루나 짐승을 타고 오기도 하고 짐승으로 변신해서 오기도 합니다. 이들은 크리스트교를 부정하는 선서를 하고 악마에게 충성을 서약합니다. 난잡한 연회가 끝나면 악마가 마녀들에게 어린아이 몸에서 나온 재료로 만든 연고를 나눠 준다고도 합니다.

마녀 재판은 종교 재판소에서 이루어졌는데, 죽음에 이를 수밖에 없는 고문이 가해졌습니다. 이를테면 몸을 꽁꽁 묶어 강물에 던져, 만약 떠오르면 마녀로 판결했습니다. 대개는 가라앉아 영영 돌아오지 못했겠지요. 그러면 "마녀가 아니므로 이 사람은 무죄다."라는 판결을 내리고는, 의심받던 사람의 가족을 위로하면 그만이었습니다. 물위로 떠오르면 마녀임이 명백하니 화형에 처했습니다. 그 밖의 고문도 차마 못 견딜 만큼 가혹했습니다. 일단 마녀로 의심되면 헤어 나올 길이 없었고, 누구와 함께 악마의 연회에 참석했는지 그 이름을 대라는 고문까지 이어졌습니다. 고문을 견디다 못해 사람들은 누구라도 이름을 말할 수밖에 없었습니다.

더러 남자도 있었지만, 마녀로 몰린 사람은 대부분 여자였습니다. 가난하게 홀로 사는 여자들은 악마에게 쉽게 홀린다는 어처구니없는 이유로 마녀 재판의 표적이 되곤 했습니다. 나이가 어느 정도 든 여인들은 대개 적절한 약초를 캐어 병을 고쳐 주기도 하고, 산모가 아기 낳는 것을 돕기도 하면서 근근이 하루하루를 살아갔습니다. 그런데 전염병이 돌거나 출산 과정에서 사고가 나는 등 불행이 닥치면, 이들이 그 원인으로 지목되었습니다. 당시 사람들은 인간이 어쩌지 못하는 재앙의 원인을 가까운 데서 찾고자 했던 것입니다. 교회 또한 이런 심리를 이용해 마녀사냥을 부추겼습니다.

한편 그 시절 유럽에도 예로부터 전해 내려오던 민간신앙이 남아 있었습니다. 한 예로 16세기 이탈리아에서는 계절이 바뀌는 날 밤에 베난단티(착한 마술사)들이 농사를 망치려는 못된 마술사들에 맞서 풍년을 기원하는 의식을 치렀습니다. 교회에서 볼 때 이 사람들은 크리스트교의 교리를 해치는 수상쩍은 사람들이었습니다. 이들도 그릇된 종교를 믿는 이단자, 마녀로 몰려 처벌받았습니다. 이렇게 크리스트교가 맹위를 떨치는 가운데, 농민들의 소박한 민간신앙은 사라져 갔습니다.

마녀사냥이 극에 달했던 16~17세기에 유럽은 상당히 혼란스러웠습니다. 중세 천 년간 유지되던 세계관에 금이 가고, 봉건제가 무너지면서 왕의 권력이 강화되던 때였습니다. 교회와 왕은 크리스트교의 질서에 따라 사회가 안정되기를 바랐습니다. 마녀사냥은 그 수단이 되었습니다. 다행히 마녀사냥은 과학적인 사고가 확산되면서 잦아들었습니다.

유럽의 천덕꾸러기, 유대인

유대인 박해의 역사는 아주 오래전으로 거슬러 올라간다. 다신교가 일반
화되어 있던 고대 그리스 로마에서 유일신을 믿는 유대인들은 별종 같은 존
재였다. 크리스트교가 생겨난 후에 유대인은 '예수를 죽인 자'로 미움을 받았
다. 크리스트교인들은 복음서를 기록하면서, 유대인들이 예수를 거부함으로
써 신에게 버림받게 되었음을 강조했다. 크리스트교의 정체성을 확고히 세우
기 위해서였다.

유대인들은 로마 제국에서 반란을 일으켰다가 진압된 후, 팔레스타인에서
쫓겨나 세계 각지에 흩어져 살게 되었다. '디아스포라'는 이를 일컫는 말이다.
유대인에 대한 박해는 갈수록 심해졌다. 중세 유럽 사람들은 성직자를 제외
하면 대부분 문맹이었다. 그러나 유대인 중에는 글을 읽고 계산에도 능한 사
람이 많았다. 이들은 주로 상업과 대금업에 종사하게 되었다. 장부를 적고 관
리하는 것이 중요한 이런 일에는 유대인이 제격이었다. 더구나 크리스트교
에서 처음에는 대금업을 금했기에, 그 시절에 대금업을 할 수 있는 사람은 유
대인뿐이었다. 나중에는 크리스트교를 믿는 상인과 대금업자도 늘어났지만,
그 분야에서 유대인들이 뛰어난 능력을 보인 것은 사실이다. 이렇게 해서 유
대인들은《베니스의 상인》에 나오는 악덕 고리대금업자 샤일록 같은 사람으
로 이미지가 굳어졌다. 돈을 갚지 못한 유럽인들이 몰려가 유대인에게 행패
를 부리는 일도 자주 일어났다.

유대인이 어린아이를 잡아다 제물로 바친다는 유언비어가 떠돌기도 했고,
흑사병이 유행하던 때에는 유대인이 우물에 독을 넣었다는 이야기까지 퍼졌

다. 유대인 차별은 13세기에 교회법으로 정해졌다. 유대인들은 공직에 오를 수 없었고, 특정한 복장을 하고 다녀야 했다. 둥근 모자나 노란색 배지를 단 유대인들은 어디서나 유럽인들의 따가운 눈총을 받게 마련이었다. 15세기에 에스파냐에서는 유대인은 크리스트교로 개종하더라도 더러운 피를 정화할 수 없다는 주장이 나오기도 했다.

민족주의가 강조된 19세기 이후 유대인 박해는 더욱 극단적으로 치달았다. 제2차 세계대전 중에는 독일군이 유대인을 대량 학살했다. 이를 '홀로코스트'라고 한다. 그 후 유대인들은 1948년에 이스라엘을 건국했다.

오늘날 유대인은 세계 인구 중 적은 수를 차지하지만, 미국을 비롯한 세계 각국에서 주도적 역할을 하는 사람들이 많다. 아인슈타인 같은 천재, 노벨상 수상자, 하버드대 학생을 많이 배출하여 그 창의적 교육법과 《탈무드》에 담긴 삶의 지혜가 주목받기도 한다. 그러나 유대인들은 지금도 팔레스타인에서 아랍인들을 향한 공세를 멈추지 않고 있다. 그토록 오랫동안 박해를 받은 유대인들이 이제는 가해자가 되어 아랍인들을 박해하고 있는 것이다.

중세 유럽을 무너뜨린 변화의 물결

중세 유럽의 질서는 크리스트교와 봉건제에 의해 유지되었습니다. 왕은 나라 전체를 지휘할 만한 힘이 없었고, 지방마다 왕의 봉신인 제후들이 독자적인 세력으로 존재했습니다. 이런 봉건제하에서 유럽을 하나로 묶어 준 것이 크리스트교였습니다.

중세 말에는 크리스트교와 봉건제, 이 두 요소가 무너지면서 사회에 변화가 찾아옵니다.

십자군 전쟁 실패 후 교황의 권위는 점점 추락했습니다. 도시가 발달하면서 주위의 농촌까지 영향을 주었고, 화폐가 유통되면서 영주와 농노의 관계에 변화가 생겼습니다. 무시무시한 흑사병은 수많은 사람의 목숨을 앗아 갔습니다. 한편 백년전쟁을 치른 프랑스와 영국은 어느새 왕 중심의 나라로 성큼 다가섰습니다. 어느 시대든 변화가 있게 마련이지만, 총체적으로 일어난 중세 말의 변화는 자못 흥미롭습니다. 그 과정과 결과를 살펴보겠습니다.

도시의 발달, 중세 말의 변화를 이끌다

5세기에 서로마 제국이 멸망하고 나서 유럽에서는 동방의 산물만 거래될 뿐, 오랫동안 상업이 침체되어 있었습니다. 11세기 무렵부터 인구도 늘고 농업 생산량도 늘어나면서 곳곳에 시장이 서기 시작했습니다. 그런데 멀리서 온 상인들은 며칠 묵어가야 했고, 수공업자들은 한곳에 눌러앉아 여러 날 작업할 일이 생기곤 했습니다. 이들이 모인 곳에 도시가 생겼습니다.

십자군 전쟁은 유럽의 상업에 활력을 불어 넣었습니다. 많은 물건이 육로와 해로를 따라 유럽 각지로 오갔습니다. 그 과정에서, 중동 지역과

중세 유럽 도시에서 구두와 옷감, 그릇을 파는 가게의 풍경

의 무역을 주도한 이탈리아 항구 도시들뿐 아니라 플랑드르(오늘날 벨기에 서부에 있는 지방)처럼 교통의 요지에 위치한 도시들이 크게 성장했습니다. 북유럽의 도시들은 독일을 중심으로 한자Hansa라는 동맹을 결성해 발트 해와 북해 연안의 무역을 독점했습니다.

도시의 상인들과 수공업자들은 각각 '길드'라는 조합을 만들어 운영했습니다. 길드는 특정 상업과 수공업을 독점하여 이익을 얻었습니다. 그렇기에 길드에 가입하지 않으면 물건을 만들 수도, 판매할 수도 없었습니다. 가격은 물론 수공업자들의 노동시간과 임금이 정해져 있었고, 새로운 생산기술이 나오면 길드의 승인을 받도록 했습니다. 수공업 길드의 경우 도제부터 직인을 거쳐 장인에 이르는 엄격한 서열이 있었습니다. 이렇듯 길드는 상당히 폐쇄적인 조직이었습니다. 자유로운 경쟁, 창의적인 발명은 이루어질 수 없었습니다. 이 때문에 영국에서는 자본주의적 생산이 길드 밖, 즉 농촌 수공업에서 시작됩니다. 자본주의는 나중에 길드가 해체되면서 본격적으로 발전합니다.

한편 상업이 발달하면서 화폐가 점점 많이 사용되었습니다. 도시민들은 농산물을 구입하면서 화폐를 사용했고, 이렇게 해서 흘러들어온 화폐는 농촌마저 변화시켰습니다. 영주들도 물건을 사려면 화폐가 필요했기에, 농민들이 와서 일해 주는 것보다 현물이나 화폐를 받는 것을 더 좋아하게 되었습니다. 농민들은 정해진 지대만 화폐로 내면 그만이니, 영주를 예전처럼 우러러보지 않게 되었습니다. 게다가 화폐가 많아져서 화폐의 가치가 떨어지자, 농민의 부담은 줄고 영주는 손해를 보게 되었습니다.

13세기가 저물 무렵 서유럽은 식량 부족 문제에 부딪혔습니다. 인구가 계속 늘어나는 동안 농경지가 부족해졌고 식량 생산은 한계에 이르렀습니다. 그러던 차에 흉년이 들어 수많은 사람이 굶어 죽었고, 엎친 데 덮친 격으로 14세기 중엽에는 흑사병까지 퍼졌습니다.

흑사병은 페스트균 때문에 발생하는 전염병입니다. 쥐벼룩이 쥐의 피를 빨면서 병균을 쥐로 옮긴 다음, 쥐들이 돌아다니면서 흑사병을 퍼뜨립니다. 이 병에 걸리면 피부에 검은 반점이 나타나기 때문에 흑사병이라는 이름이 붙었습니다.

당시 사람들은 이 무서운 병의 정체를 전혀 모르는 채 두려움에 휩싸였습니다. 시커멓게 변한 시체가 날마다 늘어났고 거리에는 살이 썩는 냄새가 진동했습니다. 가까운 사람이 병에 옮아 죽어 가도, 할 수 있는 일이라곤 죽기를 기다렸다가 시체를 매장하거나 불태우는 것밖에 없었습니다. 사람들은 병에 옮지 않기 위해 환자를 집에 가둔 채 불 지르기도 하고, 흑사병이 퍼진 마을을 아예 떠나기도 했습니다. 신이 천벌을 내린 거라 생각한 사람들은 채찍질 고행을 하면서 거리를 행진했습니다. 마치 세상의 종말이 다가온 듯했습니다. 교회에 가서 열심히 기도하는 사람들이 있는가 하면, 얼마 안 남은 생을 흥청망청 즐기려는 사람들도 있었습니다. 기록에 따르면 14세기에 유럽의 한 도시에서는 사람들이 쏟아져 나와 고래고래 소리 지르며 미친 듯이 춤을 추었다고 합니다. 죽음에 대한 공포를 떨쳐 버리려는 몸부림이었을 것입니다. 독일에서는 유대인들이 우물에 독을 탔기 때문이라는 유언비어가 퍼져, 유대인들을 모아 불태우기도 했습니다.

흑사병은 급속도로 퍼져 나가 유럽 전체 인구의 약 3분의 1을 죽음으로 몰았습니다. 살아남은 농민들은 일손이 부족해졌기 때문에 다른 장원이든, 도시든 어디로 가더라도 귀한 존재가 되었습니다. 영주들은 농민들을 장원에 붙잡아 두기 위해 농민들의 처우를 개선해 주었습니다. 농노 신분에서 벗어나 자유로워지는 사람들이 늘어났고, 부농과 빈농의 격차도 점차 커졌습니다.

한편 이러한 사회 변화를 무시하고 농민을 더욱 압박한 지역도 있었습니다. 이에 맞서 농민들은 봉기를 일으켰습니다. 프랑스에서는 백년 전쟁 중이던 1358년, 무거운 세금과 귀족들의 억압에 맞서 자크리의 난이 일어났습니다. '자크리'는 농민들을 업신여기며 부르던 '자크'에서 나온 말로 농민들 전체를 가리킵니다. 이 봉기는 귀족의 집과 교회를 불태우는 등 격렬히 진행되었지만 결국 진압되었습니다.

독일 화가 미하엘 볼게무트가 1493년에 그린 〈죽음의 춤〉. 흑사병으로 죽음이 만연하던 시기에 유럽에서는 시체들이 춤을 추는 그림이 많이 그려졌다.

영국에서도 1381년에 와트 타일러가 앞장서서 농민 봉기를 일으켰습니다. 수도사 존 볼은 "아담이 밭 갈고 이브가 길쌈할 때 누가 귀족이었는가!"라고 말했다고 합니다. 그의 말은 농민들을 떨쳐 일어나게 했습니다. 농민들은 왕 외에 모든 영주가 없어져야 하며 교회에도 주교 한 명만 남아야 한다고 주장했습니다. 그들은 이미 자유롭고 평등한 세상을 꿈꾸었던 것입니다. 이 봉기도 결국 실패했지만, 농민들의 열망은 수그러들지 않았습니다.

몰락의 길로 접어든 교황

달도 차면 기운다고, 황제를 무릎 꿇린 교황도 계속 전성기를 누리지는 못했습니다. 십자군 전쟁 실패를 계기로 교황의 권위가 크게 떨어졌습니다. 이런 상황에서 다시 왕과 교황의 힘겨루기가 시작되었습니다. 프랑스 왕 필리프 4세는 재정난에 부딪히자 교회와 성직자에게 임시세를 거두려 했습니다. 교황 보니파키우스 8세가 반대하자 필리프 4세는 성직자, 귀족, 시민 세 신분으로 구성된 삼부회를 열어 뜻을 관철했습니다. 보니파키우스 8세가 죽은 뒤 필리프 4세는 프랑스인을 교황 자리에 앉히고, 1309년에 교황청을 아비뇽으로 옮겼습니다. 이 사건을 아비뇽 유수라 합니다. 약 천 년 동안 로마에 있던 교황청을 프랑스로 옮겼으니 큰 사건이 아닐 수 없습니다. 교황을 가까이 두고 마음대로 주무르겠다는 뜻이었습니다. 이는 교황의 전성기에 일어났던 카노사의 굴욕에 대비되는 사건입니다.

교황청은 약 70년간 아비뇽에 있다가 로마로 돌아갔습니다. 그러나 로마와 아비뇽에서 각각 교황이 선출되었습니다. 1409년에는 이러한 교회의 대분열을 끝내기 위해 피사에서 공의회를 열어 새로운 교황을 뽑았습니다. 기존의 교황들이 물러나지 않아 교황은 세 명이 되어 버렸습니다. 이런 어이없는 상황 속에 교회의 권위는 크게 떨어졌습니다.

교회가 제구실을 못 하니 대안을 모색하는 사람이 나올 수밖에 없었습니다. 영국의 위클리프, 보헤미아(오늘날의 체코)의 후스는 교회와 성직자들의 타락을 비판하면서, 신앙생활에서 무엇보다 성서가 중요함을 주장했습니다. 이들의 주장이 많은 사람의 호응을 얻자 교회는 위기감을 느껴 콘스탄츠 공의회를 열었습니다. 이 회의에서 위클리프는 이단자로 몰렸고, 후스는 화형에 처해졌습니다. 새로운 교황이 선출되어 교회의 분열은 수습되었으나, 그 후로도 성직자의 타락을 비롯한 교회의 문제점은 고쳐지지 않았습니다. 이러한 문제를 시정하려는 움직임은 16세기 종교개혁으로 이어집니다.

백년전쟁, 중앙집권 국가의 발판을 마련하다

영국과 프랑스가 벌인 백년전쟁 역시 중세 사회를 크게 변화시켰습니다. 백년이라는 이름이 붙기는 했지만, 1337년에 시작된 이 전쟁은 거듭된 휴전과 개전 속에 1453년까지 이어졌습니다. 장장 116년에 걸친 오랜 전쟁이었습니다.

백년전쟁의 원인 중 하나는 프랑스의 왕위 계승 문제였습니다. 프랑스에서는 필리프 4세 이후 그의 세 아들인 루이 10세, 필리프 5세, 샤를 4세가 차례로 왕위를 이었는데, 샤를 4세를 마지막으로 카페 왕조의 대가 끊겼습니다. 영국 왕 에드워드 3세는 필리프 4세의 외손자로서 프랑스 왕을 겸하겠다고 주장했지만, 프랑스에서는 이를 무시하고 필리프 4세의 조카(필리프 6세)를 왕위에 앉혔습니다.

백년전쟁에는 또 다른 배경도 있었습니다. 당시에는 봉건적 토지 소유관계가 복잡하게 얽힌 가운데, 왕이 봉신들을 제압할 만큼 권력이 강하지 못했습니다. 플랑드르의 백작은 프랑스 왕의 봉신이기는 했지만, 영국 왕과 더 가까이 지냈습니다. 플랑드르는 모직물 공업이 발달했는데 그 원료인 양모를 영국에서 들여왔기 때문입니다. 그런데 프랑스 왕이 플랑드르를 자꾸 간섭하면서 영국 왕의 심기를 건드렸습니다. 한편 영국 왕도 프랑스 왕의 봉신이어서, 프랑스 내에 보유한 토지가 있었습니다. 필리프 6세는 영국 왕 에드워드 3세의 토지를 몰수했습니다. 이에 에드워드 3세가 군대를 파견함으로써 백년전쟁이 시작되었습니다.

전세는 영국에 유리하게 흘러갔습니다. 영국군은 프랑스 북부의 크레시를 격파한 뒤 칼레를 포위했습니다. 칼레 전투와 관련해서 유명한 이야기가 전해집니다. 영국군은 해상 봉쇄까지 하고 칼레 시민들이 항복하기를 기다렸지만, 시민들은 굶어 죽기를 각오하고 몇 달간을 버텼습니다. 점령 후, 칼레 시민들은 모두 학살될 위기에 처했습니다. 이때 칼레의 시장과 행정관들이 나서서, 자신들의 목숨만 거두고 시민들을 살

〈칼레의 시민〉. 칼레 시는 애국적
인 시민의 모습을 주문했지만, 로
댕은 죽음 앞에서 고뇌하는 인간적
인 모습으로 조각을 만들어 냈다.

려 달라고 애원했습니다. 이들의 희생정신을 높이 산 에드워드 3세는 이들을 사형 직전에 살려 주었다고 합니다. 그러나 이때부터 칼레는 16세기까지 영국의 지배를 받게 됩니다. 19세기에 칼레 시는 이들의 헌신을 기념하기 위해 로댕에게 조각을 만들어 달라고 부탁했습니다. 이렇게 해서 만들어진 조각이 〈칼레의 시민〉입니다.

영국군은 훨씬 빨리, 멀리 날아가는 장궁과 효율적인 전술로 프랑스군을 계속 궁지에 몰아넣었습니다. 두 나라는 1420년에 트루아 조약을 맺었습니다. 이 조약에 따라 영국 왕 헨리 5세는 프랑스 왕위 계승권을 확인받고, 프랑스 왕 샤를 6세의 딸 카트린과 결혼했습니다. 샤를 6세에게는 아들이 있었지만, 그 아들은 이 조약으로 왕위를 계승할 자격을 잃었습니다. 1422년에 헨리 5세와 샤를 6세가 죽자, 헨리 5세와 카트린의 아들 헨리 6세가 프랑스와 영국의 공동 왕을 맡게 되었습니다.

이 같은 상황은 프랑스 귀족들에게 너무나 수치스러웠습니다. 그들은 트루아 조약을 무시하고, 샤를 6세의 아들을 왕으로 세우려 했습니다.

이때 혜성처럼 나타나 프랑스를 구한 사람이 바로 잔 다르크입니다. 잔 다르크는 신의 계시를 받은 뒤 집을 나서, 샤를 6세의 아들을 구해 대관식을 치르게 하고 오를레앙에서 영국군을 무찔렀다고 합니다. 십대 후반의 소녀가, 그것도 무기도 제대로 다룰 줄 모르는 사람이 전투를 승리로 이끈 것은 실로 기적 같은 일이었습니다. 잔 다르크의 승리에 고무된 프랑스 군대는 전세를 역전시킬 수 있었습니다. 그러나 잔 다르크는 영국군의 포로가 된 후 마녀로 몰려 화형을 당했습니다. 나중에 샤를 7세는 종교 재판을 다시 열어 잔 다르크의 마녀 누명을 벗겨 주었습니다.

백년전쟁의 막바지에 프랑스는 대포를 사용하여 영국군의 기세를 완전히 꺾고 승리를 거뒀습니다. 그토록 오랜 전쟁을 치르는 동안 두 나라의 기사들은 몰락했습니다. 그리고 자기 나라와 남의 나라, 그리고 국경에 대한 인식이 또렷해졌습니다.

잔 다르크(1412~1431). 마녀로 몰려 화형을 당했지만, 목숨을 바쳐 나라를 구한 영웅이자 가톨릭의 성녀로서 오랫동안 주목받아 왔다.

백년전쟁에서 패한 영국은 그 후 장미전쟁이라는 내란까지 겪었습니다. 장미전쟁은 왕위 계승을 둘러싸고 랭커스터 가문과 요크 가문이 벌인 전쟁입니다. 두 가문의 상징이 각각 붉은 장미, 흰 장미였기 때문에 이런 이름이 붙었습니다. 30년에 걸친 이 전쟁으로 영국의 많은 귀족이 몰락했습니다.

이처럼 잦은 전쟁을 치르면서 유럽 각국은 왕 중심으로 뭉치게 되었고 상비군과 세금 등의 제도도 서서히 갖춰 나갔습니다. 교황의 권위도 예전 같지 않아서 중세 유럽을 묶어 주던 크리스트교도 한결 약해져 있었습니다. 이러한 상황에서 지방 분권적인 봉건제마저 흔들리면서 중세 사회는 점점 저물어 갔습니다.

중세 유럽, 도시의 공기는 자유를 준다?

서유럽은 상공업이 발달한 이탈리아 북부와 플랑드르를 제외하면 대체로 도시가 발달하지 못했다. 영국 런던만 해도, 해외로 진출하면서 경제가 성장한 17세기 전까지는 작은 도시였다. 반면 중국 당나라의 장안, 오늘날 이라크의 수도인 바그다드, 비잔티움 제국의 수도 콘스탄티노폴리스는 당시 대표적인 국제도시로서 수많은 사람이 북적대고 있었다.

중세 유럽의 도시들도 처음에는 농촌처럼 왕이나 영주의 지배를 받았다. 그런데 상공업이 발달하면서 영주들은 매번 세금을 걷고, 복잡하게 돌아가는 도시에 신경 쓰는 것이 번거롭게 느껴졌다. 도시민들은 자치를 원했다. 이렇게 양자의 이해관계가 일치하여 중세 유럽의 도시들은 대개 자치를 얻어 냈다. 도시민들은 돈을 주고 특허권을 얻거나, 무력을 써서 자치권을 얻었다. 이를 근대 정치의식의 기초로 보기도 한다.

13세기 말 부르주아지의 모습. 중세 유럽 도시에서 돈 많은 사람들은 튼튼한 성(부르크Burg)을 쌓고 그 안에 살았다. 그들을 일컫는 말이 부르주아지였다. 부르주아지는 시민혁명으로 귀족이 사라진 뒤에는 자본가를 지칭하게 되었다. 파리 국립도서관 소장 중세 유럽의 도시와 관련하여 "도시의 공기는 자유를 준다."는 말이 유명하다. 이 말은 어떤 사람이든 도시에서 1년 1일을 살면 자유로운 신분이 될 수 있었던 데서 생겨났다. 그러나 누구든지 시민의 자격을 얻은 것은 아니었다. 중세 유럽의 도시는 상공업으로 부를 축적한 소수가 다스리는, 특권이 유지되는 사회였다.

르네상스, 인간에 주목하다

르네상스라는 말은 우리 일상에서 흔히 쓰이고 있습니다. 서울시의 '한강 르네상스 사업'도 있었고, "한국 영화가 신 르네상스를 맞이했다."는 최근 기사도 눈에 띕니다. 사람들은 대개 전성기 정도의 의미로 르네상스를 생각하고 넘어갑니다.

역사에서는 일반적으로 14~16세기에 유럽에서 나타난 문화 부흥을 르네상스라 합니다. 르네상스라는 말 자체가 재생, 부활을 뜻합니다. 고대 그리스와 로마 문화가 중세 동안 빛을 잃었다가 다시 살아났다는 의미지요. 그런데 이렇게 생각하면 고대와 중세, 근대가 단절되는 문제가 있기에, 르네상스에 대한 재해석이 끊임없이 이루어지고 있습니다.

우선 르네상스가 어떤 배경에서 일어나 어떻게 전개되었는지를 살펴봅시다. 그러다 보면 르네상스의 의미가 좀 더 가까이 다가오겠죠?

이탈리아에서 시작된 르네상스

르네상스는 14세기 무렵 이탈리아에서 시작되어 전 유럽으로 퍼져 나갔습니다. 르네상스는 고대 문화가 다시 살아난 것이니, 고대 로마의 문화유산을 간직한 이탈리아에서 시작된 것이 당연하게 생각될 수 있습니다. 그렇게 생각한다면 르네상스는 역시 고대 문화유산이 많은 그리스에서 일어날 수도 있었을 것입니다.

그러나 르네상스는 이탈리아에서 시작될 수밖에 없었습니다. 무엇보다 이탈리아는 학문과 예술을 뒷받침할 만큼 경제적으로 풍요로웠습니다. 장화처럼 생긴 이탈리아 반도는 지중해의 중간 정도에 위치하고 있습니다. 이렇게 유리한 지정학적 위치를 이용해 이탈리아는 동서양을 잇는 무역에 종사하면서 돈을 많이 벌었습니다. 그 과정에서 상인, 제조업자, 금융업자 들이 성장했습니다. 주판알 튕기고, 어떻게 하면 돈을 더 많이 벌까 궁리하는 과정에서 일찍부터 현실적인 사고방식이 퍼지기도 했습니다.

또한 이탈리아 사람들은 무역상들이 전하는 바깥세상 얘기를 들으면서 새로운 것을 동경하고 변화를 추구하게 되었습니다. 《동방견문록》을 써서 동방에 대한 환상을 퍼뜨린 마르코 폴로, 아메리카 대륙으로 가는 바닷길을 개척한 콜럼버스, 신대륙의 존재를 알린 아메리고 베스푸치가 모두 이탈리아 사람입니다. 이들만 봐도 당시 이탈리아 분위기를 짐작할 수 있지요.

한편 피렌체, 베네치아, 로마, 밀라노 등 이탈리아 도시들은 19세기에 통일될 때까지 각각 정치적으로 독립되어 있었습니다. 그래서 이탈리아 전체로 보면 정치가 어지러웠지만, 각 도시는 저마다 개성을 살리면서 발전할 수 있었습니다. 독자적으로 발전한 이탈리아 도시들의 자유분방한 분위기는 르네상스를 꽃피우는 토양이 되었습니다.

결정적으로, 1453년에 비잔티움 제국이 멸망하면서 많은 학자가 이탈리아로 피난을 왔습니다. 비잔티움 제국은 서로마 제국 멸망 후에도 그리스 고전을 보전, 연구하여 학문적 전통을 계승했습니다. 비잔티움 제국의 학문이 전해지면서 이탈리아는 고전 연구의 중심지가 되었습니다.

고전 연구는 새로운 지식으로 이끄는 학문적 자극이 되었습니다. 그 전까지는 성직자들이 지식을 독점하고 있었습니다. 고전을 읽는 가운데 사람들은 하나하나 알아 가는 즐거움을 누렸습니다. 그러는 가운데 인간이 능동적으로 생각하고 행동하는 존재임을 깨달았습니다. 지식에 대한 욕망은 인간을 둘러싼 자연, 사회, 정치로 확대되었습니다. 이렇게 인간에 주목하면서 참다운 앎을 추구하는 것을 인문주의, 휴머니즘이라 합니다. 르네상스의 본질은 바로 인문주의에 있습니다.

최초의 인문주의자로 꼽히는 사람은 페트라르카입니다. 페트라르카는 고대 로마의 문인 키케로의 저술을 발굴하고 연구했습니다. 그는 여인에 대한 절절한 사랑을 서정시로 남기기도 했습니다. "나를 사로잡았던 그대의 아름다운 두 눈에, 내가 정신을 잃었던 그날, 그달, 그해, 그계절, 그 무렵, 그 시각, 그 순간⋯⋯." 거리낌 없는 표현에 익숙한 요즘 기준으로는 별 감흥이 없지만, 이러한 시는 당시로서는 파격이었습니다. 교회의 가르침에 따르면, 신의 거룩한 사랑에 비해 인간의 사랑은 부끄러운 것이었고, 원죄를 지니고 태어난 인간은 감정과 행동을 절제해야만 했습니다. 그러나 이제 사람들은 이러한 속박을 과감히 벗어 버리기 시작했습니다.

보카치오가 지은 단편 소설집 《데카메론》도 인상적입니다. 데카메론은 열흘이라는 뜻입니다. 이 책에 등장하는 피렌체의 젊은이 열 명은 흑사병을 피해 공기 맑은 숲 속 별장으로 떠납니다. 그들은 날마다 각자 하나씩, 열 가지 이야기를 들려줍니다. 이렇게 열흘간의 이야기 100가지가 모여 이 책을 이룹니다. 책 속 이야기들은 르네상스 초기 이탈리아 사회의 면면을 보여 주면서, 사랑을 향한 인간의 욕망을 거침없이 그려 내기도 하고, 성직자를 비롯한 사람들의 위선과 타락을 꼬집기도 합니다.

보카치오가 이 책을 지은 14세기는 실제로 흑사병이 유럽을 강타하

보카치오의 《데카메론》을 묘사한 존 워터하우스의 1916년 그림. 이 그림에서처럼 《데카메론》 속의 젊은이들은 별장에 모여 서로 이야기를 들려준다.

여 거리거리에 시체가 즐비하던 시절이었습니다. 그런 시절에 집필했다는 것이 믿기지 않을 만큼 《데카메론》의 이야기들은 생기가 넘칩니다. 그러나 이 작품은 당시에 종교계와 보수적인 사람들로부터 혹독한 비난을 받았습니다. 보카치오도 나중에 문학을 그만두고 라틴어 공부와 학문 연구에 몰두하면서 《데카메론》을 썼던 것을 후회했다고 합니다. 그럼에도 이 작품은 인간들의 모습을 훌륭하게 그려 냈다 하여 '인곡'이라 불립니다. 사후 세계를 그린 단테의 《신곡》에 견주어 일컫는 말이지요. 《데카메론》은 오늘날 근대 소설의 효시로 평가받고 있기도 합니다.

16세기에는 정치사상을 담은 책도 나왔습니다. 바로 마키아벨리의 《군주론》입니다. 이 책에 따르면 군주는 두려움의 대상이 되어야 하며, 사자의 힘과 함께 여우의 꾀를 지녀야 한다고 합니다. 또한 권력을 쥐기 위해서라면 속임수를 써도 되며, 약속은 상황에 따라 깰 수도 있는 것이라 합니다. 이러한 내용은 당시 사회에 큰 충격을 주었고, 로마 교황청

마키아벨리(1469~1527). 그는 강한 군주가 나타나 이탈리아 통일을 이루기를 바라면서 《군주론》을 지었다.

에서는 《군주론》을 금서로 정했습니다.

《군주론》은 당대뿐 아니라 오랫동안 군주의 악덕을 부추기는 책으로 오해되었습니다. 이 책은 문체가 간결하고, 과감히 생략한 부분들이 많습니다. 그래서 해석을 둘러싸고 많은 논란이 있었습니다. 최근 학계에서는 《군주론》을 새롭게 조명하고 있습니다. 르네상스기 이탈리아의 정치 상황을 감안해서 이 책을 다시 보자는 것입니다.

당시 이탈리아는 여러 도시가 세력 다툼을 벌이는 데다가 이웃 나라들까지 항상 넘보고 있어서 정치가 상당히 혼란스러웠습니다. 이러한 가운데 이탈리아 곳곳에는 새로운 군주들이 나타났습니다. 이들은 권력을 물려받은 기존의 군주들과 달리, 자신의 실력으로 권력을 거머쥐었습니다. 마키아벨리는 이 같은 현실에 주목하는 한편, 고대 사상가들의 이론을 분석했습니다. 그러한 연구 끝에 군주의 자질과 통치 기술을 논한 《군주론》을 썼습니다.

마키아벨리는 권력을 추구하는 인간의 본성을 과감히 들춰냈습니다. 그리고 종교와 도덕을 중시하던 당시의 통념을 뛰어넘어 현실의 정치를 고민했습니다. 특히 이탈리아의 통일을 이루기 위해 강력한 군주가 필요함을 힘주어 말했습니다.

마키아벨리는 이렇게 독보적인 정치사상을 폈지만, 현실에서 정치가로서의 능력을 오래 발휘하지는 못했습니다. 그는 10여 년간의 정치생활 후 관직을 잃고 나서 《군주론》을 썼습니다. 그는 이 책을 메디치 가문의 군주에게 바쳤습니다. 능력을 인정받아 정계에 복귀하려 했던 것이지요. 그러나 그의 희망은 꺾이고 말았습니다.

마키아벨리는 근대 정치사상을 창시한 사람으로서 역사에 뚜렷한 발자국을 남겼습니다. 그러나 그의 사상은 국가의 개념이 분명하지 않고, 군주의 재산으로서 국가를 생각한 시대적 한계가 있습니다. 그의 사상을 어떻게 받아들일지는 후대 사람들이 처한 상황과 시대정신에 따라 다를 것입니다. 《군주론》과 오늘의 현실을 엮어 정치란 무엇인지, 정치가란 어떤 사람이어야 할지 생각해 보는 것은 어떨까요?

거장들의 향연, 르네상스 미술

고대 문화를 바탕으로 새로운 것을 창조해 낸 르네상스의 특성은 미술에서도 뚜렷이 나타났습니다. 중세에는 미술 또한 신의 뜻을 구현하는 도구였습니다. 크리스트교 이야기를 경건한 분위기로 표현하면 되었고, 인간의 육체와 욕망, 감정 표현은 최대한 절제되었습니다. 인간을 둘러싼 자연도 그림의 배경일 뿐이라, 생기와 아름다움을 잃었습니다.

르네상스 미술에서는 인간과 자연의 아름다움이 살아납니다. 이를 분명히 보여 주는 르네상스 초기 작품으로 흔히 보티첼리의 〈비너스의 탄생〉을 꼽습니다. 그리스·로마 신화에 따르면 비너스는 바다의 물거품에서 태어난 미와 사랑의 여신입니다. 보티첼리는 비너스가 파도에 밀려 키프로스 섬에 다다른 모습을 그렸습니다. 그림 속 비너스의 발그레한 볼과 바람에 흩날리는 머리, 햇살에 반짝이는 바닷물, 해안의 울창한 나무, 공중에 날리는 꽃들은 생기가 넘칩니다. 그림 좌우에 그려진 신들

1485년 무렵 보티첼리가 그린 〈비너스의 탄생〉. 그림 왼쪽에는 서풍의 신 제피로스와 그의 연인이 바람을 내뿜어 비너스를 해안으로 이끈다. 비너스는 커다란 조개껍데기를 살짝 밟은 채 서 있고, 그림 오른쪽에는 계절의 여신이 옷을 들고 비너스를 마중하러 나왔다.

은 허둥대는 듯, 활기 있는 모습입니다.

크리스트교가 아닌 다른 종교의 여신을 버젓이 벌거벗은 모습으로 그린 이 그림은 중세의 그림과 확연히 구별됩니다. 보티첼리는 고대 신화를 살려내면서 동시에 풍부한 상상력으로 신화의 장면을 새롭게 구성했습니다. 다만, 그림을 주문한 권력자의 요구 사항과 가톨릭교회의 시선을 피해 갈 수는 없었습니다. 그래서 비너스는 티 없이 순결한 모습으로, 누구도 시비 걸 수 없는 아름다움 그 자체로 그려졌습니다.

보티첼리를 비롯한 르네상스 미술가들은 주로 피렌체에서 활동했습니다. 그렇게 된 데는 1434년 이후 약 60년간 피렌체를 지배한 메디치 가문의 역할이 컸습니다.

메디치 가문의 사람들은 금융업과 모직물 산업 등으로 엄청난 재력을 갖춘 뒤 피렌체의 정치, 행정을 장악했습니다. 이들은 문학과 예술에 조예가 깊어 스스로 인문학적 교양을 쌓기도 했고, 예술가들을 양성하면서 경제적인 도움도 주었습니다. 얼핏 생각하면 교양과 재력을 두루 갖춘 좋은 사람들 같습니다. 덕분에 르네상스가 활짝 피어날 수는 있었지만, 메디치 가문의 사람들도 얻은 것이 있습니다. 그들의 후원으로 탄생한 근사한 조각, 건축물, 그림은 피렌체 시를 유럽 최고의 문화 도시로 만들었습니다. 동시에 메디치 가문의 힘을 과시해 주었습니다. 그 덕에 메디치 가문은 시민들에게 인기도 얻고 권력도 유지할 수 있었던 것입니다.

미켈란젤로 역시 메디치 가문이 발탁한 천재입니다. 1489년, 미켈란젤로가 열네 살 때 이야기입니다. 그는 고대 유물을 본떠 두상을 만들고 있었습니다. 그는 유물을 따라하는 데 그치지 않고 훨씬 정교한 조각을 만들려 애쓰고 있었습니다. 메디치 가문의 로렌초가 산책을 하다가 이 모습을 보고는 그에게 다가갔습니다. 로렌초는 미켈란젤로의 재능을 단번에 알아봤지만, 놀려 주려고 일부러 이렇게 얘기했습니다. "음, 이렇게 나이 든 얼굴에 이가 모두 멀쩡하니 이상한데!" 뜻밖의 지적에 미켈란젤로는 당황했습니다. 이튿날 미켈란젤로는 로렌초를 기다리고 있다가, 고친 두상을 보여 주었습니다. 그 두상에는 이가 몇 개 빠져 있었습니다. 로렌초는 크게 웃고는, 미켈란젤로를 조각가로 키우기로 마음먹었다고 합니다.

다윗(다비드) 상은 미켈란젤로의 대표작 중 하나입니다. 미켈란젤로는

다비드 상의 얼굴. 미켈란젤로는 잔뜩 찌푸린 인상에, 눈동자의 어두운 부분을 깊이 파서 분노로 이글거리는 것처럼 표현했다.

피렌체 시 의회의 주문을 받고 작업에 착수했습니다. 다윗은 거인 골리앗에게 돌을 던져 물리쳤다는, 성서에 나오는 소년입니다. 다윗은 많은 예술 작품의 소재가 되었지만, 미켈란젤로의 다윗은 특이한 점이 있습니다. 성서의 이야기와 달리 건장한 청년으로 만든 점입니다. 그리고 승리에 도취한 모습을 만들 수도 있었을 텐데, 미켈란젤로는 싸움을 앞둔 모습의 다윗을 만들었습니다. 피렌체의 자유를 위협하는 자, 그 누구도 용납지 않겠다는 결전의 자세를 취하고 있는 것입니다. 5미터가 넘는 근육질의 이 조각은 피렌체의 자유를 지키는 상징이 되었습니다.

미켈란젤로는 그림도 잘 그렸지만 재능이 가장 돋보인 분야는 조각이었습니다. 그림에서는 레오나르도 다 빈치가 단연 으뜸으로 꼽힙니다. 두 사람은 작품 스타일이 달랐습니다. 미켈란젤로는 강인한 모습, 신이 창조한 인간의 완벽한 아름다움을 표현한 데 반해, 레오나르도는 자연을 있는 그대로 관찰하고 원근법 등을 이용해 과학적으로 접근하면서 대상을 부드럽게 표현했습니다. 대표작이 〈모나리자〉입니다. 그림 속

여인의 신비한 미소는 웃을 때 근육이 어떻게 움직이는지를 깊이 연구한 결과 탄생했습니다. 그리고 여인의 배경으로는 원근법에 따라 길, 계곡 등이 아련하게 표현되어 있습니다.

레오나르도는 완성작이 많지 않습니다. 지나치게 완벽을 기하다 보니 그랬을 수도 있고, 관심 분야가 너무 많아 하나에 집중하지 못했을 수도 있습니다. 〈최후의 만찬〉이 많이 손상된 것처럼, 새로운 물감을 발명하려다가 그림을 망쳐 버리기도 했습니다. 그러나 레오나르도가 쪽지에 남긴 수많은 스케치와 메모는 미술에 국한하지 않고 세상 모든 것에 관심을 가지고 과학적으로 탐구했던 천재의 모습을 잘 보여 줍니다.

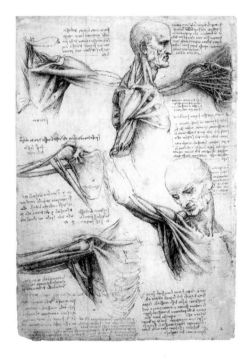

남자 어깨의 구조를 해부학적으로 연구하며 남긴 레오나르도의 스케치. 레오나르도는 시체를 30구 넘게 해부하며 인체의 정확한 구조를 알아내려 애썼다.

이탈리아 밖에서도 시대 변화의 조짐은 서서히 나타나고 있었습니다. 16세기 무렵에는 유럽 전역으로 르네상스가 퍼져 나갔습니다. 이탈리아 인문학자들과 예술가들은 다른 국가들로부터 초대를 받았고, 뒤러 같은 화가들이 새로운 영감을 얻고자 이탈리아를 방문하기도 했습니다.

북유럽의 인문학자들은 고전을 연구하는 가운데 교회의 모순과 사회 문제에 눈을 떴습니다. 특히 성직자들이 타락하고 교회가 돈을 모으는 데 혈안이 되면서, 교회 개혁이 가장 중요한 문제로 떠올랐습니다. 에라스뮈스의 《우신예찬》은 이러한 시대적 배경하에 쓰였습니다.

《우신예찬》에서 어리석음의 신은 "인생을 현명한 통찰로만 대처하려 든다면 즐거움이 사라질 것"이라고 하면서 어리석음이야말로 진정한 지혜라고 이야기합니다. 풍자와 유머로 가득한 이 책에는 교회와 성직자에 대한 통렬한 비판이 숨어 있습니다.

에라스뮈스는 루터의 종교개혁에 영향을 주었지만, 종파의 분열에는 반대했습니다. 한편 인간의 자유의지가 최대한 존중되어야 한다는 에라스뮈스의 주장에 대해, 루터는 "인간은 신의 노예일 뿐"이라며 반박했습니다. 결국 두 사람은 점점 사이가 멀어졌고, 에라스뮈스는 "내가 낳은 알을 루터가 가져다 다른 동물로 부화시켰다."고 말했다고 합니다.

영국의 토머스 모어는 《유토피아》를 썼습니다. 이 작품에서 그는 양을 기르는 땅이 늘어나면서 농민들이 쫓겨나는 사회 현실을 비판하고, 사람들이 재산을 공유하면서 공평하게 일하는 이상적인 사회를 그려 냈

1518년판 《유토피아》에 실린 홀바인의 목판화

습니다. 이러한 소설은 현실에 적응 못 하는 사람이 썼을 것 같지만, 토머스 모어는 능력 있는 정치가이기도 했습니다. 그는 헨리 8세 때 대법관 자리에까지 올랐지만, 왕의 이혼 문제에 반대하다가 처형되고 말았습니다. 한편 자국의 언어로 쓴 국민 문학도 발달했습니다. 에스파냐의 세르반테스는 《돈키호테》에서 허울뿐인 중세의 기사들을 풍자했습니다. 영국의 셰익스피어는 《햄릿》을 비롯한 명작을 남겼습니다.

르네상스는 중세의 가을일까, 근대의 봄일까?

르네상스를 근대의 시작으로 볼지, 중세의 연장으로 볼지에 대해서는 학자들마다 의견이 다릅니다. 과거를 살려내면서 새로운 문화를 창조했다는 관점에서 보면 르네상스는 '근대의 봄'입니다. 그러나 중세 천 년이 암흑기가 아니었다는 연구가 활발히 이루어지고 있습니다. 또한 르네상스 예술은 표현 방식에서 원근법, 명암의 표현 등 획기적인 변화가 나타났지만, 주제에서는 크리스트교와 새로운 시대 분위기가 한데 어우러졌습니다. 이 때문에 르네상스를 중세가 연장된 시기라는 의미에서 '중세의 가을'로 보기도 합니다. 시대 구분과 관련된 르네상스에 대한 논의는 지금도 계속되고 있습니다.

르네상스는 특별한 사람 몇몇이 만들어 낸 것이 아닙니다. 비잔티움 제국의 몰락으로 인해 고전 연구가 활성화된 데 힘입었고, 레오나르도 다 빈치가 응용할 만큼 해부학, 수학 등 학문도 발달해 있었습니다. 르네상스는 인간을 새롭게, 다시 보는 데서 시작했습니다. 고전 연구에서 시작된 르네상스는, 인간과 인간을 둘러싼 모든 것에 대해 정확히 알려는 지적 탐구심, 사회문제에 대한 사색과 비판으로 발전했습니다. 특히 중세를 지배하던 가톨릭교회의 문제를 파헤쳤습니다. 이러한 르네상스기의 새로운 움직임은 이후 종교개혁, 대항해 시대를 부르는 원동력이 되었습니다.

루터, 근대의 시작에
불을 붙이다

문화체육관광부가 발표한 〈2011 한국의 종교 현황〉에 따르면 우리나라 각 종교에서 지은 교당은 개신교가 7만 7,966곳으로 가장 많고, 그다음으로 불교가 2만 6,791곳, 천주교가 1,609곳입니다. 밤하늘의 별보다도 교회의 십자가가 많다고 하는데, 그 말을 실감나게 하는 자료입니다.

통계가 말해 주듯, 개신교의 교회는 우리에게 익숙합니다. 그러나 개신교와 천주교가 어떻게 다른지, 개신교는 어떻게 시작되었는지를 아는 사람은 많지 않습니다.

크리스트교(기독교)는 약 2,000년 전에 출현한 이래 수많은 종파로 나뉘었습니다. 먼저 서유럽의 로마 가톨릭(천주교)과 동유럽의 동방정교회(그리스정교회)로 나뉘었습니다. 그 후 로마 가톨릭에서 개신교가 분리되어 나왔습니다(종교개혁).

개신교는 마르틴 루터가 교황에 맞서 발표한 95개조 반박문에서 비롯되었습니다. 루터는 사실 '개혁'이라는 이름에 걸맞은 사람이 아니었습니다. 다만 가톨릭교회의 잘못을 바로잡으려 했을 뿐이지요. 그러나 루터의 행동은 역사에 엄청난 파장을 불러일으켰습니다. 종교개혁은 근대의 시작에 불을 붙인 사건이었습니다. 루터와 종교개혁, 그리고 근대의 시작, 어떻게 연결되는지 살펴보겠습니다.

로마 교황청이 판매한 '면벌부'

종교개혁은 16세기 초에 독일에서 처음 일어납니다. 로마 교황의 지배를 받은 건 유럽의 다른 나라들도 마찬가지였는데, 왜 독일에서 종교개혁이 처음 일어났을까요?

당시 독일은 신성 로마 제국이었는데, 제후들이 자기 땅을 다스리고 있어서 황제는 실권이 없었습니다. 반면에 대주교를 맡고 있는 종교 제후들은 막강한 권력을 갖고 있었습니다. 상황이 이렇다 보니 독일은 교황청에 굽실거릴 수밖에 없었습니다. 교황청에서는 성당을 호화롭게 짓고 전쟁을 치르느라 막대한 돈을 썼습니다. 그 돈은 거의 다 독일에서 빠져나갔습니다.

루터가 나서게 된 직접적인 계기는 교황청이 돈을 마련하기 위해 '면벌부'를 판매한 일이었습니다. 면벌부indulgence는 '면죄부'라고 잘못 번역되기도 하는데, '죄'가 아니라 '벌'을 면제해 준다는 뜻이므로 '면벌부'가 정확한 표현입니다.

　로마 가톨릭교회에서는 인간이 죄를 지을 수밖에 없고, 지은 죄를 씻으려면 신부에게 고해성사를 해야 한다고 믿습니다. 고해성사를 통해 뉘우치면 신부가 죄를 용서해 줍니다. 그러나 죄의 대가로 치러야 하는 벌은 남습니다. 신자들은 그 벌로 성지순례, 금식, 자선 등 참회 고행을 해야 합니다. 면벌부를 준다는 것은 이 벌을 면제해 준다는 것이지요. 원래는 십자군 전쟁 때 교황이 군인들에게 참회 고행을 면제해 준 데서 비롯되었고, 교리에 크게 어긋나는 것이 아니었습니다.

　그러나 중세 말에는 면벌부가 원래 취지에서 벗어나 교회의 돈을 모으는 데 이용됩니다. 이 방법을 가장 요긴하게 쓴 사람이 교황 레오 10세입니다. 그는 성 베드로 성당을 다시 짓는 데 필요한 돈을 마련하기 위해 대대적으로 면벌부를 판매하게 했습니다. 판매에 나선 수도사들은 면벌부를 사기만 하면 미래에 받을 벌까지 용서받을 수 있고, 죽은 친척도 천국에 갈 수 있다고 선전했습니다.

면벌부를 판매하는 모습. 당시 많은 사람이 교황청의 선전에 현혹되어 면벌부를 샀다.

149

종교개혁의 시작, 95개조 반박문

루터는 말년의 회고에 따르면, 원래 법학을 공부하고 있었는데 어느 날 거센 폭풍우를 만났다고 합니다. 이때 가까스로 번개를 피했지만 그는 공포에 휩싸였습니다. 그는 절대적인 존재 앞에 인간의 무력함을 실감하고 수사 신부가 됩니다. 그러나 루터는 이런저런 고행을 해 봤지만 구원에 대한 확신을 얻을 수 없었습니다. 방황 끝에 그는 비텐베르크 대학에 들어가 신학 공부를 한 뒤 교수가 되었습니다.

대학에서 자유롭게 신학을 연구하던 루터는 《로마서》에서 구원에 대한 답을 찾았습니다. 구원은 고행과 같은 노력을 통해서가 아니라, 오직 성경을 통해서 그리고 믿음을 통해서만 얻을 수 있다는 깨달음이었습니다.

그는 면벌부 판매는 잘못된 일이라고 확신했습니다. 그래서 1517년에 마인츠의 대주교에게 면벌부 판매를 비판하는 편지와 함께 '95개조 반박문'을 보냈습니다. 라틴어로 쓴 이 반박문은 종교 관계자들 사이의 논쟁을 불러일으킬 수는 있었겠지만, 대중에게 공개하기 위한 것은 아니었습니다. 루터가 이 반박문을 비텐베르크 교회 문에 붙였다는 이야기가 널리 알려져 있는데, 역사학자들은 그런 이야기는 신화처럼 각색된 것일 뿐 사실이 아니라고 봅니다.

루터의 애초 의도가 어찌 됐건, 이 반박문은 일반인도 읽을 수 있는 독일어로 번역, 인쇄되어 전국에 뿌려졌습니다. 당시 보급된 활판 인쇄술 덕분에 루터의 사상은 널리 퍼져 나갈 수 있었습니다.

반박문을 쓸 당시 루터는 로마 가톨릭을 전면 부정하는 입장은 아니었습니다. 그러나 교황 측의 대응은 루터의 생각을 더욱 확고히 하게 만들었습니다. 1519년 라이프치히 논쟁에서 루터는 약 100년 전 이단자로 몰려 화형을 당한 후스 같은 사람으로 몰립니다. 루터가 조금도 개의치 않자, 교황은 루터를 파문하겠다고 위협하며 로마에서 루터의 책들을 불태워 버립니다. 이에 맞서 루터는 비텐베르크에서 교황의 교서와 교회법 관련 책들을 불태웁니다.

교황과 루터의 갈등을 지켜보던 신성 로마 제국의 황제 카를 5세는 이 문제를 어떻게든 해결해야 했습니다. 보름스에서 열린 제국 의회에서 카를 5세는 루터의 마음을 돌려 보려 했지만 루터의 생각은 변함없었습니다. 결국 카를 5세는 루터를 처벌하기로 결정했습니다.

루터는 어쩌면 이단자로 몰려 화형에 처해졌을지도 모릅니다. 그러나 루터는 작센의 선제후(황제의 선거권을 가졌던 제후) 프리드리히의 도움으로

마르틴 루터(1483~1546)와 독일 비텐베르크 루터하우스에 보관되어 있는 루터의 성경. 루터는 선제후 프리드리히의 성에서 숨어 지내는 동안 그리스어로 된 《신약 성경》 원전을 독일어로 번역하는 작업에 몰두했다.

목숨을 건집니다. 루터는 프리드리히의 성에 숨어 지내면서 성경을 독일어로 번역합니다. 사람들이 믿음을 확고히 하려면 우선 성경을 읽을 줄 알아야 한다는 생각에서였습니다. 이제 사람들은 성경을 스스로 읽고 해석하게 됩니다. 이는 로마 가톨릭교회의 지배를 흔드는 일이었습니다. 한편 루터의 성경 번역은 독일어의 표준화에도 기여했습니다.

여기서 잠깐, 루터를 도운 선제후를 생각해 봅시다. 독일 제후들 중에는 루터를 지지하는 사람들이 많았습니다. 왜 그랬을까요? 제후들은 독자적으로 세력을 키워 가고 있었습니다. 그들은 내색은 안 했지만 교황도, 황제도 두렵지 않았습니다. 교황의 권위를 흔들고 황제도 두려워하지 않는 루터의 주장은 그들에게 설득력 있게 다가올 수밖에 없었겠지요.

농민들의 외침을 외면한 루터

당시 농민들은 농노라는 신분에 묶여 영주와 교회의 지배를 받으며 살았습니다. 영주와 교회에 곡물을 바치고 나면 그들에게 남는 것은 가난뿐이었습니다. 교회에 용감히 맞선 루터의 행동이 알려지자 농민들은 환호를 보냈습니다.

농민들은 루터의 주장에서 혁명적인 메시지를 찾아냈습니다. 루터의 주장에 따르면 사람들은 스스로의 믿음에 의해 구원받을 수 있었습니다. 그러니 사람은 누구나 평등하며, 어떤 지배도, 어떤 구속도 잘못된 것이라는 결론에 이릅니다.

농민들은 억압에서 벗어나 자유로워지고 싶었습니다. 그래서 힘을 모아 봉기를 일으켰습니다. 여기저기서 일어나던 봉기는 점점 번져 농민 전쟁으로 발전했습니다. 무장한 농민들은 영주들이 사는 성과 수도원을 습격하고, 요구 사항을 '12개조'로 정리하여 널리 퍼뜨렸습니다. 이때 급진적인 사상을 갖고 있던 토마스 뮌처가 농민들과 함께했습니다.

뮌처는 처음에는 루터와 뜻을 같이했지만 나중에 독창적인 신학을 구축한 사람입니다. 그는 성령 체험을 통해서만 참된 믿음에 도달한다고 주장했는데, 이는 루터의 성서 지상주의를 거부한 것이었습니다. 또한 뮌처는 예수가 재림하여 다스릴 천년 왕국의 도래를 앞당기려면 의롭지 못한 사람들을 무력으로 없애야 한다고 믿었습니다.

루터는 농민들이 들고일어났다는 소식을 접하자 깜짝 놀랐습니다. 그가 문제시한 것은 종교에 국한되어 있었습니다. 그는 교회를 바로잡으려고 했을 뿐, 중세 이래 유지된 사회질서가 잘못되었다고는 생각하지 않았던 것입니다. 게다가 자신이 위기에 처했을 때 도와준 제후들을 배

토마스 뮌처(1490 추정~1525). 그는 제후들 편에 선 루터와 달리 농민들 편에서 급진적인 개혁을 주장했다.

신할 수도 없었습니다. 루터는 제후들에게 농민들을 진압할 것을 촉구했습니다. 결국 농민 전쟁은 실패로 돌아갔고 토마스 뮌처 역시 처형되었습니다.

루터파와 가톨릭 측의 대립이 계속되자, 황제 카를 5세가 이를 해결하기 위해 나섰습니다. 슈파이어 제국 의회에서는 가톨릭에 유리한 결정이 내려졌습니다. 이에 루터파 제후들은 항의문을 제출했습니다. 개신교도를 가리키는 프로테스탄트(Protestant, '항의하는 사람'이라는 뜻)라는 말은 여기서 유래한 것입니다.

두 측은 전쟁까지 치렀지만 쉽게 해결이 나지 않았습니다. 그러던 중 루터는 삶을 마감했습니다. 1555년, 아우크스부르크 화의에서 드디어 가톨릭과 루터파는 타협점을 찾았습니다. 결론은 '지역을 다스리는 사람이 종교를 결정한다'는 것이었습니다. 즉, 각 지역의 제후가 종교를 선택하게 되었습니다. 이로써 루터파 교회는 공식적으로 인정을 받게 되었습니다. 그러나 이 결정은 제후에게 종교 선택권을 주었을 뿐, 개인의 종교 선택은 인정하지 않았습니다. 종교 자유를 향한 길은 아직도 멀고 험했습니다.

종교개혁이 역사에 가져온 변화

루터가 갑자기 혜성처럼 나타난 것은 아닙니다. 교회에 대한 비판은 중세 말부터 곳곳에서 제기되고 있었습니다. 이단으로 몰린 영국의 위클리프와 보헤미아의 후스, 《우신예찬》을 쓴 네덜란드의 인문학자 에라스뮈스가 교회를 비판했던 대표적인 사람들입니다. 루터는 중세 교회를 무너뜨리는 커다란 흐름 속에 나타난 사람들 중 하나였을 뿐입니다. 다만 루터는 '종교개혁의 시작'이라는 타이밍에 절묘하게 맞은 사람임에는 틀림없습니다.

루터의 종교개혁을 계기로 사람들은 신앙생활에서 교회가 아닌 개인이 주체가 되어야 함을 깨달았습니다. 독일 농민들은 루터의 주장에서 자유와 평등의 메시지를 찾아내어 농민 전쟁을 일으키기도 했습니다. 이후 유럽 국가들은 종교에 대해 다양한 모습을 보이게 되었고, 가톨릭교회의 지배에서 벗어나 제각각 독자적으로 발전하게 되었습니다.

개인의 자각과 국가의 발전은 '근대'의 핵심 요소입니다. 종교개혁으로 이 두 가지가 가능해졌습니다. 종교개혁은 종교 문제를 넘어, 중세를 끝내고 근대로 나아가는 시발점이 되었던 것입니다.

루터의 아내가 된 전직 수녀 카타리나

루터는 대학 교수였지만 원래 수사 신부였던 사람이다. 그는 수녀원에서 도망쳐 나온 카타리나 폰 보라와 결혼했다. 지금도 그렇지만 당시 가톨릭 성직자들은 독신으로 지내야 했다. 두 사람의 결혼 역시 루터의 반박문 못지않게 뜨거운 논란거리였다. 루터는 성직자들에게 독신 생활을 강요하는 것이 오히려 성경에 어긋나며 문제를 일으킬 소지가 많다고 생각했다.

카타리나는 가난한 귀족 가문에서 태어나 어린 시절을 수녀원에서 보냈다. 당시에는 귀족들이 딸을 수녀원에 보내는 일이 흔했다. 수녀원에 보내면 양육비도 절약될 뿐더러, 딸이 하느님 가까이에서 부모의 구원을 위해 기도할 거라 믿었기 때문이다.

카타리나는 엄격한 수녀원 생활을 꿋꿋이 견디면서 읽기, 쓰기를 비롯한 기초 지식을 쌓았다. 그러던 어느 날 루터의 글을 읽고 큰 감동을 받는다. 그

카타리나 폰 보라(1499~1552). 카타리나는 루터를 남편으로 선택하여 주도적으로 가정을 돌보고 어려운 사람들을 도우면서 살아갔다. 그 시대에 보기 드문 당찬 여성이었음에 틀림없다.

녀는 동료 수녀들과 함께 수녀원에서 도망친다.

　카타리나는 루터를 찾아갔고, 루터의 중매로 수녀들은 짝을 찾아 결혼한다. 마지막으로 카타리나만 남았다. 그녀는 루터에게 청혼하고, 두 사람은 가정을 이룬다. 이후 루터 부부는 자식 여섯 명을 낳고 안정된 결혼 생활을 했다. 그들은 고아가 된 친척 아이들도 데려다 기르면서, 도움을 청하러 오는 많은 사람과 함께 살아갔다.

종교전쟁으로 얼룩진
유럽과 새로운 변화

개신교는 루터에서 비롯되었지만 그 후 여러 교파로 나뉘었습니다. 루터 교회도 있지만 장로교, 감리교 등 우리에게 익숙한 교파가 많습니다.

16세기 유럽에는 루터 외에도 종교 개혁가들이 많이 있었습니다. 중세 말 교회의 폐단이 심각했으니 이를 바로잡으려는 사람이 하나둘이 아니었겠지요. 그중 루터와 쌍벽을 이루는 사람이 칼뱅입니다. 칼뱅은 훗날 사회학자 베버가 자본주의와 연관시키면서 더욱더 유명해졌습니다.

그 밖에 청교도, 성공회 등 개신교와 관련하여 떠오르는 단어들이 있습니다. 서로 어떻게 연결되는지 헷갈리는 사람들이 많을 것입니다. 그런데 종교가 이렇게 갈리면서 유럽에는 큰 변화가 찾아옵니다. '종교'가

다르다는 이유로 전쟁까지 치렀지만 정작 종교는 중요하지 않았습니다. 종교전쟁 이후 유럽은 어떻게 바뀌었을까요?

'예정설'을 주장한 칼뱅

16세기에 스위스에서는 울리히 츠빙글리를 중심으로 종교개혁이 퍼져 나갔습니다. 루터처럼 츠빙글리도 가톨릭의 잘못된 관행을 비판하는 입장에 있었습니다. 그러나 츠빙글리는 루터보다 훨씬 급진적이었습니다. 그가 성찬식에 대해 루터와 벌인 논쟁은 유명합니다. 예수의 살을 상징하는 빵과 피를 상징하는 포도주를 나누어 먹는 성찬식은, 츠빙글리가 보기에 예수의 희생을 기념하는 의식일 뿐이었습니다. 그러나 루터는 성찬식 때 예수가 실제로 빵과 포도주에 임한다고 믿었습니다.

츠빙글리는 교회를 아름답게 꾸미는 것보다 인간 내면의 신앙이 중요하다고 생각했습니다. 그래서 성상과 성화를 모두 없앴고, 교회 음악도 불필요하다고 주장했습니다. 반면에 루터는 성상 등을 없앤다고 악습이 사라지는 것은 아니라고 맞섰습니다. 개신교 진영이 통합되어 함께 가톨릭에 대항했다면 좋았겠지만, 루터와 츠빙글리는 합의에 이르지 못했습니다.

1531년, 츠빙글리는 가톨릭 진영과의 전투에서 전사하고 맙니다. 그의 뒤를 이어 장 칼뱅이 스위스의 종교개혁을 이어 갑니다. 칼뱅은 장로교의 기초를 쌓은 사람입니다. 장로교는 우리나라에서도 개신교 교파

가운데 가장 큰 교단을 형성하고 있지요.

칼뱅은 프랑스 사람으로 처음에는 루터처럼 법학을 공부했습니다. 그는 인문학자들과 교류하면서 독일의 종교개혁에 공감하게 되었습니다. 그런데 가톨릭이 지배적이었던 프랑스에서는 종교 개혁가들을 대대적으로 탄압했습니다. 칼뱅은 뜻을 펴기 위해 스위스로 망명합니다.

칼뱅이 도착했을 때 스위스 제네바는 이미 시민들이 가톨릭교회로부터 분리되어 나올 것을 투표로 결정한 상태였습니다. 그러나 시민들은 종교개혁을 어디서부터, 어떻게 해야 할지 혼란스러웠습니다.

이후 칼뱅은 제네바에서 종교개혁을 주도하게 됩니다. 제네바 시 당국은 칼뱅이 만든 '교회 법령'을 채택했습니다. 이때부터 가톨릭교회와 구별되는 개신교 교회의 모습이 갖추어지기 시작합니다. 교회 법령에 따라 목사, 교사, 장로, 집사가 해야 할 일이 정해졌고, 목사들과 장로들로 구성되는 교회 법원이 만들어졌습니다. 또한 미사는 폐지되고 그 대

장 칼뱅(1509~1564). 프랑스 출신의 그는 스위스에서 종교개혁을 펼쳤다. 그는 루터와 함께 종교개혁의 쌍벽을 이루는 사람이다.

신 설교 중심의 예배를 보게 되었습니다.

칼뱅 사상의 핵심은 '예정설'입니다. 신은 이미 누구를 구원하고, 누구를 구원하지 않을지를 정해 놓았다는 것입니다. 예정설에 따르면, 사람들은 신이 자신의 운명을 어떻게 정했는지 알 수 없고 운명을 거역할 수도 없습니다.

이런 이야기를 듣고 사람들은 어떻게 생각했을까요? 그전까지 사람들은 가톨릭교회에서 시키는 대로만 하면 되는 거라 생각했습니다. 그런데 이제 사람들은 도대체 자신이 구원받을 수 있을지, 불안에 빠졌습니다. 루터도, 칼뱅도 오직 개인의 믿음이 중요하다고 하니, 더는 교회에 의지할 수도 없었습니다. 자칫하면, 이미 운명이 결정되었으니 아무리 노력해 봤자 소용없다는 무력감에 젖을 수도 있었겠지요.

그러나 칼뱅은 신자들이 삶을 적극적으로 살아가도록 이끕니다. 칼뱅은 신자들에게 구원에 대한 확신을 가지라고 말합니다. 그는 신이 자신을 선택했는지 의심하는 사람은 신앙이 부족한 것이며, 의심을 떨쳐 버리려면 신이 부여한 자신의 직업에 충실해야 한다고 주장합니다. 열심히 일하다 보면 신이 자신을 선택했음을 확신할 수 있게 된다는 것이지요.

이런 점에 주목하여 독일의 사회학자 막스 베버는, 칼뱅의 사상과 근대 자본주의를 연관 지어 생각했습니다. 성경에는 "부자가 하나님 나라에 들어가는 것보다 낙타가 바늘귀로 빠져나가는 것이 더 쉬울 것이다."라는 구절처럼 부를 쌓는 것을 경계하는 내용이 있습니다. 그러나 칼뱅의 예정설에 따라 사람들은 열심히 일해서 부자가 되는 것을 신의 은혜로 여기게 되었습니다. 베버는 이러한 칼뱅의 사상이 자본주의 정신이 자랄 수 있는 터전이 되었다고 주장했습니다.

그런데 이렇게 근면, 성실을 강조하다 보니 칼뱅의 사상은 지나친 금욕주의로 흘렀습니다. 칼뱅의 지도 아래 제네바에서는 카드놀이, 무도회 등 오락이 금지되었고, 교회에서 파견된 사람들이 각 가정과 여관을 방문하여 식사기도, 취침 시간 등 생활 일체를 감시했습니다. 조금이라도 경건한 신앙생활에 어긋나는 행동을 하면 가차 없이 처벌을 받았습니다. 이런 통제를 받으며 살 수 있을까요? 칼뱅 사상의 숨이 턱턱 막히는 부분입니다.

이런 면이 있기는 하지만, 칼뱅의 사상은 스위스를 넘어 유럽 각지로 퍼져 나갔습니다. 칼뱅이 세운 제네바 아카데미에서 수많은 목사가 양성되었고 그들은 프랑스, 네덜란드 등으로 파견되었습니다. 그 결과 프랑스의 위그노, 스코틀랜드의 장로파, 잉글랜드의 청교도, 네덜란드의 고이젠이 탄생했습니다.

국왕의 이혼 문제에서 비롯된 영국 국교회

영국에서는 국왕 헨리 8세가 앞장서서 종교개혁을 단행합니다. 자신의 이혼 문제가 달려 있었기 때문입니다.

헨리 8세는 죽은 형의 아내 캐서린을 첫 번째 왕비로 맞아들였습니다. 그는 튜더 왕조를 굳건히 세울 아들이 태어나기를 기다렸습니다. 그

헨리 8세(1491~1547). 첫 번째 왕비와 이혼하기 위해 영국의 종교개혁을 단행했다. 여섯 번 결혼하고 왕비 두 명을 처형할 만큼 여성 편력이 대단했다.

러나 캐서린이 낳은 자식들은 딸 메리(훗날 메리 1세)만 남고 모두 일찍 죽었습니다. 그러던 차에 헨리 8세는 캐서린의 시녀 앤 불린과 사랑에 빠졌습니다.

헨리 8세는 원래 독실한 가톨릭 신자였습니다. 그는 교황에게 이혼 허락을 받으려 했지만 반대에 부딪혔습니다. 그는 의회를 소집했고, 의회는 영국 교회를 로마 교황청으로부터 독립시키는 법안들을 만들었습니다. 1534년, 국왕이 영국 교회의 수장임을 선언하는 수장법이 통과되었습니다. 헨리 8세는 넓은 땅을 가지고 있던 수도원들을 모두 해산하고 그 재산을 몰수하여 왕실 재정을 강화했습니다. 이렇게 탄생한 교파가 영국 국교회입니다. 성공회라고도 하지요.

여기서 잠깐, 헨리 8세와 앤 불린의 뒷이야기를 하고 넘어갑시다. 나라의 종교를 바꿀 만큼 대단했던 사랑, 그 후 둘은 잘 살았을까요? 앤은 아들을 낳지 못하고 딸 엘리자베스를 낳았습니다. 헨리 8세는 결혼 생활에 또 싫증이 나서 앤에게 간통죄를 뒤집어씌우고 처형해 버립니다. 결국 앤은 천 일 남짓 왕비 자리에 머무른 비극의 주인공이 되었습니다. 이 이야기는 영화 〈천 일의 앤〉으로 만들어지기도 했지요. 그 후 헨리 8세는 세 번째 왕비에게서 기다리던 아들을 얻지만(훗날 에드워드 6세), 다시 이혼과 결혼을 반복합니다.

헨리 8세와 앤 사이에 태어난 딸이 바로 엘리자베스 1세입니다. 영국을 최강국으로 만든 여왕이지요. 엘리자베스 1세는 평생 독신으로 살았는데, 어쩌면 어머니의 불행한 사랑 때문이었을지도 모릅니다.

어쨌든, 이렇게 탄생한 영국 국교회는 다른 개신교들과 구별되는 특징이 있습니다. 영국 국교회는 개신교 중에서 가톨릭에 가장 가깝습니다. 목사 대신 신부가 있는데, 신부들은 가톨릭 신부와 달리 결혼할 수 있습니다. 그리고 국가가 교회를 통제하려는 경향이 강합니다.

대학살이 자행된 위그노 전쟁

개신교는 점점 퍼져 나갔지만 가톨릭의 교세가 수그러들지는 않았습니다. 가톨릭교회는 개신교 세력에 맞서 교회의 기강을 바로잡고 결속을 강화하는 한편, 예수회를 중심으로 아시아, 아메리카로 건너가 선교 활동을 적극 펼쳤습니다.

유럽은 크게 가톨릭과 개신교 진영으로 나뉘었습니다. 이탈리아, 에스파냐, 프랑스 등 남동부 유럽은 가톨릭 지역으로 남았습니다. 영국,

성 바르톨로메오 축일의 대학살을 묘사한 프랑수아 뒤부아의 그림

북부 독일 등 북서부 유럽은 개신교 지역이 되었습니다.

두 진영의 갈등은 급기야 종교전쟁으로 치달았습니다. 프랑스에서 일
어난 위그노 전쟁과 독일에서 일어난 30년 전쟁이 대표적입니다.

프랑스의 개신교도는 '위그노'라 불렸습니다. 이들은 칼뱅의 영향을
받았는데, 가톨릭을 믿고 있던 프랑스 왕실의 가혹한 탄압을 받았습니
다. 두 종교의 갈등으로 프랑스에서는 1562년부터 1598년까지, 36년
동안 내전이 벌어집니다. 이것이 바로 위그노 전쟁입니다.

위그노 전쟁의 가장 참혹한 순간은 1572년 8월 성 바르톨로메오 축
일에 일어났습니다. 그날 국왕 샤를 9세의 여동생 마르그리트는 앙리
드 나바르(훗날 앙리 4세)와 결혼식을 올렸습니다. 신부는 가톨릭 신자, 신
랑은 위그노였습니다. 이 결혼식은 두 종교가 화해하는 자리로 보였습
니다. 전국의 가톨릭과 위그노 지도자들이 파리로 모여들었습니다.

그런데 이 결혼식에는 가톨릭 측의 음모가 숨어 있었습니다. 그날 밤 파리의 위그노를 모두 학살하라는 국왕의 명령이 내려졌습니다. 이 학살로 파리에서 3천 명이 넘는 위그노가 목숨을 잃었고, 학살은 지방에까지 번졌습니다.

그 후 앙리 드 나바르가 앙리 4세로 프랑스의 국왕이 되었습니다. 위그노였던 그는 가톨릭 신자들의 마음을 얻기 위해 우선 가톨릭으로 개종합니다. 1598년 마침내 위그노 전쟁이 끝나고, 뒤이어 발표된 낭트 칙령으로 위그노들은 종교의 자유를 얻습니다.

그러나 1685년, 루이 14세가 낭트 칙령을 폐지합니다. 위그노들은 다시 종교의 자유를 잃고 다른 나라로 망명을 떠나야 했습니다.

종교는 뒷전, 국가의 이익이 앞섰던 30년 전쟁

독일은 아우크스부르크 화의에서 루터파 교회를 인정했지만, 그 결정에는 분명한 한계가 있었습니다. 칼뱅파가 점점 퍼져 나가고 있었고, 가톨릭교회는 개신교에 대한 공세를 더욱 강화했습니다.

종교 갈등은 단순히 교파끼리 서로 싸우는 차원의 문제가 아니었습니다. 만약 종교마다 달력이 다르다고 생각해 봅시다. 서로 약속도 어긋나고 소통도 안 되겠지요? 이런 일이 실제로 일어났습니다.

유럽은 고대 로마 시대에 만들어진 율리우스력을 사용하고 있었는데, 오랫동안 오차가 쌓여 교황 그레고리우스 13세 때가 되니 열흘이나 오차가 생겼습니다. 이를 해결하기 위해 그레고리우스 13세는 1582년 10월 4일 다음에 오는 날을 15일로 선포했습니다. 열흘을 빼 버린 것이지요. 이렇게 만들어진 새 달력을 그레고리우스력이라 합니다.

그런데 독일, 영국 등 개신교 국가들은 교황의 일방적 지시를 따를 수 없다며 그레고리우스력을 거부했습니다. 18세기에 이르러서야 대부분의 개신교 국가가 그레고리우스력을 받아들이고, 그리스정교회를 믿는 러시아는 1918년에 받아들입니다. 유럽에서 꽤 오랫동안 두 달력이 공존했던 것이지요.

30년 전쟁은 종교 갈등의 최고조 상태에서 일어난 사건입니다. 1618년, 30년 전쟁의 도화선이 된 사건이 보헤미아에서 일어납니다. 보헤미아는 15세기 초에 후스가 이단자로 몰려 화형에 처해진 곳으로, 개신교 신자들이 많습니다. 그런데 합스부르크 가문의 페르디난트 2세가 보헤미아 국왕이 되면서 개신교에 대한 탄압이 심해졌습니다.

개신교 귀족들은 보헤미아의 수도 프라하로 몰려갔습니다. 프라하 성에는 국왕을 대신해 보헤미아를 다스리던 섭정과 비서관들이 있었습니다. 개신교 귀족들은 격분해서 이들을 창밖으로 던져 버렸습니다.

이 사건 이후 보헤미아 귀족들은 개신교도인 팔츠 선제후 프리드리히 5세를 새 국왕으로 추대했습니다. 이는 합스부르크 가문에 대한 반란이었습니다. 그러나 1620년에 이 반란은 진압되고 보헤미아는 다시 합스부르크 가문의 지배를 받게 됩니다.

보헤미아의 반란은 허무하게 끝났지만, 곧 이웃 나라들이 끼어들면서 국제전이 벌어졌습니다. 가톨릭과 에스파냐, 합스부르크 가문은 한통속

이었습니다. 이에 맞서 덴마크와 스웨덴이 개신교 편에서 싸웠습니다. 가톨릭 국가 프랑스는 뜻밖에도 개신교 진영을 도왔습니다. 경쟁국인 에스파냐가 이기는 것을 두고 볼 수 없었기 때문입니다.

1648년, 베스트팔렌 조약이 체결됨으로써 30년 전쟁이 끝납니다. 이 조약으로 칼뱅파도 가톨릭, 루터파처럼 합법적인 지위를 인정받았습니다. 이제 가톨릭 중심으로 유럽이 통합되어 있던 시대는 지나갔습니다.

그런데 30년 전쟁에서 종교는 부차적이었습니다. 30년 전쟁 전후로 유럽 국가들은 자국의 이익에 눈을 떴습니다. 프랑스만 봐도 알 수 있듯이 각국은 이해득실을 철저히 따졌습니다. 30년에 걸친 힘겨루기의 결

프라하 창문 투척 사건. 창밖으로 던져진 섭정과 비서관들은 다행히 거름 더미 위에 떨어져 목숨을 건졌지만, 이 사건은 30년 전쟁으로 발전하게 된다.

과 프랑스와 스웨덴은 영토상의 이익을 보았습니다. 네덜란드는 에스파냐의 지배에서 벗어나 완전한 독립을 이루었습니다. 먼저 독립했던 스위스도 이때 독립을 승인받았습니다. 이후 유럽 국가들은 행여 다른 나라에 질세라 경쟁적으로 발전하게 됩니다.

80년 전쟁으로 독립을 이룬 네덜란드

네덜란드 하면 대개 튤립, 풍차, 축구 감독 히딩크, 헤이그 특사 사건, 표류기를 남긴 하멜 등을 떠올린다. 그러나 80년 전쟁을 아는 사람은 많지 않다. 독립 전에 네덜란드는 에스파냐의 지배를 받고 있었다. 합스부르크 가문의 세력권에 포함되어 있었기 때문이다. 그런데 종교개혁이 퍼지면서 네덜란드에는 칼뱅파가 많아졌다. 이들은 가혹한 탄압을 받았고, 이에 더해 에스파냐에 바치는 세금도 늘어났다.

이에 맞서 독립 전쟁이 시작되었다. 오라녀 공公 빌렘(영어로는 오렌지 공 윌리엄)이 독립 전쟁을 이끌었다. 네덜란드 독립군은 '고이젠'으로 불렸다. 고이젠은 구걸하는 사람들, 즉 거지들이라는 뜻이다. 칼뱅파가 종교 탄압이 너무 심하다는 탄원서를 들고 갔다가 총독의 보좌관에게 처음 들은 말이라고 한다. 네덜란드 독립군은 이 호칭을 자랑스럽게 여겼다. 가진 게 없는 사람은 두려움도 없는 법이다. 더 빼앗길 것도 없으니…….

1568년에 시작된 이 전쟁이 길어지면서 네덜란드는 북부와 남부로 분열했다. 남부가 전쟁 중에 항복한 반면, 홀란드 주를 비롯한 북부의 일곱 개 주는 끝까지 싸웠다. 1648년 베스트팔렌 조약으로 네덜란드 북부는 독립국으로 인정받았다. 80년 전쟁은 이렇게 마침표를 찍었다. 한편 전쟁 중에 네덜란드 북부와 갈라섰던 남부는 1830년에 벨기에로 독립한다. 독립 후 네덜란드는 수십 년 만에 유럽 최고의 경제 대국으로 부상했다. 그러나 곧 영국에게 패권을 넘겨주게 된다.

오늘날 네덜란드는 어떤 나라일까? 종교 갈등으로 80년 전쟁을 치른 만큼 네덜란드는 종교가 자유롭다. 그 밖의 영역에서도 네덜란드는 개인이 마음껏 자유를 누리기로 유명하다. 다양한 종교 가운데 칼뱅파는 소수가 되었지만, 그 전통은 아직 남아 있다. 네덜란드 사람들은 길에서 보이는 방의 커튼을 항상 열어 두고 실내를 잘 정돈한다. 하늘을 우러러 부끄럼 없고 누가 보든 떳떳한 것, 이는 금욕적인 칼뱅주의의 영향이다.

한편 네덜란드 사람들은 비용을 각자 부담한다는 뜻의 '더치페이Dutch Pay' 라는 말 때문에 괜히 인색한 사람으로 오해받는다. '더치'가 네덜란드를 가리키기 때문이다. 그러나 더치페이의 풍습은 네덜란드에 국한된 것은 아니고 서양에서 흔하다. 오히려 네덜란드는 가난한 나라들을 잘 돕는 나라로 꼽히곤 한다. 칼뱅주의의 영향으로 열심히 벌고 돈을 절약하되, 돈을 좋은 일에 많이 쓰고 있는 것이다.

대항해 시대,
유럽의 팽창이 시작되다

가장 익숙한 이야기부터 시작해 봅시다. 콜럼버스는 어떤 사람인가요? 아메리카 대륙을 처음 발견했지만 그곳이 인도인 줄 알았던 사람. 대략 이렇게 알고 있지요. 그러나 이것은 사실이 아닙니다. 콜럼버스 전에도 아메리카 대륙에 간 사람들이 있습니다. 아메리카 대륙에는 아주 오래전 시베리아에서 베링 해협을 건너 알래스카로 건너간 아시아 사람들이 살고 있었습니다. 그리고 콜럼버스보다 500년쯤 전에 바이킹들이 북대서양을 건너 아메리카로 건너갔습니다.

콜럼버스의 업적은 아주 그럴싸하게 포장되기는 했지만, 세계사에서 분명한 전환점을 만든 것은 사실입니다. 콜럼버스 덕분에 유럽은 비로소 아메리카를 오갈 수 있는 바닷길을 개척했습니다. 그즈음 유럽에서 인도로 가는 바닷길도 열리고, 배를 타고 세계 일주에 성공한 사람들도 나타났습니다. 이렇게 굵직굵직한 항해들이 이루어졌다고 해서 이때를 대항해 시대라고 합니다.

대항해 시대라는 온라인 게임도 있지요. 게임에서처럼 넘실대는 바닷물 위를 항해하며 미지의 대륙을 탐험한다! 상상만으로도 흥미진진하고 낭만적입니다. 그러나 다른 대륙 입장에서 보면 종교와 대포, 총을 앞세운 '침입'을 당한 것이었습니다. 자칫 오해하기 쉬운 부분들을 짚어 가며 대항해의 역사적 배경과 과정, 영향에 대해 살펴보겠습니다.

유럽보다 먼저 대항해에 나섰던 중국

유럽의 대항해를 살펴보기 전에 꼭 짚고 넘어갈 것이 있습니다. 15세기 말 콜럼버스의 항해 즈음부터 유럽은 바닷길을 개척하기 시작했지만, 동양은 유럽을 능가하는 항해 업적을 일찍부터 이루었습니다. 특히 중국은 그 당시 세계에서 가장 큰 배를 만들어 먼 바다를 항해했습니다.

이를 입증하는 사실이 중국 명나라 정화의 대원정입니다. 정화는 영락제의 명에 따라 함대를 이끌고 1405년부터 1433년까지 일곱 차례 원정을 떠났습니다. 정화가 이끄는 원정대는 중국 난징을 떠나 동남아시아 해역과 인도양을 지나 동아프리카까지 이르렀습니다. 이 원정은 연간 2만 명 이상이 100척이 넘는 배에 나눠 타고 총 18만 5천 킬로미터를 항해한 대규모 원정이었습니다.

이렇듯 중국은 바다를 누빈 강국이었지만, 1433년 이후 해상 활동에

돛이 아홉 개 달린 정화의 보선寶船과 콜럼버스의 산타 마리아호의 길이를 비교한 그림. 정화의 함대 중 가장 큰 보선은 정확한 크기는 알 수 없지만, 현재 배수량 1,000톤 이상의 대형 선박으로 복원되고 있다.

대한 지원을 중단했습니다. 훗날 유럽이 바다를 주름잡고 아시아까지 쳐들어온 것을 생각하면, 이때 중국이 해상 활동을 중단한 것은 안타까운 일입니다.

중국은 왜 이때 해상 활동을 중단했을까요? 대형 선박들을 만들어 먼 바다로 보내려면 많은 사람을 동원해야 하고 비용도 많이 들었습니다. 그런데 원정 결과 중국이 얻는 것은 머나먼 지역에 대한 지식, 신기한 동물뿐이었습니다. 한마디로, 자국 내에서 잘 먹고 잘살았던 중국에게 해외 원정은 인풋에 비해 아웃풋이 아주 적었던 것입니다. 당시 유럽과 비교한다면, 중국은 돈을 벌거나 종교를 전파하려는 동기, 새로운 영토에 대한 정복욕이 별로 없었습니다. 중국은 해상 활동보다, 북방 이민족의 위협에 대처하면서 국내 농업과 정치 안정에 주력하는 것이 더 중요했습니다. 결국 중국은 바다에서 내륙으로 관심을 돌립니다.

동방으로 가는 바닷길을 찾아라!

유럽 사람들은 오래전부터 향신료, 비단 등 진귀한 물건을 통해 동양을 접하고 있었습니다. 향신료는 후추, 계피, 정향 같은 양념을 말합니다. 지금은 흔하지만, 당시 유럽에서 향신료는 이슬람·이탈리아 상인들이 거래를 독점하면서 값이 엄청나게 치솟았습니다. 13세기에 마르코 폴로가 쓴《동방견문록》은 동방에 대한 호기심을 부추겼습니다. 과장 섞인 그의 글 속에서 동방은 황금이 넘쳐나는 곳이었습니다. 그리고 동방 어딘가에 프레스터 존(사도 요한)이 세운 크리스트교 왕국이 있다는 전설도 널리 퍼져 있었습니다.

동방을 찾아 나서려는 유럽 사람들의 열망은 점점 커져 갔습니다. 향신료 등을 가져와 팔면 돈을 많이 벌 수 있고, 어쩌면 크리스트교 왕국을 찾아 동맹을 맺을 수도 있었기 때문입니다. 그런데 동방으로 가는 육로는 이슬람 세력이 가로막고 있었습니다. 비잔티움 제국의 수도 콘스탄티노폴리스(지금의 터키 이스탄불)도 1453년에 이슬람 세력인 오스만 제국에게 함락되고 말았습니다. 바닷길 중 지중해는 주로 이탈리아 상인들이 무역을 독점하면서 막대한 이익을 얻고 있었습니다. 그러니 뒤늦게 동방 무역에 나서려면 다른 바닷길을 개척하는 수밖에 없었습니다.

그러던 차에 유럽은 먼 바다까지 항해할 수 있는 기술과 기구들을 갖추었습니다. 중국의 나침반 원리가 전해져 배의 방향을 가늠하게 되었고, 아랍의 삼각돛과 유럽의 사각 가로돛을 함께 사용하게 되면서 배의 운항 속도가 빨라졌습니다. 아랍에서 받아들인 천체 관측기구를 통해 배의 위치도 알아낼 수 있게 되었습니다. 조선술도 점점 발전하여 무거운 대포를 장착한 대형 선박이 만들어졌습니다.

바닷길 개척에 앞장선 나라는 포르투갈과 에스파냐였습니다. 유럽 대륙의 서쪽 끝, 이베리아 반도에 위치한 두 나라는 대서양으로 진출하기 좋은 위치에 자리하고 있었습니다.

게다가 돈을 벌려는 욕심과 종교적 동기가 다른 나라들보다 컸습니다. 두 나라는 무엇보다 크리스트교에 대한 열정이 대단했습니다. 8세기부터 수백 년간 이슬람 세력의 지배를 받았기 때문입니다. 포르투갈은 1249년에 이슬람 세력을 몰아내고 오늘날의 영역이 정해졌습니다. 에스파냐는 1492년에 가서야 그라나다 왕국에 남아 있던 마지막 이슬람 세력을 몰아냈습니다. 그래서 두 나라는 동방으로 가서 프레스터 존이 세운 왕국을 찾거나, 다른 종교를 믿는 사람들을 만나 복음을 전파하고 싶었던 것입니다.

포르투갈이 에스파냐보다 한 발 앞서 바닷길 개척에 나섰습니다. 포르투갈은 15세기 초만 해도 가난한 나라였습니다. 포르투갈이 이베리아 반도 안에서 에스파냐를 누르고 영토를 확장하기란 거의 불가능했습니다. 그래서 포르투갈에게 해외 진출은 절박한 과제였습니다. 이 점에서 포르투갈은 능력을 갖추고도 해상 활동을 중단한 중국, 확실한 비전이 보일 때까지 관망만 했던 네덜란드, 영국 등과 비교됩니다.

특히 포르투갈의 왕자 엔히크는 바다 항해에 지대한 관심을 갖고 있었습니다. 당시 무역의 결제 수단은 금이었는데, 중세 말부터 무역상들

희망봉을 돌아 인도까지 간 바스쿠 다 가마
(1469~1524)

을 통해 상당한 금이 아프리카에서 유럽으로 들어왔습니다. 아프리카에서 직접 금을 가져올 수만 있다면! 엔히크 왕자의 지원하에 포르투갈 사람들은 수차례 항해를 거듭하면서 바닷물의 흐름과 바람의 방향을 파악하고 아프리카 해안을 탐사했습니다.

이런 노력 끝에 1488년, 바르톨로메우 디아스가 아프리카 남쪽 끝에 이르렀습니다. 디아스는 폭풍이 심했던 그 지점을 '폭풍의 곳'이라 이름 붙였지만, 포르투갈의 왕 주앙 2세는 '희망봉'으로 이름을 바꿨습니다. 주앙 2세의 바람대로 희망봉은 동방으로 가는 바닷길을 찾는 데 희망이 되었습니다. 1498년, 바스쿠 다 가마가 희망봉을 돌아 인도 캘리컷에 도착했습니다. 그 후 포르투갈은 인도양 일대의 해상 무역을 주도하는 한편 아프리카 해안에 머물면서 많은 금을 빼내 이익을 얻었습니다.

콜럼버스에 대한 오해와 진실

'콜럼버스의 달걀'이라는 유명한 일화가 있습니다. 콜럼버스의 항해 성공을 질투한 사람들이 "누구든 서쪽으로 가면 섬을 발견하지 않았을까?" 하며 시비를 걸었다고 합니다. 그러자 콜럼버스는 달걀을 하나 주고는 세워 보라고 말했습니다. 아무도 달걀을 세우는 사람이 없자 콜럼버스는 '탁' 하고 달걀 한쪽을 깨뜨려 세웠다고 합니다. 그러고는 "누구든 남이 하는 것을 따라할 수는 있다. 그러나 무언가를 처음 하는 것은 아무나 할 수 없다."고 말했다고 합니다. 이 일화가 단적으로 말해 주듯이 크리스토퍼 콜럼버스는 아무도 하지 못했던 일을 해낸 위대한 사람으로 평가되어 왔습니다. 미국과 아메리카 일부 국가에서는 '콜럼버스의 날'을 기념하기까지 합니다. 그러나 이는 다시 생각해 볼 문제입니다.

1492년, 콜럼버스는 아메리카에 상륙했습니다. 그 후 300년이 채 안 된 1776년, 아메리카 대륙에 미국이 세워졌습니다. 18세기에 세워졌으니 미국은 역사가 짧은 나라입니다. 그러나 지금은 세계 곳곳에서 강대국의 힘을 발휘하고 있지요. 콜럼버스가 영웅이 된 데는 미국이 세상에 둘도 없는 특별한 나라이고, 그 시작이 콜럼버스라는 생각이 숨겨져 있습니다. 콜럼버스에 대한 생각은 유럽도 마찬가지입니다. 많은 유럽인이 아메리카로 건너가 살았고, 식민지로 다스리기도 했기 때문입니다.

유럽 입장에서 보면 콜럼버스는 고마운 사람입니다. 콜럼버스의 아메리카 상륙 이후 유럽은 아메리카로부터 엄청난 이익을 얻었습니다. 반면에 아메리카는 문명이 파괴되고 수많은 원주민이 죽는 피해를 입었습니다. 그래서 2013년 3월에 세상을 뜬 베네수엘라 대통령 우고 차베스는 "콜럼버스는 인류 역사상 가장 큰 침략과 학살의 선봉이었다."고 얘기한 바 있습니다.

콜럼버스는 이탈리아 제노바에서 태어나 어렸을 때부터 항해에 나섰습니다. 그는 서쪽으로 항해를 계속하면 동방의 인도에 도착할 거라 믿었습니다. 그는 이 계획을 포르투갈 왕에게 이야기하고 지원을 요청했지만 거절당했습니다. 당시 포르투갈은 아프리카 남쪽 연안을 따라 동방으로 가는 길을 찾고 있었고, 콜럼버스의 계획에는 허점이 많았기 때문입니다. 콜럼버스의 계획은 프랑스와 영국에서도 거절당했습니다.

에스파냐 이사벨 여왕도 처음에는 콜럼버스의 제안을 거절했습니다. 그러나 포르투갈이 벌써 아프리카 남쪽 끝에 도달했다는 소식이 전해지자 다급해졌습니다. 마침내 콜럼버스는 에스파냐의 지원을 받아 항해에

크리스토퍼 콜럼버스(1451~1506). 에스파냐의 지원을 받아 서쪽으로 항해를 떠나 아메리카 대륙에 이르렀다. 오랫동안 영웅시되었지만, 그는 당대 사람들보다 탁월한 식견을 지닌 인물은 아니었다.

나섰습니다.

콜럼버스의 제안이 여러 번 거절당한 점에 주목해 봅시다. 예전에는 콜럼버스가 시대를 앞선 인물로 미화되면서 당시 사람들은 상당히 무지했던 것으로 오해받곤 했습니다. 그러나 당시에 웬만큼 배운 유럽 사람들은 지구가 둥글다는 것쯤 다 알고 있었습니다. 더구나 왕실에서 항해 자문을 맡은 사람들은 전문적인 지리 지식을 갖추고 있었기 때문에 콜럼버스의 계획이 치밀하지 않음을 알아챘습니다. 콜럼버스는 정확한 아랍의 단위를 쓰지 않고 이탈리아 마일을 썼기 때문에 계산이 틀릴 수밖에 없었습니다. 그가 계산한 유럽에서 아시아까지의 거리는 실제 거리의 3분의 1 정도밖에 되지 않았습니다. 게다가 아시아로 가는 길을 거대한 대륙이 가로막고 있을 거라고는 생각도 못 했습니다.

콜럼버스는 한 달여의 항해 끝에 오늘날의 바하마, 쿠바, 히스파니올라 섬에 이르렀습니다. 이 일대는, 인도에 도착한 거라 착각한 콜럼버스 때문에 훗날 '서인도제도'라는 이름이 붙게 됩니다. 그리고 원주민들은 졸지에 '인도 사람'이라는 뜻의 '인디언'이라 불리게 됩니다.

이러한 사실들을 고려할 때 콜럼버스는 다시 평가되어야 할 사람입니다. 사실 콜럼버스는 시대를 앞서기는커녕 신앙심 깊은, 중세적 사람이었습니다. 그는 이사벨 여왕에게 보내는 편지에서도, 인도에 가서 그곳에 사는 사람들을 크리스트교로 개종시키겠다고 굳게 다짐했습니다. 물론 그는 이런 종교적 열정에 더해, 탐험에서 얻은 이익을 나눠 가지려는 욕심도 갖고 있었습니다. 그는 첫 번째 항해에서 금을 가져가 유럽 사람들을 놀라게 했습니다. 그리고 자신이 발견한 땅을 에스파냐의 땅으로 만들고 원주민들을 노예로 삼았습니다.

콜럼버스는 네 차례 항해를 떠났지만, 죽을 때까지도 자신이 발견한 땅이 인도라고 믿었습니다. 그곳이 인도가 아니라는 사실은 나중에 이탈리아의 항해 전문가 아메리고 베스푸치에 의해 밝혀졌습니다. 베스푸치는 1503년에 《신세계》라는 책을 출간했는데, 이 책에서 새로운 대륙의 존재를 알렸습니다. '아메리카'라는 명칭은 그의 이름에서 따온 것입니다.

그 후로도 유럽의 바닷길 개척은 계속되었습니다. 1519년에는 포르투갈 출신의 마젤란이 에스파냐 왕의 명을 받들어 항해를 떠났습니다. 마젤란은 필리핀까지 갔다가 원주민에게 살해되었지만, 그 일행은 3년

1488년 ➡ 바르톨로메우 디아스, 희망봉 발견
1492년 ➡ 콜럼버스, 신대륙 발견
1498년 ➡ 바스쿠 다 가마, 인도 항로 발견
1519년 ➡ 마젤란, 세계 일주를 떠남(1519~1522)

대항해 시대에 유럽이 개척한 바닷길

만에 에스파냐로 돌아왔습니다. 이들은 최초로 세계 일주에 성공함으로써 지구가 둥글다는 사실을 입증해 보였습니다.

유럽의 침략에 희생된 두 대륙

대항해 시대에 포르투갈과 에스파냐의 행보는 달랐습니다. 아시아로 간 포르투갈은 해군 기지들을 토대로 무역을 하면서 이득을 취하는 데 만족했습니다. 포르투갈에게는 아시아의 강한 나라들을 무너뜨리고 식민지로 다스릴 힘이 없기도 했습니다.

아메리카로 간 에스파냐는 금은보화, 기름진 땅에 주목하고 정복에 나섰습니다. 그러나 아메리카 대륙에는 오래전부터 독자적인 문명이 발달하고 있었습니다. 1519년, 에르난 코르테스가 약 600명의 원정대와 함께 아메리카 중부의 유카탄 반도에 상륙했습니다. 그는 계속 진격하여 아스텍 제국(오늘날의 멕시코)의 수도 테노치티틀란에 이르렀습니다. 1521년에 그는 아스텍 제국을 완전히 점령했습니다. 그로부터 11년이 지난 1532년, 프란시스코 피사로가 200명도 안 되는 병력으로 잉카 제국(오늘날의 페루)을 무너뜨렸습니다.

당시 아스텍과 잉카 제국에는 수많은 사람이 경제적 풍요와 수준 높은 문화를 누리며 살고 있었습니다. 이런 나라들이 수백 명에 불과한 에스파냐 군대에 무너진 것은 놀라운 일입니다. 그러나 아메리카 원주민들은 정치적으로 분열되어 있었던 데다가 초보적인 무기만 가지고 있었

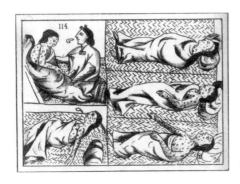

천연두에 걸린 아스텍 제국 사람들. 유럽의 전염병은 아메리카 원주민들에게 총칼보다 더 무서운 위력을 발휘했다.

습니다. 그들은 총칼과 대포로 무장한 에스파냐 군대를 당해 낼 수 없었습니다. 그들에게 에스파냐 군인들이 탄 말은 생전 처음 보는 괴물이었고, 대포 소리는 천둥 같았습니다.

아메리카 원주민들을 결정적으로 무너뜨린 것은 전염병이었습니다. 대대로 아메리카에서만 살아온 그들은 유럽에서 온 천연두, 홍역 같은 전염병 앞에 맥없이 쓰러져 갔습니다. 결국 아메리카는 찬란한 문명이 사라졌을 뿐 아니라 원주민의 수가 90퍼센트가량 줄어드는 참사를 겪었습니다. 살아남은 원주민들도 그 후 식민 지배를 당하면서 중노동에 시달리다가 죽어 갔습니다.

에스파냐 사람들은 광산 개발 후 돈을 더 많이 벌 수 있는 일을 생각해 냈습니다. 열대·아열대 기후 지역에서 잘 자라는 사탕수수, 커피, 담배 등을 생산해 유럽에 수출하는 것이었습니다. 콜럼버스가 인도인 줄 알았던 서인도제도, 중앙아메리카 지역, 브라질 북동부가 최적의 생산지였습니다. 이 지역에는 단일한 작물을 대규모로 재배하는 플랜테이션 농장이 건설되었습니다. 쉴 새 없이 돌아가는 농장에 투입할 인력이

노예 사냥꾼에게 잡혀 끌려가는 아프리카 흑인들. 그들은 목을 조이는 굴레에 두 명씩 묶인 채 끌려가, 짐짝처럼 배에 실렸다.

절실했습니다. 이 문제는 아프리카에서 노예들을 사오는 것으로 해결됩니다. 이렇게 해서 아프리카의 수많은 사람이 노예가 되어 아메리카로 팔려오게 됩니다. 이를 노예무역이라 합니다.

16세기부터 19세기까지 아프리카에서 아메리카로 끌려간 노예는 약 1,500만 명에 이릅니다. 노예 무역선에서도, 아메리카에서 주인을 만나고 나서도, 노예들은 인간 대접을 받지 못했기에 가혹한 노동과 매질로 목숨을 잃은 사람이 허다했습니다.

노예무역은 과거사로 그치지 않았습니다. 2013년, 카리브 해의 14개국은 영국, 프랑스, 네덜란드 3국을 상대로 노예무역에 대한 금전적인 배상을 요구하고 나섰습니다. 과거의 수탈이 현재의 가난과 고통으로 이어지고 있기 때문입니다. 노예무역으로 이득을 본 국가들은 "그때는 노예무역이 불법이 아니었다."고 발뺌하고 있습니다. 노예무역에 대한 법의 심판이 어떻게 내려질지, 함께 지켜봅시다.

대항해가 세계사에 끼친 영향

대항해는 유럽 사람들의 생활을 풍요롭게 하고 경제를 발전시켰습니다. 아메리카에서 들어온 감자, 고구마, 옥수수, 토마토, 고추, 담배 등은 유럽 사람들의 식생활을 바꿔 놓았습니다. 특히 사탕수수의 정제물이 대량으로 들어오면서 유럽 사람들은 설탕을 곁들인 홍차와 커피를 즐기게 되었습니다. 이러한 여유는 식민지로 전락한 아메리카의 넓은 땅과 노예로 끌려온 아프리카 사람들의 희생이 있었기에 가능했습니다.

한편 아메리카에서 많은 금은이 들어오면서 통화량이 늘어나 유럽 물가가 치솟았습니다. 이를 가격혁명이라 합니다. 그리고 대항해를 계기로 유럽 경제의 중심이 지중해에서 대서양으로 옮겨졌습니다.

대항해의 결과 유럽과 아시아, 아메리카, 아프리카가 연결되었습니다. 진정한 세계사가 시작되었다고 할 수 있습니다. 그러나 대항해는 유럽에게 전적으로 유리한 결과를 가져다주었습니다. 유럽은 아시아, 아메리카에서 넓은 시장을 확보했고 무역도 점점 더 활성화되었습니다. 이후 유럽의 경제는 비약적으로 발전하게 됩니다. 반면에 아메리카와 아프리카는 인적, 물적 수탈을 당했고, 아시아도 19세기에 가서 유럽의 침입을 받게 됩니다.

절대왕정, 왕에게
권력이 집중되다

16~18세기에 유럽 국가들은 절대왕정 시대를 맞습니다. 왕정은 인류 역사상 가장 오래된 정치형태니 새로울 것 없지만, 유럽의 절대왕정 성립은 큰 변화였습니다. 그전까지 유럽은 지방에 권력이 분산된 봉건국가였기 때문입니다. 게다가 보통 왕정이 아니고 '절대' 왕정입니다. 왕이 절대적인 권력을 갖고 있었다는 말이지요. 그렇다고 왕이 마음대로 권력을 휘둘렀던 것은 아닙니다. 절대왕정은 정치사상과 군사력, 경제력이 뒷받침되어 이루어진 나름 합리적인 정치체제였고, 왕은 국가의 법을 지켜야 했습니다.

절대왕정은 중세 봉건국가와 다르지만, 신분제도가 그대로 유지되었으니 근대 국민국가라 할 수도 없습니다. 간단히 말해서 '중세 봉건국가 → 절대왕정 → 근대 국민국가', 이렇게 정리됩니다.

국왕은 지방에 분산되어 있던 권력을 어떻게 거머쥐었을까요? 절대
왕정기에 유럽 국가들은 어떤 일을 겪었을까요?

국가 위기 속에 탄생한 절대왕정

유럽에서는 16~18세기의 95퍼센트 이상이 전쟁 중이었습니다. 우
선 가톨릭과 프로테스탄트의 팽팽한 대립으로 위그노 전쟁(1562~1598),
30년 전쟁(1618~1648), 네덜란드 독립 전쟁(1568~1648) 같은 굵직굵직한
전쟁 외에도 많은 전쟁이 일어났습니다. 18세기에는 에스파냐와 오스
트리아의 왕위 계승 문제에 여러 나라가 끼어들면서 국제전을 치르기도
했습니다.

이 시기에는 경제도 불안했습니다. 흉년과 전염병에 더해, 신대륙에
서 들어온 은이 유통되면서 물가가 폭등했기 때문입니다. 또한 마녀사
냥이 대대적으로 벌어져 애꿎은 사람들이 마녀 누명을 쓰는 일이 많았
습니다.

이렇게 잦은 전쟁과 경제 불안, 사회 혼란을 배경으로 왕에게 권력이
집중되어 갔습니다. 왕권신수설, 즉 왕의 권리를 신이 부여했다는 주장
은 절대왕정을 사상적으로 뒷받침해 주었습니다. 왕의 뜻에 거역함은
곧 신에게 거역하는 것이 되었습니다.

중앙에 권력이 집중되려면, 지방에서 왕 노릇하던 봉건귀족들의 힘이
약해져야 합니다. 이 문제는 무기의 변화로 해결되었습니다. 봉건귀족

은 기사였습니다. 기사騎士는 말을 탄 무사라는 뜻입니다. 이들은 칼을 차고 다니면서, 싸우는 것을 업으로 삼았습니다. 평소 걸핏하면 결투를 신청해 싸움판을 벌였고, 전쟁 때에는 기병이 되어 선두에 섰습니다. 그런데 총과 대포가 사용되면서 기사들이 필요 없어졌습니다. 이제 전쟁의 승패는 대포와 총을 능숙하게 다루는 군인들에게 달려 있었습니다. 결국 귀족들은 존재 가치를 상실하고 맙니다.

한편 왕은 상비군을 두어 잘 훈련시켰습니다. 다른 나라와의 전쟁이든, 국내의 반란이든, 유사시에 항상 대비하면서 왕의 권력을 지켜 준 군대가 바로 상비군입니다. 유럽 국가들은 경쟁적으로 상비군의 규모를 키웠습니다.

많은 수의 상비군과 관료들은 국가로부터 봉급을 받았습니다. 그 돈을 마련하기 위해 조세를 걷게 됩니다. 지금의 군대, 공무원, 조세와 비슷하지요? 그렇습니다. 이 세 요소는 절대왕정의 근대적인 모습입니다.

그런데 조세만으로는 국가 재정을 충당할 수 없었습니다. 이를 해결하기 위한 경제 정책이 중상주의였습니다. 중상주의는 상업을 중시한 정책을 말합니다. 이 정책에 따라 절대왕정은 국가의 돈이 빠져나가지 않도록 수입을 억제하고 수출을 장려했습니다. 그러기 위해 외국 상품에 관세를 높게 매기는 한편 국내 산업을 보호, 육성했습니다. 이 정책은 상업 활동으로 부를 축적해 가던 시민들의 환영을 받았습니다. 이들은 왕에게 적극 협력하며 재정을 지원해 주었고, 이후 자본가로 성장하여 사회에서 중요한 역할을 하게 됩니다.

이러한 절대왕정은 동유럽보다 서유럽에서 먼저 확립되었습니다. 에스파냐는 펠리페 2세, 영국은 엘리자베스 1세, 프랑스는 루이 14세 때 절대왕정의 전성기를 이루었습니다.

귀족 길들이기에 성공한 루이 14세

프랑스의 루이 14세는 절대군주의 대명사로 통합니다. "짐이 곧 국가다."라는 말로 유명하지만, 실제로 그가 이 말을 했다는 기록은 어디에도 없습니다. 그러나 이 말은 절대왕정을 절묘하게 표현한 말임에 틀림없습니다.

1643년 왕위에 올랐을 때 루이 14세는 다섯 살이었습니다. 너무도

루이 14세(1638~1715). 프랑스의 절대왕정은 낭트 칙령을 발표한 앙리 4세 때부터 시작되어 루이 14세 때 절정을 이루었다.

어린 그에게는 이탈리아 출신의 재상 마자랭과 합스부르크 가문 출신의 어머니가 있었습니다. 이 두 사람이 정치를 주도합니다.

프랑스는 16세기 말 앙리 4세 때부터 왕권이 강화되었지만, 귀족들의 저항을 쉽게 꺾지는 못했습니다. 귀족들의 마지막 저항의 불꽃은 1648년 프롱드의 난으로 타올랐습니다. '프롱드'는 아이들이 갖고 노는 돌팔매 도구입니다. 프롱드의 난이 일어났을 때 귀족들의 돌팔매로 파리 곳곳의 저택 유리창이 깨졌습니다. 그래서 이런 이름이 붙게 되었지요. 장난 수준의 가벼운 사건을 연상케 하지만, 프롱드의 난은 루이 14세가 수도 파리를 버리고 6년 가까이 도망 다녔을 만큼 대단한 사건이었습니다. 그러나 이 반란은 결국 진압되었습니다. 어린 시절 겪은 이 사건으로 루이 14세는 귀족 세력이 만만치 않음을 또렷이 알게 되었습니다.

루이 14세는 1651년에 어머니의 섭정에서 벗어났습니다. 1661년에 재상 마자랭이 죽자 루이 14세는 앞으로 재상을 두지 않고 직접 다스리겠다고 선언했습니다. 이후 그는 귀족들의 권한을 줄이고, 상업 활동을 통해 성장한 사람들을 관료로 많이 등용했습니다.

루이 14세의 절대적인 권력은 베르사유 궁전으로 구체화되었습니다. 화려한 정원에 세운 아폴로의 분수는 '태양왕'으로 자처한 루이 14세를 상징했습니다. 태양 없이 자연이 생명을 유지할 수 없듯, 루이 14세 없이 프랑스가 유지될 수 없음을 나타낸 것이었습니다. 거대한 성채와 궁전도 신화로 장식되어, 왕이 신을 대신하는 존재임을 과시했습니다.

루이 14세는 귀족들을 베르사유 궁전에 모아 놓고 화려한 생활을 이어 갔습니다. 지방 총독들도 의무적으로 일정 기간 궁전에 머물러야 했습니다. 안 보이는 곳에서 세력을 키우는 것을 용납하지 않겠다는 뜻이었습니다. 귀족들은 궁전에서 루이 14세와 일과를 함께하면서 저절로 충직한 신하가 되어 갔습니다. 그들은 중세 귀족, 즉 싸움꾼 기사들과는 판이하게 달랐습니다. 그들은 궁전에서 소위 '에티켓'이라는 것을 배우면서 우아하게(달리 말한다면 '가식적으로') 행동할 줄 알게 되었고, 서로 어떻게든 루이 14세에게 잘 보이려고 애썼습니다.

베르사유 궁전. 프랑스 절대왕정을 상징하는 곳이자 수많은 귀족을 궁정 예법에 따라 길들인 장소였다.

국가와 결혼한 여왕 엘리자베스 1세

영국에서는 튜더 왕조의 헨리 7세 때부터 절대왕정이 시작되었습니다. 중세 봉건귀족들의 힘이 약해지고 왕권이 강화된 점은 다른 나라의 절대왕정과 같습니다. 그러나 영국은 섬나라여서 상비군을 많이 둘 필요가 없었고 다른 나라들에 비해 관료도 적고 세금도 적었습니다. 영국 절대왕정은 이런 한계를 가진 채 운영되었습니다.

헨리 7세의 아들이 바로 영국 국교회를 세운 헨리 8세입니다. 헨리 8세 사후에는 그의 세 자식이 차례로 왕위에 올랐습니다. 헨리 8세의 유일한 아들 에드워드 6세는 열 살에 즉위하여 6년 후 죽었습니다. 그의 뒤를 이은 메리 1세는 '피의 메리'라는 별명으로 유명합니다. 독실한 가톨릭 신자여서 4년 남짓 왕위에 있는 동안 300명이 넘는 신교도들을 화형에 처했기 때문입니다.

메리 1세가 병으로 죽고 나서 엘리자베스 1세가 왕위에 오릅니다. 엘리자베스 1세는 평생 결혼하지 않은 것, 에스파냐의 무적함대를 물리친 것으로 유명하지만, 그 외에도 많은 업적을 남겼습니다.

엘리자베스 1세는 남동생에게 쓴 편지에 이렇게 적었다고 합니다. "나는 자랑스럽게 내밀 얼굴을 갖고 있지 않지만 정신만은 결코 부끄럽지 않다." 미모보다 지성이 돋보이는 여성이었나 봅니다.

그녀는 결혼을 염두에 두고는 있었겠지만 평생 혼자 살았습니다. 그녀는 국내외의 쟁쟁한 남자들로부터 청혼을 받았습니다. 그러나 애매한 태도를 취하면서 항상 결정을 미루었습니다. 요샛말로 '밀당(밀고 당기기

를 반복함)'을 한 것이지요. 이렇게 함으로써 외교 문제 등을 유리한 방향
으로 풀어 갈 수 있었습니다.

왕위에 오른 엘리자베스 1세가 풀어야 할 첫 번째 과제는 종교 문제
였습니다. 메리 1세가 가톨릭으로 복귀한 것에서도 알 수 있듯이, 영국
국교회는 아직 완전히 정착하지 못하고 있었습니다. 엘리자베스 1세는
영국 국교회의 원칙을 분명히 하되, 가톨릭교회의 의례를 어느 정도 남
겨 두었습니다. 이로써 두 종교 간의 갈등을 원만히 조정했습니다.

부족한 재정도 심각한 문제였습니다. 이 문제는 유명한 해적 프랜시
스 드레이크가 어느 정도 해결해 주었습니다. 그때는 국가권력이 바다
구석구석을 통제할 만큼 강하지 못했습니다. 그런 시절에 해적들이 적
국의 배에 타격을 가하면 그것은 국가에도 이익이 되었습니다. 섬나라
영국은 하루빨리 바다로 세력을 뻗어 나가야 했는데, 이를 가로막는 나

엘리자베스 1세(1558~1603).
이 초상화 속의 창밖에는 에
스파냐 무적함대를 격파하
는 장면이 그려져 있다. 엘리
자베스 1세가 한 손을 지구
본 위에 올려놓은 모습은 세
계 제패의 야심을 숨기고 있
는 듯하다.

라가 에스파냐였습니다. 에스파냐는 '무적함대'라는 이름에 걸맞은 최강의 함대를 구축하고, 아메리카 대륙에서 금은보화를 실어 오곤 했습니다. 그런 에스파냐 배를 약탈한 사람이 바로 드레이크입니다. 엘리자베스 1세는 드레이크를 비롯한 해적들이 외국 배를 공격하는 것을 허가해 주었습니다. 그리고 약간의 돈을 투자했다가, 해적들이 약탈해 오는 재물을 나눠 가졌습니다. 드레이크는 국가에 기여한 공로를 인정받아 엘리자베스 1세로부터 기사 작위까지 받게 됩니다. 그 후 드레이크는 카리브 해 일대와 파나마의 에스파냐 식민지를 공격하여 조국에 승리를 안겨 주었습니다.

그녀는 칠십 평생의 삶을 마감하기 2년 전 연설에서, 자신은 한 남자 대신 영국과 결혼했다고 말했습니다. 남자 대신 국가를 선택한 그녀의 삶은 헛되지 않았습니다. 왕위에 있는 동안 국민들은 그녀에게 뜨거운 사랑과 지지 의사를 표했고, 영국은 명실상부한 강대국으로 떠올랐기 때문입니다.

표트르 대제, 러시아의 근대화를 이루다

동유럽은 서유럽보다 도시와 상공업 발달이 더뎠습니다. 농노제도 오래 남아 있었고, 시민 성장도 늦었습니다. 그래서 동유럽은 서유럽보다 백 년 정도 늦은 17세기 중엽 이후에 절대왕정이 들어섰습니다. 동유럽의 절대왕정은 계몽사상의 영향을 받기도 했습니다. 국민의 행복을 염두에 두고 '국가 제일의 심부름꾼'으로 자처한 프로이센의 프리드리히 2세가 대표적입니다.

가장 주목할 만한 사람은 러시아의 표트르 대제입니다. '대제'라는 칭호만으로도 대단한 업적을 이룬 것을 짐작할 수 있지요.

러시아는 세계에서 가장 넓은 영토를 가지고 있었지만 서유럽보다 발달이 많이 늦었습니다. 다른 나라들과 교류도 적었고 변변한 군대도 없었습니다. 그런 러시아를 유럽 강국들과 어깨를 나란히 할 만큼 성장하게 한 사람이 바로 표트르입니다.

표트르가 한 일 중 가장 유명한 것은, 러시아 사람들의 수염을 자른 일입니다. 우리나라에서 실시된 단발령을 연상케 하지요. 그때까지 러시아에서는 턱수염을 길게 기르는 것이 신이 부여한 남자다운 모습을 지키는 거라 믿었습니다. 그런 신성한 수염을 강제로 싹둑! 이 개혁은 당사자들에게 끔찍한 일이었겠지만, 제삼자에게는 재미있기만 합니다.

표트르 대제의 개혁에 따라 강제로 수염 자르는 모습을 풍자한 그림. 기어이 수염을 기르는 사람에게는 해마다 수염세를 거뒀고, 그 결과 러시아에서 턱수염이 사라져 갔다.

그래서인지 이 개혁이 너무 유명해지는 바람에 표트르가 어떤 사람이었는지, 어떤 업적을 이루었는지는 거의 다 묻혀 버렸습니다.

표트르는 배우려는 열망이 대단하고, 무슨 일이든 직접 해야 직성이 풀리는 사람이었습니다. 그는 1697년에 유럽 각지로 대규모 시찰단을 파견하면서 자신도 그 일원이 되었습니다. 그는 차르(러시아 황제)라는 신분을 철저히 숨기고 시찰단원으로 행동했습니다. 원래 그는 해군을 창설해 바다로 진출하려는 포부를 갖고 있었습니다. 그래서 네덜란드에 가서는 노동자가 되어 배 만드는 법을 몸소 익혔습니다. 영국에 가서는 유럽 최고가 된 영국 해군의 면면을 주의 깊게 살폈습니다.

표트르는 러시아로 돌아와 개혁을 과감히 추진했습니다. 수염만 자르게 한 것이 아니라 귀족들에게 서양 문물과 외국어, 에티켓을 배우게 했습니다. 그리고 유럽의 선진 학문과 기술을 들여와 러시아어로 정리해 책으로 펴냈습니다. 이 과정에서 꼭 필요한 것이 언어 개혁이었습니다. 표트르는 기존의 키릴 문자를 간소화하여 인쇄에 적합한 알파벳을 만들어 냈습니다. 1703년에는 최초의 러시아 신문 〈베도모스티〉를 창간했습니다. 또한 유럽의 율리우스력을 도입하고, 러시아 정교회를 차르에게 종속된 조직으로 개혁했습니다.

이러한 개혁과 함께 표트르는 군사력을 강화하는 데도 힘썼습니다. 그는 교회의 종을 몰수해 대포를 만들고, 전쟁이 일어나면 누구보다도 열심히 싸우며 군사들의 사기를 북돋았습니다. 그 결실로, 러시아는 스웨덴과 20년 넘게 벌이던 북방 전쟁에서 승리하여 발트 해로 진출합니다. 그는 발트 해 연안에 새로운 수도 상트페테르부르크를 건설했습니다. 상트페테르부르크는 '표트르의 도시'라는 뜻입니다. 이곳은 발트 해를 지배하는 기지이자, 유럽으로 향하는 창구가 되었습니다.

이렇게 표트르는 러시아의 근대화와 대외 팽창에 성공했습니다. 그러나 표트르의 정책은 모두 러시아를 강한 나라로 만드는 데에만 초점을 맞춘 것이었습니다. 농노제도 그대로 남아 있었고, 사람들의 고단함도 끝이 없었습니다. 이런 문제는 점점 심화되어 결국 러시아혁명으로 이어집니다.

영국혁명, 입헌군주제의
전통을 세우다

　하루가 다르게 많은 것이 바뀌는 요즘, 오랜 전통의 왕실은 신기하고 흥미롭지요. 2013년에 대관식 60주년을 맞은 엘리자베스 2세를 비롯해, 영국 왕실 사람들은 가끔 뉴스에 보도되어 세계의 주목을 끕니다.

　영국은 최초로 입헌군주제를 이룬 나라입니다. 입헌군주제란 헌법에 입각해 군주의 권력을 제한하는 정치를 말합니다. 따라서 왕은 상징적인 존재로서 국민을 통합하고, 실질적으로는 다수당의 대표가 실권을 쥐고 정치적 책임을 집니다. 제2차 세계대전 때 영국을 이끈 사람도 왕이 아니라 당시 총리를 맡은 윈스턴 처칠이었지요.

　이러한 전통은 영국이 17세기에 겪은 청교도혁명과 명예혁명을 거치면서 확립되었습니다. 영국 정치사에서 가장 중요한 이 두 사건에 대해 살펴보겠습니다.

스코틀랜드에서 온 왕들의 전제정치

섬나라 영국의 정치는 일찍부터 유럽 대륙과 달랐습니다. 영국 귀족들은 이미 1215년에 마그나 카르타(대헌장)를 만들어 존 왕의 서명을 받아 냈습니다. 마그나 카르타는 왕이 마음대로 세금을 걷지 못하게 하는 등 왕권을 제한하면서 귀족의 특권을 확인하는 문서였습니다. 의회는 13세기 이래 꾸준히 발전하면서 왕과 백성, 중앙과 지방을 이어 주는 역할을 했습니다. 이러한 전통에 따라 영국 왕들은 대체로 의회의 뜻을 존중하며 나라를 다스렸습니다.

그런데 1603년에 엘리자베스 1세가 죽고 제임스 1세가 즉위하면서 문제가 시작되었습니다.

제임스는 원래 스코틀랜드 왕이었는데 튜더 왕가에서 왕위 계승자이다 보니 잉글랜드 왕까지 겸하게 되었습니다(이렇게 두 왕실이 합쳐진 뒤 스코틀랜드는 1707년에 잉글랜드에 합병됩니다). 제임스는 왕이 의회의 눈치를 보는 분위기가 영 못마땅했습니다. 그는 프랑스를 비롯한 유럽 대륙의 나라들이 절대적인 왕권을 휘두르고 있는 것을 잘 알고 있었습니다. 그래서 왕권신수설을 주장하며 의회를 무시했고, 국교회의 예배 의식에 가톨릭 요소들을 강화했습니다. 이러한 정책은 의회와 마찰을 빚을 수밖에 없었습니다.

더구나 중세 말부터 세력을 키운 젠트리는 왕의 독단적인 정책에 불만이 많았습니다. 젠트리는 신분상 귀족과 자영농의 중간에 위치한 사람들이었습니다. 신사를 뜻하는 젠틀맨gentleman이 바로 '젠트리'에서 나온 말입니다. 젠트리는 대개 지주들로, 넓은 땅에 울타리를 치고 양을 길러 많은 돈을 벌었습니다. 그 외에 법률가나 의사처럼 전문직에 종사하는 사람들도 젠트리에 속했습니다. 이들 젠트리와 함께, 상공업으로 돈을 번 시민들도 사회에서 중요한 세력으로 떠오르고 있었습니다.

그런데 젠트리와 시민 중에는 칼뱅의 종교를 이어받은 청교도들이 많았습니다. 영국 국교회는 개신교였지만 실은 가톨릭에 가까웠고, 왕권을 강화하는 데 이용하기 좋은 종교였습니다. 제임스 1세는 국교회를 강요하면서 청교도들을 탄압했습니다. 그래서 많은 청교도가 종교의 자유를 찾아 나라를 떠났습니다. 1620년에 메이플라워호를 타고 북아메리카로 건너간 사람들도 이렇게 영국을 떠난 청교도들이었습니다.

제임스 1세의 독단은 사회 여기저기에서 불만 세력을 키웠습니다. 종교 탄압을 받은 것은 가톨릭교도들도 마찬가지였습니다. 가톨릭교도들

화약 음모를 꾸민 사람들. 오른쪽에서 세 번째가 가이 포크스이다. 영국에서는 매년 11월 5일을 가이 포크스 데이로 기념하며 불꽃놀이를 즐긴다. 최근에는 월가 시위를 비롯한 시위 현장에서 사람들이 저항의 상징으로 가이 포크스 가면을 쓰기도 한다.

은 왕과 고위 관료들을 없애기 위해 의회 건물을 폭파할 계획을 꾸몄습니다. 화약을 잘 다루던 가이 포크스가 중심이 되었습니다. 그러나 이 계획은 사전에 발각되어 실패로 끝납니다. 1605년에 일어난 이 사건은 언제라도 불붙을 것 같던 당시 영국의 불안한 정치 상황을 잘 보여 줍니다.

왕과 의회의 갈등, 내전으로 번지다

전제정치는 제임스 1세의 아들, 찰스 1세 때 더욱 심해졌습니다. 1628년에 찰스 1세가 의회를 소집하자, 의회는 권리청원을 제출했습니다. 권리청원에는, 의회의 동의 없이 세금을 거둘 수 없다, 법에 의하지 않고는 누구도 구속할 수 없다 등의 권리들이 적혀 있었습니다. 당연한 권리들이니 앞으로는 잘 지켜 달라는 뜻이었습니다. 찰스 1세는 대외 전쟁 비용을 마련하려면 의회의 요구를 들어줄 수밖에 없었습니다. 그래서 마지못해 권리청원을 승인했습니다.

찰스 1세는 이듬해에 다시 의회의 반대에 부딪혔고, 그 후 11년 동안이나 의회를 열지 않았습니다. 그러는 동안 왕을 비판하는 사람들은 가차 없이 체포되었습니다. 국교회를 강화하는 정책도 계속 추진되었습니다. 윌리엄 로드 대주교는 성찬식을 무엇보다 중시했고 기도서도 새로 만들었습니다. 그는 스코틀랜드 교회에까지 새로운 기도서를 강요했는데, 이는 스코틀랜드 사람들의 강한 반발을 불러일으켰습니다. 결국 전쟁으로 확대되어, 찰스 1세는 다시 전쟁 비용이 필요해졌습니다. 이렇게 해서 1640년에 의회가 소집되었습니다.

이 의회는 3주 만에 끝나 버립니다. 실정을 문제 삼자 찰스 1세가 의회를 해산했기 때문입니다. 그러나 스코틀랜드 군대가 잉글랜드 북부를 쳐들어오자, 찰스 1세는 다급해져서 다시 의회를 소집했습니다. 이 의회는 위급한 순간들을 겪으면서도 몇 해째 해산되지 않고 지속됩니다.

1641년에는 아일랜드에서 가톨릭교도들이 들고일어나 잉글랜드 정착민들을 학살했습니다. 이처럼 영국은 국교회를 강화하는 과정에서 왕과 의회가 맞서고, 잉글랜드와 스코틀랜드, 아일랜드가 처절히 싸우는 과정을 겪었습니다. 찰스 1세와 의회는 또다시 군대의 지휘관 임명 문제로 다투다가 간신히 타협에 이르렀습니다.

그러나 1642년, 찰스 1세는 반대 세력을 체포하기 위해 병사들을 이끌고 하원에 침입했습니다. 이에 의회가 무력으로 맞서면서 내전이 시작되었습니다. 내전의 초기에는 왕이 이끄는 왕당파가 우세했지만, 올리버 크롬웰이 이끄는 철기군의 활약으로 의회파가 승세를 몰아갔습니다. 1649년, 찰스 1세는 재판 후 공개 처형되었습니다.

이 사건이 바로 청교도혁명입니다. 청교도들이 주축이었고, 정치적으로 큰 변화를 가져왔다고 해서 이런 이름이 붙었습니다. 그러나 이 사건에 대해 역사학계에서는 여러 가지 해석이 엇갈립니다. 예전에는 입헌군주제로 발전하기 위해 반드시 거쳐야 했던 '혁명'으로 그 의미가 강조되었습니다. 혁명이라 한다면, 그 후 영국 사회에 근본적인 변화가 일어났다는 얘기인데 과연 그럴까요? 최근 학계에서는 1640년대 영국은 혁명이 불가피한 상황이 아니었으며, 이 사건은 종교 문제를 중심으로

광장에서 군중이 지켜보는 가운데 진행된 찰스 1세의 처형

불거진 '내란'이었다는 데 의견이 모이고 있습니다. 그 밖에 입헌정치를 둘러싼 왕과 의회의 오랜 갈등, 종교가 다른 스코틀랜드와 아일랜드에 국교회를 강요하면서 생긴 문제 등에 주목하면서 이 사건을 여러 각도에서 조명하고 있습니다.

명예혁명, 입헌군주제를 세우다

찰스 1세가 처형되고 나서 영국에는 공화정이 세워졌습니다. 여전히 사회가 혼란스러운 가운데, 참정권을 모든 성인 남자에게 확대하고 부를 골고루 나눠 줄 것을 주장하는 수평파 등 급진적인 사상을 가진 사람

올리버 크롬웰(1599~1658). 그는 왕정복고 후에 반역자로 규정되었다. 시체에서 그의 머리를 잘라 20년 넘게 의회 밖에 걸어 두었다고 하니, 그의 독재에 대한 국민들의 반발이 얼마나 컸는지를 짐작할 수 있다.

들이 많이 나타났습니다.

그러던 1653년, 크롬웰이 호국경 자리에 올랐습니다. 크롬웰은 왕 못지않은 권력을 쥐고 독재정치를 펼쳤습니다. 그는 청교도 이념에 따라 술과 도박을 금하는 등 국민들에게 금욕적인 생활을 강요했습니다. 또한 아일랜드 가톨릭교도들의 반란을 철저히 진압했고, 영국과 영국 식민지의 수출입에 다른 나라가 관여하지 못하도록 하는 항해법을 만들어 네덜란드에 타격을 주었습니다.

국민들은 점점 크롬웰의 독재에 지쳤습니다. 크롬웰은 아들 리처드에게 호국경 자리를 물려주었지만, 리처드는 쫓겨났고 의회는 왕정복고를 결정했습니다.

이 결정에 따라, 프랑스로 망명 가 있던 찰스 1세의 아들 찰스 2세가 돌아왔습니다. 찰스 2세는 프랑스 루이 14세의 영향으로 가톨릭으로 개종하기로 마음먹고 있었습니다. 그러니 자연히 가톨릭교도를 우대하는 정책을 펴게 되었습니다. 이에 맞서 의회는 심사법을 만들어, 국교회를 믿지 않는 사람이 공직자가 되는 것을 금했습니다. 이때 왕을 지지하는 토리당과 의회를 존중하는 휘그당이 맞섰습니다. '토리'와 '휘그'는 서로 상대를 헐뜯으면서 생겨난 말입니다. '토리'는 원래 아일랜드의 산적들을 말하는데, 가톨릭, 즉 왕을 지지하는 사람을 의미하게 되었습니다. '휘그'는 스코틀랜드의 가축 도둑을 말하는데, 개신교를 지지하는 사람을 의미하게 되었습니다. 19세기에 토리당은 보수당으로, 휘그당은 자유당으로 이어집니다.

찰스 2세의 뒤를 이어, 동생 제임스 2세가 즉위했습니다. 그는 가톨릭교도였습니다. 제임스 2세의 정책은 번번이 의회와 충돌했습니다. 그러던 중에 제임스 2세의 아들이 태어나자, 의회는 바짝 긴장했습니다. 다시 왕위를 가톨릭교도에게 넘겨줘서는 안 된다는 생각에 토리당과 휘그당은 하나가 되었습니다. 그들은 제임스 2세의 사위인 네덜란드 오라녀 공작에게 사람을 보내, 왕이 되어 달라고 부탁했습니다. 그는 1만이 넘는 군대를 이끌고 영국으로 왔고, 제임스 2세는 놀라 프랑스로 도망갔습니다(1688). 이듬해에 의회는 네덜란드에서 온 윌리엄(윌리엄 3세)과 그의 아내(메리 2세)를 공동 왕으로 추대했습니다.

피를 흘리지 않고 명예롭게 치른 사건이라 하여, 이를 명예혁명이라 합니다. 의회는 공동 왕에게 권리장전을 제출하여 승인을 받았습니다.

1조. 왕은 의회의 동의 없이 법의 효력이나 집행을 정지할 수 없다.
4조. 의회의 승인 없이 왕이 쓰기 위한 돈을 걷는 것은 위법이다.

7조. 의원의 선거는 자유롭지 않으면 안 된다.

9조. 의회 안에서 말하고 토론한 내용으로 의회 아닌 어떤 곳에서도 고발
당하거나 심문당하지 않는다.

- 권리장전

명예혁명으로 나랏돈은 왕 개인의 것이 아니며, 의회의 동의를 거쳐
국민으로부터 나온다는 원칙이 세워졌습니다. 왕은 법의 집행을 정지할
수 없게 되었고, 정치의 중심은 왕에서 의회로 옮겨 갔습니다. 이렇게
해서 '의회 속에 왕이 있다'는 전통 아래 입헌군주제가 세워졌습니다.

청교도혁명과 명예혁명은 17세기에 영국이 극심한 혼란을 겪었음을

공동 왕이 되어 권리장전을 승인한 윌리엄 3세와
메리 2세

말해 줍니다. 한 번은 왕을 공개 처형했고 그다음에는 의회의 견제를 받는 공동 왕을 추대했으니, 무엇보다 의회의 막강한 힘을 실감케 합니다. 청교도혁명과 마찬가지로 명예혁명도 과연 '혁명'이었나에 대해 반론이 있지만, 두 사건이 입헌군주제의 전통을 세우는 데 중요한 역할을 했음은 분명합니다.

여러 민족의 갈등을 안고 있는 나라, 영국

영국을 영어로 England라 하면 맞을까? 답은 '아니다'이다. 영국의 정식 명칭은 그레이트브리튼 북아일랜드 연합 왕국United Kingdom of Great Britain and Northern Ireland이다. 줄여서 UK라 한다.

그레이트브리튼 섬은 크게 잉글랜드와 웨일스, 스코틀랜드로 나뉜다. 웨일스는 1536년에, 스코틀랜드는 1707년에 잉글랜드와 합쳐졌다. 그러나 스코틀랜드 하면 남자들이 '킬트'라는 체크무늬 치마를 입고 백파이프를 부는 모습이 떠오르는 것처럼, 각 나라의 고유문화와 민족의식은 면면히 이어졌다. 월드컵 때 제각각 출전하는 것만 봐도 알 수 있다.

영국과 아일랜드 공화국

아일랜드는 오랫동안 영국과 갈등을 겪었다. 영국은 아일랜드 가톨릭교도들의 토지를 몰수하고, 종교를 강제로 바꾸려 했다. 1800년에 영국은 아일랜드를 강제로 합병했지만 아일랜드 사람들의 민족의식은 점점 더 강해졌다. 20세기 초부터는 IRA(아일랜드 공화국 군대)의 테러 활동을 비롯한 독립 투쟁이 본격화되었다. 아일랜드 독립 투쟁은 영화 〈보리밭을 흔드는 바람〉으로 만들어지기도 했다. 결국 신교도가 많은 아일랜드 북부는 영국의 일부가 되었고, 남부에서는 1949년에 아일랜드 공화국이 탄생하기에 이른다.

북아일랜드와 아일랜드 공화국의 통일을 이루려는 IRA의 투쟁은 계속되고 있다. 아일랜드 공화국은 IT 산업과 관광 산업에 힘입어 '잘사는 나라' 대열에 끼게 되었지만, 북아일랜드의 미래는 여전히 불투명하다.

2014년 9월에는 스코틀랜드의 분리 독립을 결정하는 주민 투표가 실시되었다가 부결되었다. 그러나 2016년 브렉시트, 즉 영국의 유럽 연합(EU) 탈퇴가 국민 투표로 결정된 후 갈등이 촉발되었다. EU에 남기를 바라는 스코틀랜드에서는 독립 움직임이 가속화되고 있다. 북아일랜드도 영국에서 벗어나 EU 회원국인 아일랜드 공화국과 통합하려는 움직임을 보이고 있다. 여러 갈등이 얽힌 영국의 역사는 앞으로 어떻게 전개될까?

자유로운 국가의 탄생?
미국 독립혁명의 진실

미국은 세계에서 주도적인 역할을 하고 있습니다. 소련이 해체된 후 유일무이한 강국으로 영향력을 행사하다가 요즘에는 중국과 더불어 2대 강국(G2)으로 일컬어지고 있지요. 최근 위기를 더해 가는 시리아 내전을 비롯해, 세계 곳곳의 분쟁을 해결하는 문제에 있어서도 가장 주목받는 나라는 미국입니다.

이러한 위상에 비해 미국의 역사는 상당히 짧습니다. 영국의 식민지였다가 1776년 독립선언을 발표하면서 미국이 탄생했으니, 역사가 300년도 안 됩니다. 그러나 짧은 역사의 거죽만 가지고는 미국이라는 거대한 나라가 설명되지 않습니다. 미국 독립혁명만 해도, 단순히 북아메리카의 영국 식민지 13개 주가 독립을 얻어 낸 사건으로만 봐서는 안 됩니다. 그 이면을 하나하나 살펴보겠습니다.

시민혁명의 사상적 기초, 계몽사상

먼저, 미국 독립혁명의 사상적 바탕이 된 계몽사상을 살펴보겠습니다. 이 무렵 유럽과 미국에서 일어난 정치 변화에는 계몽사상이 깔려 있습니다. 유럽은 르네상스 시대를 거치면서 과학의 발달을 이루었습니다. 그 성과가 축적되어 17세기에는 '과학혁명'이 일어났습니다. 지동설을 주장한 코페르니쿠스와 이를 입증한 갈릴레이, 만유인력의 법칙을 발견한 뉴턴이 과학혁명을 이끌었지요.

과학혁명으로 우주와 자연에 대한 궁금증이 조금씩 풀리자, 유럽 사람들은 인간 사회로 관심을 돌렸습니다. 그 결과 베이컨, 데카르트, 칸트를 중심으로 철학이 발달했습니다.

이렇게 철학이 발달한 가운데 시민사회가 성장하면서, 사회와 국가를 비판적으로 바라보고 새로운 사회를 만들려는 사상이 나타났습니다. 영국의 홉스와 로크는 17세기 내전의 경험을 토대로 사상을 전개해 나갔습니다. 이들은 개인들이 평화와 안전을 위해 사회 계약을 맺음으로써

영국의 홉스가 1651년에 쓴 《리바이어던》의 표지 그림. 왕은 자연 상태의 혼란을 극복할 수 있는 절대적 존재로 그려졌다.

211

국가가 등장한다고 보았습니다. 이를 사회계약설이라고 합니다.

홉스는 《리바이어던》에서, 지배자에게 절대적 권력을 주지 않는다면 질서를 유지할 수 없게 되어 '만인 대 만인의 투쟁'으로 돌아갈 것이라고 주장했습니다. 반면에 로크는 정부가 개인의 자연권을 침해할 경우 정부에 저항할 권리가 있음을 주장했습니다. 이러한 로크의 사상은 명예혁명을 정당화했고, 미국 독립선언에도 영향을 주었습니다.

프랑스의 루소도 사회계약설을 주장하면서, 국가의 주권이 인민에게 있다고 말했습니다. 여기에 더해, 루소는 문명 발달을 비판하면서 자연성을 회복해야 한다고 주장했습니다.

이러한 사상가들은 인간 이성의 힘으로 낡은 사회에서 벗어나 밝은 빛의 사회로 나아갈 수 있다고 믿었습니다. 이를 계몽사상이라 합니다.

18세기에 프랑스 계몽 사상가들이 쓴 《백과전서》의 머릿그림. 그림 위쪽, 밝은 빛 속에서 진리의 여신이 모습을 드러내고 있다. 이 책은 당시의 학문을 집대성한 대작이었으나, 사회를 비판한 내용 때문에 발행이 금지되기도 했다.

계몽사상은 시민혁명의 사상적 기초가 되었고, 18세기에 유럽 각국으로 널리 퍼져 나갔습니다.

보스턴 차 사건으로 시작된 독립 전쟁

17세기부터 영국 사람들은 북아메리카로 이주했습니다. 주로 경제적인 어려움과 종교 박해가 원인이었습니다. 울타리를 치고 양을 대량 사육하는 인클로저 운동이 확산되면서 많은 농민이 먹고살 길이 막막해졌습니다. 그리고 엘리자베스 1세 사후에 즉위한 스코틀랜드 출신 왕들은 국교회를 강화하면서 다른 종교 신자들을 탄압했습니다. 삶의 바닥을 경험한 이들은 새로운 터전을 찾아 떠날 수밖에 없었습니다.

특히 1620년에 메이플라워호를 타고 간 영국인 100여 명은 미국인들의 조상으로 간주됩니다. 그전에도 잠시 머물다 간 영국인들은 있었지만, 가족과 더불어 북아메리카에 정착한 것은 이들이 처음이었기 때문입니다. 이들은 그해 11월 플리머스에 도착해 첫 겨울을 났습니다. 추위와 굶주림 등으로 절반이 죽고, 남은 사람들은 원주민들이 가르쳐 준 방법에 따라 북아메리카 작물들을 재배했습니다. 이렇게 일군 새로운 터전에서 영국인들은 교회를 짓고 청교도 신앙에 의지해 살아갔습니다.

그 후 북아메리카의 영국 식민지는 점점 늘어나 18세기 전반에는 13개 주가 되었습니다. 영국은 총독을 보내기는 했지만 13개 주의 자치에 거의 간섭하지 않았습니다. 영국은 1756년부터 7년 전쟁에 끼어들어 프랑스와 패권 다툼을 벌이느라 식민지에 신경 쓸 겨를이 없었습니다.

그러나 7년 전쟁에서 승리하고 나자 영국은 부족한 재정을 메우기 위해 식민지를 압박하기 시작했습니다. 영국 왕 조지 3세는 식민지에서 돈을 끌어오기 위해 각종 항목에 세금을 부과하는 법들을 만들었습니다. 대표적인 것이 1765년에 만든 인지세법이었습니다. 인지는 수수료나 세금을 낸 증거로 서류에 붙이는 종이 표를 말합니다. 그런데 이때 영국은 신문, 달력, 광고지 등 거의 모든 인쇄물에 인지를 붙이게 했습니다.

갑자기 세금이 많아지자, 식민지 사람들은 비로소 본국 사람들과 처지가 다름을 깨달았습니다. 식민지의 대표는 본국 의회에 참석할 수 없으니 어떤 법이 만들어지든 그저 따를 수밖에 없었던 것입니다. 그러나 이들은 본래 의회 민주주의의 오랜 전통에 익숙한 영국 사람들이었고, 로크의 사회계약설 등 계몽사상도 접하고 있었습니다. 이들은 본국에서 일방적으로 법을 만들고 강제하는 것은 부당하다고 여겼습니다. 그래서 "대표 없는 곳에 과세할 수 없다."고 주장하며 영국 왕에게 탄원서도 보내고 납세 거부 운동도 벌였습니다.

이 같은 반발에 인지세법은 이듬해에 폐지되었지만, 영국은 1767년에 타운센드법을 만들어 유리, 종이, 차 등에 수입 관세를 부과했습니다. 식민지 사람들은 다시 거세게 반발하며 영국 제품 불매 운동을 벌였습니다. 결국 영국은 차에 대한 세금만 남기고 다른 세금들을 없앴습니다. 그러나 식민지 사람들의 분노는 수그러들지 않았습니다.

차 거래는 영국 동인도 회사가 독점하고 있었습니다. 1773년 식민지

미국 독립 전쟁의 도화선이 된 보스턴 차 사건

사람들은 인디언으로 변장하고, 보스턴 항에 머무르고 있던 영국 동인
도 회사 소속 배를 습격하여 차 상자들을 바다에 던져 버렸습니다. 이것
이 유명한 보스턴 차 사건입니다.

널리 알려진 바에 따르면, 미국인들은 보스턴 차 사건 후 차보다 커피
를 즐기게 되었다고 합니다. 그러나 이는 미국인의 애국심을 과장한 이
야기일 뿐입니다. 원래 영국 태생이라 미국인도 처음에는 입맛에 익숙
한 차를 즐겨 마셨습니다. 그런데 값싼 커피가 들어오면서 커피를 즐기
게 된 것입니다. 커피는 아이티, 브라질의 노예들이 대량으로 생산하기
때문에 값싸게 공급되었습니다. 그리고 도시의 하층민들이 커피 맛에
중독되면서 점점 더 커피 소비가 늘어났습니다.

영국에게 보스턴 차 사건은 식민지의 반란이었습니다. 영국은 군대로
보스턴 항을 봉쇄하고 전투태세에 들어갔습니다. 이에 맞서 식민지 대표

들은 필라델피아에 모여 대륙 회의를 열었습니다. 이들은 조지 워싱턴을 총사령관으로 임명하고, 1776년 7월 4일 독립선언을 발표했습니다.

우리는 다음과 같은 진리를 당연한 것으로 받아들인다. 즉, 모든 인간은 평등하게 창조되었다는 것, 그들은 창조주로부터 양도할 수 없는 일정한 권리를 부여받았고 그 권리 중에는 생명, 자유, 행복을 추구할 권리가 포함되어 있다는 것, 그리고 이러한 권리를 확보하기 위해 정부를 수립했으며, 정부의 정당한 권력은 국민의 동의에서 발생한다는 것이다.
그리고 어떠한 형태의 정부라도 이러한 목적을 파괴할 때에는 언제든지 그 정부를 바꾸거나 없애고 국민의 안전과 행복을 가장 잘 이룩할 수 있는 새로운 정부를 조직하는 것이 국민의 권리이다.

– 미국 독립선언

이 독립선언에는 인간이 태어나면서부터 자연권을 갖고 태어나며, 주권은 국민에게 있고, 정부에 저항할 권리가 있음이 밝혀져 있습니다.

처음에는 전세가 영국군에 유리했고, 식민지 군대는 돈도 부족하고 해군도 열세인 약점을 갖고 있었습니다. 그러나 독립선언이 알려지자 프랑스를 비롯한 유럽 각국이 전쟁에 끼어들었습니다. 기세등등한 영국에 타격을 입히려는 생각에 있어 모두 한마음이었고, 특히 프랑스는 군수품과 함께 상당량의 화약을 공급하여 결정적인 도움을 주었습니다. 덕분에 식민지 군대는 전쟁에서 승리하여 1783년에 파리 조약으로 독립을 승인받았습니다.

그 후 13개 주는 삼권분립에 기초한 헌법을 만들고 연방 정부를 세웠습니다. 독립 전쟁에서 활약한 워싱턴이 초대 대통령으로 선출되었습니다. 이렇게 자유주의와 민주주의에 기초한 공화국이 세워졌다고 해서 미국 독립에 '혁명'이라는 이름이 붙습니다. 이후 미국은 대서양에서 태평양에 이르는 넓은 영토를 차지하고, 강대국으로 성장합니다.

자유의 여신상에 가려진 불평등과 편견

미국 뉴욕 항 입구에 있는 리버티 섬에는 자유의 여신상이 우뚝 서 있습니다. 이 여신상은 미국을 상징하는 기념물이자 유네스코 세계 문화유산입니다. 그런데 이 여신상은 미국이 만든 것이 아닙니다. 프랑스는 미국 독립 100주년을 기념해 이 여신상을 만들어 선물했습니다. 프랑스는 미국 독립 전쟁에서 많은 도움을 주었을 뿐 아니라, 1789년에 혁명을 치른 데 대한 자부심이 컸습니다. 미국 독립혁명과 프랑스혁명이 자유주의와 민주주의를 추구한 점에서 같다고 보고, 그 뜻을 여신상에 구현하려 한 것입니다.

프랑스는 10년 걸려 여신상을 만든 뒤, 분해해서 미국에 보냈습니다. 받침대는 미국에서 만들기로 되어 있었습니다. 그런데 미국은 이 선물을 별로 달가워하지 않았습니다. 미국은 황무지를 일구고 인디언들을 쫓아내며 국력을 키운 나라입니다. 그러는 과정에서 미국인들은 실용주의적 사고방식을 갖게 되었습니다. 미국인들은 어마어마한 돈을 들여

217

거대한 동상을 만든 프랑스를 이해하기 힘들었고, 쇠사슬에서 풀린 여신상의 발이 흑인 노예들을 자극할까 염려되었습니다. 이렇게 좋지 않은 여론 탓에 받침대 건축을 위한 기금 모금은 난항을 겪었습니다. 1886년에 거행된 제막식에도 미국 사람들은 시큰둥했습니다.

자유의 여신상은 프랑스의 의도와는 무관하게, 혁명의 이념보다 이민자들을 환영하는 뜻으로 해석되면서 미국의 상징으로 자리 잡았습니다. 근근이 살아가던 많은 사람이 모국을 떠나 새로운 삶을 찾고자 미국으로 향했습니다. 미국은 산업화가 급속도로 진행되어 많은 노동자가 필요했기 때문에 이민자들을 대환영했습니다.

이렇게 해서 미국은 이민자들의 천국 같은 이미지가 부각되었습니다. 겉으로 보기에 미국은 다양한 민족이 어울려 자유롭게 사는 나라 같지만, 사실은 그렇지 않습니다. 미국은 콜럼버스 때문에 애꿎게 '인디언'으로 불리게 된 원주민들이 조상 대대로 살던 곳이었습니다. 인디언들은

자유의 여신상. 받침대 밑바닥에서 횃불까지 전체 높이가 93.5미터에 이른다. 왕관은 7대륙으로 자유가 퍼져 나감을 상징한다. 오른손에는 어둠을 밝히는 횃불을, 왼손에는 '1776년 7월 4일'이 새겨진 독립선언서를 들고 있다. 쇠사슬을 밟고 있는 발은 억압으로부터의 해방을 뜻한다.

소설 《내 영혼이 따뜻했던 날들》에 그려진 것처럼 자연과 더불어 지혜롭게 살아가고 있었습니다. 그러나 미국의 무자비한 몰살 작전으로 많은 인디언이 목숨을 잃었고, 남은 인디언들은 지금도 보호 구역에서 어렵게 살아가고 있습니다.

인디언 문제를 차치하더라도, 미국에는 차별과 불평등이 엄연히 존재합니다. 단적인 예가 와스프(WASP: White Anglo-Saxon Protestant)입니다. 와스프는 앵글로색슨계 백인으로 개신교를 믿는 사람입니다. 미국에 처음 이주한 영국인들의 자손이지요. 이들은 지금까지도 미국 사회의 주류를 이루고 있습니다. 대통령 중에 아일랜드계 가톨릭 신자였던 존 F. 케네디와 흑인 버락 오바마가 주목받은 이유도 와스프의 예외였기 때문입니다. 또한 인종 사이의 갈등도 여전히 존재합니다. 2013년 7월에는 흑인 소년을 살해한 히스패닉(에스파냐어를 쓰는 중남미계의 미국 이주민)계 백인에게 무죄 판결이 내려졌습니다. 살해자는 생명의 위협을 느껴 정당방위를 한 거라 주장했지만, 당시 소년은 총을 갖고 있지 않았습니다. 그 소년은 단지 흑인이기 때문에 위험한 존재로 간주된 것입니다. 이 판결에 항의하는 시위가 빗발치듯 일어났지만, 백인 중에는 판결에 만족하는 사람이 많았다고 합니다.

미국 독립혁명을 오늘의 미국과 연관 지어 살펴봤습니다. 할리우드 영화를 비롯해 암암리에 미국이 정의로운 나라, 자유롭고 민주적인 나라라는 생각을 심어 주는 매체들이 많이 있습니다. 겉으로 보이는 게 다는 아닐 것입니다. 이제부터는 잘 포장된 미국 이미지를 접하더라도, 그 속의 진실은 무엇일까 한번 생각해 보면 어떨까요?

미국이 총기를 규제하지 못하는 역사적 이유

　미국에서는 총기 난동 사고가 자주 일어난다. 2007년에는 버지니아 공대에서 한 학생이 무차별적으로 총을 쏴 32명이 목숨을 잃기도 했다. 이 사건은 범인이 한국계 이민자여서 우리나라에서도 집중 보도되었다. 죄 없는 사람들이 희생되는 이런 범죄는 총기를 규제해서라도 막아야 하는데, 미국은 그러지 못한다. 왜일까?

　미국에서는 개인이 무기를 소유하는 것이 정당한 권리이기 때문이다. 미국은 1791년에 수정 헌법을 채택했는데, 그중 2조에는 개인이 무기를 소유하고 휴대할 수 있음이 명시되어 있다.

　미국의 독립은 시민들로 이루어진 민병대가 영국 군대에 맞서 피 흘려 싸운 대가였다. 독립 후에도 미국인들은 연방 정부가 국민의 권리를 침해할 경우에 대비해 긴장을 늦추지 않았다. 또한 서부 개척에 나선 사람들은 야생동

영화 〈역마차〉. 존 포드 감독의 1939년 작이다. 이러한 서부 영화에서는 주인공이 총으로 황야의 악당을 응징한다. 이와 같은 총잡이 영웅담은 미국의 총기 문화를 확산시키는 한편, 자기 땅에서 쫓겨난 인디언들을 야만적인 가해자로 그려 미국인들을 정당화했다.

물의 습격을 물리치고 인디언들과 싸워야 했다. 그러기 위해 항상 총을 지녔다. 이러한 역사를 거치면서 총은 미국인들에게 자유와 생명을 지키는 수단으로 확고히 자리 잡았다.

총기 소유를 허용하는 나라는 미국 외에도 많이 있다. 그러나 미국처럼 총기 관련 범죄가 자주 일어나지는 않는다. 총기 소유자들을 등록해서 관리하고, 총기를 휴대하려면 반드시 신고해야 하는 등 국가에서 엄격히 규제하고 있기 때문이다. 미국처럼 간단한 신원 조회만 거쳐 총을 살 수 있고, 자유로이 총을 갖고 다니는 나라는 세계 어디에도 없다.

무고한 목숨을 앗아 간 사고를 수없이 겪었음에도, 아직도 많은 미국인이 총기 규제에 반대한다고 한다. 게다가 총기를 생산하는 회사들은 로비를 벌여 총기 규제 법안 마련을 결사적으로 막고 있다. 그러나 스스로를 무장해야 했던 시대는 이미 오래전에 지나갔다. 범죄의 가능성을 활짝 열어 둔 미국의 총기 문제, 앞으로 어떻게 될까?

프랑스혁명, 또 다른 ──────
차별을 인정하다

1789년에 일어난 프랑스혁명은 절대왕정과 신분제를 무너뜨린 사건으로 잘 알려져 있습니다. 왕좌에 있다가 단두대의 이슬로 사라진 루이 16세, 그의 아내 마리 앙투아네트, 공포정치를 주도한 로베스피에르, 쿠데타로 황제가 된 나폴레옹 등 프랑스혁명과 함께 언급되는 유명한 사람도 많습니다. 프랑스혁명은 무엇보다 혁명의 이념을 전 세계에 퍼뜨렸다는 점에서 중요한 의의를 갖습니다. 아일랜드, 이탈리아 등 프랑스의 삼색기와 비슷한 국기를 가진 나라가 많다는 사실이 이를 단적으로 말해 줍니다.

그런데 프랑스혁명은 명예혁명이 일어난 영국, 독립혁명이 일어난 미국에 비해 상당히 복잡하게 전개되었습니다. 과정이 복잡했을 뿐 아니라, 혁명 후 오랫동안 프랑스는 극심한 혼란을 겪었습니다. 이는 2012

년 12월에 개봉한 영화 〈레미제라블Les Misérables〉만 봐도 알 수 있습니다. 영화의 제목은 '불쌍한 사람들'이라는 뜻입니다. 서슬 퍼런 감시와 채찍 속에 일하는 죄수들, 결코 헤어 나오지 못할 것 같은 가난의 수렁, 그렇기에 쉽게 빠져들 수 있는 범죄와 부도덕의 유혹……. 이러한 현실이 배경이 된 영화 〈레미제라블〉은 나폴레옹 몰락 후 왕정이 복고된 시기를 배경으로 하고 있습니다. 1832년의 파리 시가전도 결국 실패로 끝나지만, 영화는 언제든 혁명이 다시 일어날 수 있다는 암시를 주며 막을 내립니다. 혁명을 통해 이루려 했던 자유와 평등, 그것의 진정한 실현은 지금도 어려워 보입니다. 그 과제를 인류에게 던진 1789년, 그때로 돌아가 프랑스혁명의 면면을 살펴보겠습니다.

재정 위기, 프랑스혁명을 부르다

혁명이 일어나기 전, 프랑스는 겉으로 보기에는 별다른 문제가 없었습니다. 영국보다 훨씬 많은 인구에 일찍부터 다져진 절대왕정, 게다가 미국 독립 전쟁에 참전하여 이룬 승리까지, 강국의 이미지가 탄탄히 구축되어 있었습니다. 그러나 속은 깊이 곪아 언제든 터질 태세였습니다.

혁명 전 프랑스 사람들은 크게 세 신분으로 나뉘어 있었습니다. 제1 신분은 성직자, 제2 신분은 귀족이었고 그 나머지는 모두 제3 신분에 속했습니다. 문제는 전체 인구 중 2퍼센트에 불과한 제1, 제2 신분이 부와 권력을 독차지한 데 있었습니다. 성직자들은 국가에 일정한 기부금만

내면 얼마든지 부를 축적할 수 있었습니다. 귀족들은 중세 기사에 기원을 두었기에 '나라를 지킨다'는 구실로 세금이 면제되는 특권을 누렸습니다. 반면 제3 신분인 평민은 무거운 세금을 부담하면서도 정치에 참여할 권리가 없었습니다.

제3 신분 가운데 부유한 사람들은 이러한 구제도의 모순을 자각했습니다. 그들은 살롱(상류 가정에서 열리던 모임)에서 계몽사상을 접하고 정치나 문학에 대한 토론을 즐겼습니다.

프랑스혁명의 직접적인 계기는 재정 위기였습니다. 영국에 타격을 주기 위해 미국 독립 전쟁을 아낌없이 도운 것이 화근이었습니다. 재정 파탄에 직면한 루이 16세는 1789년, 세 신분의 대표가 모이는 삼부회를 소집했습니다. 그전까지 프랑스 왕들은 175년 동안 삼부회를 한 번도 열지 않고 독단으로 정치를 해 나갔습니다. 그러나 루이 16세는 엄청난 재정 적자를 메우기 위해 삼부회를 열어야만 했습니다. 세 신분의 동의를 구해 세금을 걷어야 했던 것이지요. 설상가상으로 지난해에 흉년까

성직자

평민

귀족

성직자와 귀족을 먹여 살리느라 등골이 휜 평민을 묘사한 것으로 구제도의 모순을 풍자한 그림

지 들어 민심이 악화된 때였습니다.

그런데 삼부회의 투표는 원래 신분별로 이루어졌습니다. 한 신분당 한 표로 행사되기 때문에 제1, 제2 신분이 뜻을 모아 두 표가 되면, 제3 신분은 한 표뿐이므로 질 수밖에 없었습니다. 소수의 특권을 제한하려 해도, 할 수 없는 체제였습니다. 그렇지만 십 년이면 강산도 변한다는 데, 175년 전의 투표 방식이 통할 리 없었습니다. 제3 신분은 세 신분이 한 자리에 모여 개인별로 투표할 것을 주장했습니다. 그러나 루이 16세 는 제3 신분의 대표 수만 두 배로 늘려 주었을 뿐, 투표 방식은 바꾸지 않았습니다.

1789년 5월, 드디어 삼부회가 열렸습니다. 루이 16세는 각각 신분별 로 회의실에 가서 의논하라고 명했지만, 제3 신분은 개인별 투표를 계 속 주장했습니다. 여기에 일부 귀족과 성직자가 합세했습니다. 이들은 삼부회를 '국민 의회'로 부르기로 결의했습니다.

이에 루이 16세는 제3 신분의 회의실을 폐쇄해 버렸습니다. 국민 의 회 의원들은 실내 체육관으로 가서, 헌법을 만들기 전에는 의회를 절대 해산하지 않을 것을 선언했습니다. 의원들이 모인 곳은 테니스 같은 놀 이를 하던 곳이라, 이 사건을 흔히 '테니스 코트의 서약'이라 합니다.

국민 의회 탄압 소식을 전해들은 파리 시민들은 무기를 모아 시위에 나섰습니다. 심상치 않은 시민들의 움직임에, 바스티유 요새의 사령관 은 대포를 배치하고 경비를 강화했습니다.

예전에는 시민들이 바스티유 감옥을 전제정치의 상징으로 여겨 습격 했다는 해석이 널리 알려져 있었습니다. 그러나 이러한 해석은 후대 사

바스티유 감옥을 습격한 파리 시민들. 바스티유는 원래 백년전쟁 중에 파리를 방어하기 위해 쌓은 성인데, 나중에 왕립 감옥으로 사용되면서 볼테르 등 정치범을 가둔 곳으로 유명해졌다.

람들이 프랑스혁명의 명분을 강조하면서 꾸며 낸 해석으로 보입니다. 파리 시민들은 자신들을 위협하는 대포, 화약 등 무기를 빼내 오기 위해 바스티유를 점령한 것입니다.

점점 더 많은 군중이 바스티유로 모여들면서 바스티유의 수비대와 시위 군중 사이에는 팽팽한 긴장감이 돌았습니다. 그러다가 누가 먼저랄 것도 없이 전투가 시작되었고, 접전 끝에 바스티유의 사령관은 항복을 결정했습니다. 이렇게 해서 바스티유는 파리 시민의 수중에 들어갔습니다. 시위대가 감옥 문을 열었을 때, 갇혀 있던 죄수는 사기꾼을 비롯한 잡범 일곱 명뿐이었고 정치범은 한 명도 없었습니다. '전제정치의 상징'이라는 말이 무색할 만큼, 바스티유는 별 볼 일 없는 감옥에 불과했던 것입니다. 어쨌거나 파리 시민이 바스티유를 점령한 7월 14일은 프랑스혁명이 시작된 날이 되었고, 훗날 프랑스의 가장 중요한 국경일로 자리매김하게 되었습니다.

한편 루이 16세는 그날 온종일 사냥만 하다가 베르사유 궁전으로 돌아갔습니다. 이튿날 보고를 듣고도 처음에는 단순한 반란인 줄만 알았

프랑스의 국기가 된 삼색기. 파란색, 흰색, 빨간색이 각각 자유, 평등, 박애를 상징하는 것으로 널리 알려져 있지만, 이는 근거 없는 이야기이다. 특히 '박애'는 프라테르니테fraternité를 잘못 번역한 것으로, 공동체 안에 결속된 사람들 사이의 사랑을 뜻하는 형제애(우애)가 정확한 표현이다.

습니다. 바스티유 사건 사흘 후, 그는 파리 시장의 권유에 따라 호위를 받으며 파리로 갔습니다.

파리에 도착한 루이 16세는 시민들에게 삼색으로 된 휘장을 받아 모자에 달았다고 합니다. 삼색은 파리를 상징하는 파란색과 빨간색 사이에, 부르봉 왕가를 상징하는 백합꽃의 흰색을 넣은 것입니다. 삼색에 흰색이 포함된 것을 통해, 프랑스혁명을 일으킨 사람들이 처음에는 왕정을 무너뜨릴 생각이 없었다는 사실을 알 수 있습니다. 그저 왕을 잘 구슬려 시민들이 원하는 방향으로 정치를 바꾸려 했던 것입니다.

인권선언과 1791년 헌법의 한계

프랑스혁명의 열기는 전국으로 퍼져 나갔습니다. 농민들은 영주의 성으로 쳐들어가 봉건적 관계가 적힌 장원 문서를 불태웠습니다. 국민 의회는 봉건제가 폐지되었음을 선언하고, '인간과 시민의 권리 선언(인권선언)'을 발표했습니다. 인권선언의 일부를 인용하면 다음과 같습니다.

제1조. 사람들은 자유롭게 그리고 권리에서 평등하게 태어나며 또 그렇게 존속한다. 사회적 차별은 오직 공동의 유용성에 입각할 때에만 가능하다.

제2조. 모든 정치적 결사의 목적은 인간의 자연적이고 소멸할 수 없는 권리들을 보존하는 데 있다. 이 권리들은 자유, 소유권, 안전, 그리고 압제에 대한 저항이다.

제3조. 모든 주권의 원리는 본질적으로 국민에게 있다. 명백하게 국민으로부터 유래하지 않은 권위는 어떠한 단체나 개인도 행사할 수 없다.

제6조. 법은 일반 의지의 표현이다. 모든 시민들은 직접, 또는 그들의 대표를 통하여 그것의 형성에 협력할 권리를 갖는다. 법은 보호해 주는 경우에도, 처벌을 가하는 경우에도 만인에게 동일하여야 한다. 모든 시민들은 법 앞에 평등하므로, 그들의 능력에 따라서 또 그들의 덕성과 재능 이외에는 어떠한 차별도 없이 평등하게 모든 공적인 위계, 지위, 직무에 오를 수 있다.

– 최갑수, 〈1789년 '인권선언'과 혁명기의 담론〉,

《프랑스사 연구》 4호, 2001

인권선언은 자유와 평등, 압제에 대한 저항 등을 명시했다는 점에서 미국 독립선언과 맥을 같이 합니다. 신분 차별, 봉건적 지배 · 예속이 존재했던 시절과 비교하면 엄청난 진보임에 틀림없습니다. 그런데 인권선언에 나오는 '시민'은 모든 사람을 두루 의미하는 말이 아닙니다. 이러한 문제점은 1791년 헌법에서도 반영됩니다.

헌법 제정에 들어간 의원들은 왕에게는 행정권만 주고 입법권을 주지

1789년 8월 26일 국민 의회가 발표한 '인권선언'. 전문 前文과 17조로 이루어져 있다.

않기로 결정했습니다. 그런데 왕에게 거부권을 주는 문제에 대해 의견이 갈려, 찬반 투표에 붙이기로 했습니다. 이때 투표에 임한 의원은 적어도 천 명은 되었습니다. 그 많은 사람을 의장의 왼쪽과 오른쪽에 나눠 서게 하고 머릿수를 헤아렸습니다. 이것이 좌파와 우파의 기원이 되었습니다. 투표 결과 왕의 거부권이 생겼고, 왕은 의회의 견제를 받게 되었습니다.

그러나 지지부진한 정치 상황과 계속되는 경제난에, 사람들은 더는 참을 수 없었습니다. 1789년 10월, 여자들이 중심이 된 시위대가 베르사유로 행진해 루이 16세와 가족을 파리로 데려왔습니다. 이렇게 감시에 놓이게 되었지만 루이 16세는 혁명을 인정하지 않았습니다. 1791년 6월, 그는 밤을 틈타 가족과 함께 외국으로 달아나려다 국경 근처에서 붙잡혔습니다. 이 사건을 계기로 국민들은 루이 16세에 대한 기대를 버렸습니다.

그러한 가운데 국민 의회가 입헌군주제를 규정한 헌법을 제정했습니다. 곧이어 국민 의회는 해산되었고, 선거에서 뽑힌 사람들이 입법 의회를 구성했습니다.

그런데 이 헌법은 재산에 따라 선거권을 제한했습니다. 이에 따라 국민은 정치에 참여할 수 있는 '능동 시민'과 그렇지 못한 '수동 시민'으로 나뉘었습니다. 능동 시민은 스물다섯 살 이상의 남자 중에, 사흘 치의 임금에 상당하는 세금을 내는 사람이었습니다. 그 기준에 못 미치는 남자, 그리고 여자, 외국인 등은 수동 시민으로 분류되었습니다. 여기에 능동 시민 중에서도 다시 재산 정도에 따라 2차 선거 위원, 3차 선거 위원, 국회의원이 될 수 있는 자격을 주었습니다.

혁명을 치르고 탄생한 헌법 속에 재산에 따른 차별이 존재한 것입니다. 혁명을 일으킨 사람들 중에는 돈 많은 사람도, 헐벗고 굶주리는 사람도 포함되어 있었습니다. 그렇게 하나가 되어 싸웠고, 못사는 사람들일수록 더욱 처절하게 싸웠을 것입니다. 하지만 혁명의 혜택은 돈을 가진 정도에 따라 다르게 주어졌습니다. 그러니 프랑스혁명 이후 다시, 또다시 혁명이 이어질 수밖에 없었습니다.

예측할 수 없는 혁명의 소용돌이

혁명 소식이 전해지자, 이웃 나라 오스트리아와 프로이센의 왕과 귀족들은 위기감을 느꼈습니다. 혁명 이념이 전해져 사람들이 동요할까 두려웠던 것입니다. 1792년, 두 나라의 간섭에 맞서 프랑스가 전쟁을 선포했습니다. 프랑스 각지의 사람들이 파리로 모여들어 의용군을 이루었습니다. 프랑스의 국가國歌가 된 〈라 마르세예즈〉가 지어진 것이 이 전쟁 중입니다.

전쟁까지 겹치면서 혁명의 열기는 더욱더 뜨거워졌습니다. '상퀼로트'라 불리는 파리 민중이 왕궁을 습격한 데 이어, 국민 공회가 세워졌습니다. 국민 공회는 왕정을 폐지하고 공화정을 선포했습니다.

국민 공회는 온건한 지롱드파와 과격한 자코뱅파로 갈려 대립했습니다. 주도권을 잡은 자코뱅파는 루이 16세를 재판에 부쳐 단두대(기요틴)에서 처형했습니다. 1793년 1월의 일이었습니다.

왕비 마리 앙투아네트도 그해 10월 처형되었습니다. 만화 《베르사유의 장미》의 주인공으로 유명한 앙투아네트는 시위대에게, 빵이 없으면 케이크(브리오슈)를 먹으면 되지 않느냐고 얘기했다는 이야기가 널리 알려져 있습니다. 그러나 이 이야기는 지어낸 것입니다. 앙투아네트는 오

상퀼로트를 입은 민중. 당시 상류층은 무릎까지 오는 퀼로트를 입고 긴 양말을 신었다. 민중은 퀼로트를 입지 않고 긴 바지를 입는다는 뜻에서 상퀼로트라 불렸다.

스트리아 출신이라 처음부터 안 좋은 소문이 많았습니다. 누군가 왕실에 대한 반감을 높이기 위해 이런 이야기를 지어내 혁명기에 퍼뜨렸을 것입니다.

루이 16세의 처형 소식이 전해지자, 유럽 국가들은 동맹을 맺고는 프랑스와의 전쟁에 들어갔습니다. 프랑스의 국내 상황은 점점 더 혼란스러워졌습니다. 혁명을 어느 선에서 매듭짓고 안정을 찾느냐에 있어, 기득권을 많이 가진 사람과 그렇지 못한 사람은 입장이 다를 수밖에 없었습니다.

자코뱅파는 지롱드파를 숙청하고 나서 헌법을 새로 만들었습니다. 1793년에 제정된 이 헌법은 보통 선거, 노동권 등 민주주의 원칙을 철저히 살린 내용으로 구성되었습니다. 자코뱅파는 국내외의 모든 전쟁이 끝난 후 이 헌법을 시행하기로 결정했습니다.

자코뱅파는 과거를 청산하고자 달력도 새로 만들었습니다. 이 달력이 공화력(혁명력)입니다. 공화력에서는 포도의 달, 안개의 달, 서리의 달 등 계절감을 살려 달의 이름을 지었습니다. 일주일은 열흘로 나누어 마지막 날을 휴일로 하고, 한 해의 마지막 5일은 상퀼로트의 날로 정하여 공휴일로 삼았습니다.

그런데 급진적 혁명을 이끌던 마라(1743~1793)가 한 여성에게 살해되는 사건이 일어났습니다. 이 사건은 자코뱅파가 반反혁명파에 대한 경계심을 더욱 강화하는 계기가 되었습니다.

자코뱅파의 지도자 로베스피에르는 농민들에게 영주의 땅을 무상으로 나눠 주고, 물가 상승을 억제하는 등 과감한 개혁을 실시하여 민중의 지지를 받았습니다. 그는 이러한 개혁을 실현하려면 반대 세력을 철저히 잡아내 없애야 한다고 생각했습니다. 외국 군대도 언제든 쳐들어올 기세였고, 혁명에 반대하는 국내 세력도 여전히 존재하고 있었기 때문입니다. 누구든 반혁명 혐의를 받으면 공안 위원회에 끌려가 혁명 재판을 받고 처형되었습니다. 그 결과 짧은 기간 안에 수많은 사람이 총살되거나 강물에 던져져 죽음을 맞았습니다. 이를 공포정치라 합니다.

로베스피에르는 반대 세력에게 체포된 후 처형되었습니다. 혁명력의 테르미도르(더위의 달)에 일어났다 하여, 이 사건을 테르미도르의 반동이라 합니다. 1794년 7월의 일이었습니다. 이후 온건파가 주도권을 잡으면서 혁명은 보수적인 방향으로 흘렀습니다. 1793년 헌법을 비롯한 자코뱅의 모든 개혁은 일시에 사라졌습니다.

로베스피에르(1758~1794). 뛰어난 말솜씨와 청렴결백한 행동, 과감한 개혁으로 민중에게 인기가 많았다. 그러나 공포정치를 실시하다가 처형되었다.

나폴레옹, 혁명의 막을 내리다

이후 총재 다섯 명이 정국을 이끌었지만 혼란이 계속되었고, 외국과의 전쟁도 끝나지 않았습니다. 국내외가 모두 불안한 상황에서 군대가 점점 세력을 키웠습니다. 그 가운데 "내 사전에 불가능이란 말은 없다."는 말로 유명한 나폴레옹이 전쟁에서 계속 빛나는 공을 세워 사람들의 인기를 얻었습니다. 1799년, 나폴레옹은 쿠데타를 일으켜 정권을 잡았습니다. 이로써 1789년에 시작된 프랑스혁명은 막을 내렸습니다.

곧이어 나폴레옹은 헌법을 공포하여 최고 행정권자인 자신에게 권력이 집중되도록 했습니다. 그러고 나서 중앙 집권화를 위해 지방자치제를 폐지하고 사법제도와 재정을 정비했습니다. 이러한 정책으로 프랑스는 점점 안정을 되찾았습니다.

1804년, 나폴레옹은 국민 투표를 통해 황제가 되었습니다. 그는 전쟁 영웅이었기에, 국민의 지지를 이어 가려면 전쟁을 계속 벌여야 한다는 것을 잘 알고 있었습니다. 나폴레옹의 정복 전쟁으로 유럽 대부분이 격파되었고, 천 년 가까이 유지되던 신성 로마 제국도 해체되었습니다.

그러나 바다 건너 영국은 굴복시킬 수 없었습니다. 해전에서 실패한 뒤, 나폴레옹은 영국을 궁지에 몰아넣기 위해 유럽 대륙의 항구를 막고 영국과의 통상을 금하는 대륙 봉쇄령을 내렸습니다. 이를 어긴 러시아를 벌하러 나폴레옹은 원정을 떠났지만, 패배하고 맙니다. 유럽 연합군에게도 패한 뒤 나폴레옹은 황제 자리에서 물러나 엘바 섬에 유배되었습니다. 그는 몰래 섬을 탈출하여 다시 황제 자리에 올랐으나, 워털루

자크 루이 다비드가 그린 〈알프스를 넘는 나폴레옹〉. 실제 전장에서의 모습과는 거리가 먼, 완벽하게 미화된 모습이다. 나폴레옹은 화가들에게 이런 그림을 많이 그리게 하여 국민적 영웅으로서 자신의 이미지를 부각시켰다. 말메종과 부아프레오 성 소장

전투에서 패하여 세인트헬레나 섬으로 유배됩니다. 나폴레옹이 다시 황제 자리에 있던 기간이 거의 100일이어서 이를 백일천하라 합니다. 그후 나폴레옹은 섬에서 생을 마쳤습니다.

베토벤이 교향곡의 제목을 나폴레옹의 이름인 '보나파르트'라 지었다가, 나중에 황제가 되었다는 소식을 듣고 '영웅'으로 제목을 바꾸었다는 일화가 유명합니다. 이처럼 나폴레옹은 독재 권력을 쥠으로써 여러 사람을 실망시켰지만, 국내외적으로 중요한 역할을 했습니다. 그는 《나폴레옹 법전》을 편찬하여, 혁명 후 바뀐 시민사회의 규범을 제도로 정착시켰습니다. 지금 세계에서 쓰고 있는 미터법을 만든 것도 나폴레옹입니다. 또한 거듭된 나폴레옹의 정복 전쟁은 유럽 각국의 자유주의 · 민족주의 운동을 자극했습니다.

혁명이 몰고 온
자유주의와 민족주의의 물결

나폴레옹을 엘바 섬에 유배 보낸 후 유럽 각국의 대표들은 오스트리아의 수도 빈에 모였습니다. 나폴레옹의 정복으로 복잡해진 영토 문제를 해결하고 혁명의 열기를 수습하는 것이 급선무였습니다. 이 회의는 나폴레옹의 백일천하 동안 중단되기는 했지만, 곧 다시 열려 중요한 결정을 내렸습니다.

1815년, 빈 회의에서 결정한 것은 한마디로 '복고'였습니다. 혁명 이전으로 돌아가 유럽의 정통성을 회복하자는 것이었습니다. 이 결정에 따라 프랑스를 비롯한 유럽 각국의 왕정이 회복되고 망명을 떠났던 귀족들이 돌아왔습니다. 그리고 다시는 한 나라가 유럽 전체를 쥐고 흔들지 않도록 오스트리아와 프로이센, 러시아, 영국이 세력 균형을 유지하기로 합의했습니다.

그런데 이미 한참 지나간 시곗바늘을 돌릴 수 있을까요? 변화를 거스르려는 지배자들과 달리, 이미 유럽에는 자유에 눈 뜬 사람들이 많았습니다. 그리고 강한 나라의 압박에 저항하는 민족주의도 점점 강해지고 있었습니다. 역사는 누구의 편을 들어 주었을까요? 격동의 그 시대로 들어가 보겠습니다.

억압할수록 저항은 더욱 강해진다!

"구체제의 억압으로부터 해방시켜 주러 왔다." 이것이 나폴레옹이 내세운 정복의 명분이었습니다. 그러나 점령지 사람들에게 나폴레옹은 그저 남의 나라를 짓밟은 정복자였습니다. 사람들은 자유와 민족 단결이 중요함을 깨달았습니다. 이렇게 불붙은 자유주의와 민족주의는 어느덧 역사의 대세가 되었습니다.

1817년은 루터의 종교개혁 300주년이자, 유럽 연합군이 독일 라이프치히에서 나폴레옹 군대를 물리친 지 4주년이 되는 해였습니다. 독일 대학생들은 이를 기념하는 축제에서 보수적인 책과 군복을 불살랐습니다. 이탈리아에서는 '숯 굽는 사람'이라는 뜻의 카르보나리당이 자유와 독립을 목표로 비밀리에 활동하고 있었습니다. 그러나 빈 회의를 주도한 오스트리아 재상 메테르니히는 각국 정부와 힘을 합쳐 이러한 운동을 철저히 탄압했습니다.

그리스는 오스만 제국의 지배에서 벗어나고자 독립 전쟁을 일으켰습

프랑스의 낭만파 화가 들라크루아가 그린 〈키오스 섬의 학살〉. 들라크루아는 오스만 제국 군인들 앞에 무력하게 쓰러져 간 그리스 키오스 섬 사람들을 그려, 그리스 독립 전쟁을 지지하는 뜻을 밝혔다. 1824년작. 루브르미술관 소장

니다. 메테르니히는 이 전쟁이 실패할 거라 판단하고, 간섭하지 않았습니다. 그러나 유럽의 지식인들은 이 전쟁을 고대 그리스의 부활로 받아들였습니다. 낭만파를 대표하는 영국 시인 바이런도 지원병으로 참전했습니다. 보수적인 사람들조차 이교도에 맞선 전쟁으로 인식하고 그리스 독립을 적극 옹호하고 나섰습니다. 영국, 러시아, 프랑스 연합군의 승리에 힘입어 그리스는 1829년, 독립을 이룹니다.

라틴아메리카 국가들의 독립

혁명의 여파는 유럽을 넘어 라틴아메리카까지 닿았습니다. 라틴아메리카는 아메리카 대륙에서 미국 이남, 즉 멕시코부터 칠레까지 길게 이어진 지역을 말합니다. 흔히 중남미라고 부르는 곳이지요. 라틴족이 다스린다는 뜻으로, 19세기 프랑스 학자들이 '라틴아메리카'라는 말을 만들어 냈습니다. 실제로 이 지역은 콜럼버스가 발을 디딘 이래 에스파냐, 포르투갈, 프랑스 등의 식민지로 전락했습니다.

프랑스혁명 후 유럽이 어수선한 틈을 타, 라틴아메리카에서는 독립의 조짐이 보이기 시작했습니다. 가장 먼저 독립한 나라는 카리브 해에 위치한 아이티입니다. 아이티는 2010년 1월에 대지진이 일어나 세계 사람들의 눈길이 쏠렸던 곳입니다. 국토를 초토화하고 엄청난 사상자를 낸 그날의 참사가 아니더라도 아이티는 많은 시련을 겪어 왔습니다.

아이티는 히스파니올라 섬의 서부를 차지하고 있습니다. '히스파니올라'는 에스파냐의 영토라는 뜻으로 콜럼버스 일행이 붙인 이름입니다. 이름 그대로 섬 전체가 에스파냐의 식민지였는데, 17세기 말에 프랑스가 섬의 서쪽 3분의 1 정도를 빼앗아 '생도맹그'라 불렀습니다. 생도맹그에 건설된 독립국이 바로 오늘날의 아이티입니다.

프랑스는 생도맹그를 노른자위처럼 아꼈습니다. 생도맹그는 사탕수수, 커피 등의 수출량이 상당해서 설탕 공장, 서인도제도의 진주라 불렸습니다. 흑인 노예들이 계속 공급된 탓에 생도맹그 인구의 거의 90퍼센트는 흑인 노예였습니다. 인구의 나머지는 유럽에서 온 백인, 물라토(백인과 흑인 사이에 태어난 혼혈인. 유색 자유인)가 차지했습니다. 이들 사이에는 갈등의 골이 깊이 파여 있었습니다. 백인은 식민지의 지배자로 군림하면서 흑인 노예를 마음대로 부리고, 물라토를 얕잡아 보았습니다. 물라토는 또 그 아래의 흑인을 경멸했습니다. 압도적 다수인 흑인 노예들의 울분은 이루 말할 수 없었겠지요.

프랑스혁명 소식에, 생도맹그 사람들은 제각각 희망을 품었습니다. 백인들은 식민지의 자치권을, 물라토들은 백인과 동등한 권리를, 흑인 노예들은 자유를 원했습니다. 백인 농장주들은 특권을 넘보는 물라토와 흑인의 반란을 무자비하게 진압했습니다. 그럼에도 저항은 계속되었습니다.

1791년, 흑인들은 봉기를 일으켜 생도맹그의 북부를 장악했습니다. 심상치 않은 움직임에, 프랑스에서는 식민지 사람들에 대한 정책을 마련했습니다. 1792년, 프랑스는 부모의 신분에 관계없이 모든 유색 자유인에게 시민권을 주었습니다. 유색 자유인이라도 다독여 본국 편으로 끌어들이려는 속셈이었습니다. 그러나 백인 농장주들은 이 결정에 크게 반발했고, 흑인들의 반란도 잦아들 기미가 보이지 않았습니다. 1793년, 프랑스에서 파견된 대표들은 반란을 일으킨 사람들을 만난 후 노예제 폐지를 선언했습니다.

흑인들의 중심에는 투생 루베르튀르가 있었습니다. 그는 흑인 노예들의 자유를 얻은 대신 프랑스 군대에 협조할 것을 약속했습니다. 그의 지휘 아래 생도맹그의 흑인들은 프랑스 식민지를 넘보는 영국군을 물리쳤습니다.

그러나 프랑스혁명을 끝장낸 나폴레옹은 식민 정책도 전면 수정했습니다. 그는 노예제를 부활하고자 생도맹그에 원정군을 파견했습니다. 루베르튀르는 이때 프랑스로 끌려가 결국 감옥에서 생을 마칩니다.

지도자를 잃었지만 생도맹그의 흑인들은 결코 자유를 포기할 수 없었습니다. 그들은 나폴레옹 군대를 물리치고 1804년에 독립국을 세웠

투생 루베르튀르(1743~1803). 프랑스로 끌려가면서 루베르튀르는 "나를 쓰러뜨려 자유의 나무 밑동을 잘랐을지 몰라도 자유는 뿌리에서부터 다시 솟아날 것이다."라고 말했다고 한다. 그의 말은 아이티 독립으로 실현되었다.

습니다. 나라 이름은 '높은 산의 나라'라는 뜻의 아이티로 정해졌습니다. 아이티는 미국에 이어 아메리카 대륙에 세워진 두 번째 독립국이요, 세계 최초의 흑인 공화국입니다.

그러나 힘겹게 독립을 얻고도, 아이티는 또 다른 질곡에 빠졌습니다. 흑인들의 국가가 세워진 후 백인 농장주들은 모두 아이티를 떠났습니다. 프랑스로서는 막대한 손실이었습니다. 1825년 프랑스는 그제야 아이티의 독립을 인정하면서, 농장을 잃은 데 대한 보상금으로 당시 프랑스 연간 예산에 해당하는 1억 5천만 프랑을 요구했습니다. 이때 막대한 빚을 떠안았기 때문에 아이티는 오래도록 가난에서 벗어나지 못했습니다.

아이티의 독립을 시작으로, 라틴아메리카 국가들의 독립이 줄을 이었습니다. 나폴레옹이 에스파냐와 포르투갈을 점령하자 라틴아메리카의 식민지들은 독립운동을 본격화했습니다. 본국이 프랑스에 점령된 마당에 식민지들이 독립을 꾀하는 것은 당연한 일이었습니다. 나폴레옹 몰

영국령　쿠바(1902)　　프랑스령

멕시코
(1821)

도미니카(1844)

온두라스
(1821)
과테말라
(1821)
엘살바도르
(1821)
니카라과
(1821)

아이티
(1804)

파나마
코스타리카　　(1903)
(1821)

베네수엘라
(1811)

영국령　네덜란드령

프랑스령

기아나

콜롬비아
(1819)

에콰도르
(1822)

페루
(1821)

포르투갈령

브라질
(1822)

에스파냐령

볼리비아
(1825)

칠레
(1818)

파라과이
(1811)

아르헨티나
(1816)

우루과이
(1828)

유럽에서 일어난 혁명의 여파로 독립을 이룬
라틴아메리카 국가들

락 후에는 식민지들의 독립운동에 철퇴가 가해졌습니다. 그러나 영국은
새로운 시장을 개척하려는 생각에, 라틴아메리카 식민지들을 탄압하는
대열에서 슬그머니 빠져나갔습니다. 미국은 장차 라틴아메리카로 세력
을 확대할 생각에 먼로 선언을 발표했습니다. 이 선언의 골자는 앞으로
유럽과 아메리카가 서로 간섭하지 말자는 것과, 아메리카 대륙에 새로
운 식민지를 건설하는 것을 용납지 않겠다는 것이었습니다.

그런데 라틴아메리카는 포르투갈의 식민지 브라질을 제외하고, 대부
분 에스파냐의 식민지였습니다. 그래서 에스파냐 혈통의 '크리오요'라

242

불리는 백인들이 많이 살고 있었습니다. 이들은 식민지에 산다는 이유만으로 모국 사람들로부터 차별을 받는 데 대해 큰 불만을 갖고 있었습니다. 에스파냐에서 파견된 사람들이 행정 고위직이나 주교를 차지하고, 크리오요에게는 그 아래 자리만 주었기 때문입니다. 19세기 초반부터 크리오요들을 중심으로 독립운동이 활발해졌습니다. 시몬 볼리바르는 베네수엘라, 콜롬비아, 에콰도르 등의 식민 통치를 끝장내 '해방자'로 이름을 날렸습니다. 산마르틴은 라틴아메리카 남부에서 활약을 펼쳐 아르헨티나를 비롯한 여러 나라의 독립을 이끌었습니다.

여기서 잠깐, 라틴아메리카의 인종을 살펴보고 넘어갑시다. 라틴아메리카의 인종은 크게 크리오요, 메스티소(백인과 원주민 사이에 태어난 혼혈인), 원주민으로 나뉩니다. 앵글로아메리카(미국과 캐나다, 그린란드)에 비해 라틴아메리카에는 혼혈이 많습니다. 앵글로아메리카의 경우 대부분 가족 단위로 이민 왔고, 원주민과의 혼혈에 대해 부정적으로 생각했습니다. 반면에 라틴아메리카는 남자 혼자 일확천금을 노리고 왔거나 정복 사업을 벌이러 온 경우가 많았습니다. 게다가 에스파냐, 포르투갈이 자리한 이베리아 반도는 오랫동안 이슬람 세력의 지배를 받았기 때문에 다른 인종과 섞여 사는 것에 대한 거부감이 적었습니다. 이러한 이유로 라틴아메리카에는 혼혈이 많습니다. 여러 인종이 공존하는 만큼 그 사이에 차별이 없다면 좋겠지만, 현실은 그렇지 못합니다. 지금도 라틴아메리카에는 백인 우월주의가 강하게 남아 있어서, 크리오요와 그 외의 사람들 사이에는 넘을 수 없는 벽이 존재한다고 합니다.

혁명의 파도, 다시 유럽을 강타하다

나폴레옹이 몰락하자 망명 갔던 프랑스의 왕족, 귀족, 성직자들이 돌아왔습니다. 이들은 국내 실정에 어두웠고, 혁명의 결과에 대한 거부감이 컸습니다. 그러나 혁명이라는 거사를 치른 국민들이 버젓이 지켜보는 가운데, 구체제로 돌아가자고 주장할 형편은 아니었습니다. 한편 제3신분으로서 프랑스혁명에 앞장섰던 사람들은 왕정이 다시 세워진 후 일어날 변화에 촉각을 곤두세우고 있었습니다.

1814년, 루이 16세의 동생인 루이 18세가 왕위에 올랐습니다. 그는 삼색기를 없애고 부르봉 왕실의 깃발인 백색기를 국기로 부활시키는 등 혁명을 부정하려는 속마음을 조금씩 드러냈습니다. 혁명기에 몰수한 재산을 원래 주인에게 돌려주는 법안도 통과되었습니다.

그러던 차에 나폴레옹이 엘바 섬을 탈출하여 파리로 돌아왔습니다. 나폴레옹이 '황제'라고 밝히자 군대는 "황제 만세!"를 외쳤다고 합니다. 루이 18세는 벨기에로 도망쳤습니다. 나폴레옹의 시도는 백일천하로 끝났지만, 그는 국민들에게 강렬한 이미지를 심어 놓고 떠났습니다.

루이 18세는 돌아와 그럭저럭 왕위를 지켰습니다. 그의 동생인 샤를 10세가 집권하자 보수적인 정책은 더욱 강화되었습니다. 그러나 선거 때마다 반정부 세력이 다수를 차지했고, 신문에는 정부를 비판하는 기사가 빗발쳤습니다. 샤를 10세가 의회를 해산하고 언론을 탄압하자, 파리 시민들이 들고일어났습니다. 이것이 1830년에 일어난 7월 혁명입니다. 혁명 세력은 샤를 10세를 추방하고, 왕족 루이 필리프를 새로운 왕

들라크루아가 그린 〈민중을 이끄는 자유의 여신〉. 7월 혁명을 묘사한 것으로, 삼색기를 든 자유의 여신
이 시위대를 이끌고 있다. 1830년작. 루브르미술관 소장

으로 추대하여 입헌군주제를 세웠습니다.

　이렇게 세워진 7월 왕정은 기존의 왕정과 결별했음을 분명히 밝혔습
니다. 이는 왕 이름을 '필리프 7세'라 하지 않고 '루이 필리프'라 한 것에
서 알 수 있습니다. 국기도 다시 삼색기로 정해졌습니다. 그러나 7월 왕
정의 개혁은 국민의 기대에 한참 모자랐습니다. 귀족 작위의 상속권도
남아 있었고, 가톨릭 성직자들도 예전의 영향력을 회복했습니다. 그러
한 가운데 은행가나 기업가 출신이 7월 왕정의 관료로 대거 진출했고,
선거권이 확대되기는 했지만 1839년 선거 당시에도 전체 인구의 170분
의 1 정도만 선거권을 갖고 있었습니다.

이즈음 프랑스에서는 산업혁명이 본격화되어 공장 노동자들이 늘어났습니다. 이들은 선거권이 없어 정치에서 소외되어 있었고, 현실을 개선할 길이 없었습니다. 선거권 확대, 시민의 자유에 대한 요구가 점점 더 절실해졌습니다. 그러나 당시 수상이었던 기조는 "부자가 되면 선거권을 가질 수 있을 것 아닌가."라는 말로 시민들의 요구를 일축했습니다. 1847년부터는 전국 곳곳에서 개혁 연회가 열려 반정부 세력이 점점 늘어났습니다. 1848년 2월 정부가 개혁 연회를 금지하자, 그간 쌓였던 사람들의 불만이 삽시간에 폭발했습니다. 이것이 2월 혁명입니다. 루이 필리프는 쫓겨났고, 프랑스혁명기 공화정의 뒤를 이은 제2 공화정이 세워졌습니다.

이 혁명은 메마른 숲에 불길이 번지듯 몇 주 만에 독일, 오스트리아, 헝가리, 이탈리아 등으로 퍼져 나갔습니다. 나중에는 실패로 돌아갔지만, 처음에는 혁명 세력 모두 뜻을 이루었습니다. 오스트리아의 메테르니히도 쫓겨났고, 유럽 각국이 단합하여 구체제로 돌리려던 노력은 물거품이 되었습니다.

2월 혁명 후 프랑스 임시 정부는 성년 남자 모두에게 선거권을 부여했습니다. 여자가 제외되기는 했지만, 부자들에게만 선거권을 주던 시대에 비하면 진일보한 성취였습니다. 이렇게 해서 900만 명이 넘는 유권자가 프랑스의 미래를 결정하게 되었습니다. 그런데 새로운 유권자들은 대부분 문맹에, 농민이 많았습니다. 농민들은 자기 땅에 애착이 많아서 급격한 변화를 원치 않았습니다. 아무리 파리에서 제일가는 정치가라도, 농민들은 알 턱이 없었습니다.

여기서 잠깐, 혁명에 동조했던 사람들에 대해 생각해 봅시다. 구시대의 신분제와 특권에 대항해 싸울 때 그들은 하나가 되었습니다. 그러나 사회의 방향을 어떻게 잡을지에 대해서는 여러 의견이 엇갈렸습니다. 겪어 봤기에, 혁명의 무서움을 다들 알았습니다. 그럼에도 진정한 자유와 평등의 실현을 위해 혁명을 이어 가려는 사람들이 있었습니다. 반면 이제 사회의 질서를 회복하고 자기 재산과 기득권을 지키려는 사람들도 있었습니다. 그러니 혁명 후 역사가 어떻게 흘러갈지는 한마디로 예측 불허였습니다.

임시 정부는 사회주의 세력이 주장했던 국민 작업장을 설치했습니다. 그러나 노동자들이 주체적으로 운영한다는 애초의 이상은 살리지 못했습니다. 국민 작업장은 그저 실업자들에게 수당만 지급하다가 결국 폐쇄되었습니다. 이에 반발해 6월 봉기가 일어났다가 진압되면서 혁명의 기세가 크게 꺾였습니다.

그러한 가운데 1848년 12월, 대통령 선거가 치러졌습니다. 그 결과 쟁쟁한 사람들을 제치고 뜻밖의 당선자가 나왔습니다. 바로 나폴레옹(나폴레옹 1세)의 조카인 루이 나폴레옹이었습니다. 그는 오랜 망명 생활 탓에 독일어 억양에, 말재주도 변변치 못하고 외모도 그다지 매력적이지 않은 사람이었습니다. 무엇보다도 영웅 나폴레옹의 후광이 그를 도운 것입니다.

그는 임기가 끝나자, 나폴레옹 1세가 했던 것처럼 쿠데타를 일으켜 의회를 해산하고 대통령의 임기를 연장했습니다. 그리고 나서 국민 투표를 치렀는데, 쿠데타에 찬성하는 표가 압도적으로 많았습니다. 1852

년에 그는 나폴레옹 3세로서 황제 자리에 올랐습니다. 이렇게 해서 제2 제정이 세워집니다. 자유를 외치던 혁명 끝에 다시 황제의 시대가 시작되다니, 참 아이러니하지요?

1871년에는 프랑스혁명의 전통을 매듭짓는 사건이 일어났습니다. 파리의 사회주의자들과 노동자들이 파리 코뮌이라는 자치 정부를 세운 것입니다. 그러나 파리 코뮌은 정부에 의해 진압되고 제3 공화정이 세워집니다. 이렇게, 바스티유가 함락된 1789년부터 거의 백 년간 프랑스에서는 혁명과 반혁명이 엎치락뒤치락 반전을 거듭했습니다.

한편 혁명으로 유럽 곳곳이 들썩들썩하던 시절, 상대적으로 조용히 개혁을 추진하는 나라가 있었습니다. 바로 섬나라 영국입니다. 영국은 17세기에 명예혁명을 치른 뒤 의회가 주도권을 쥐었고, 산업혁명도 가장 먼저 일어나 노동자 문제가 일찍부터 대두되었습니다. 그 후 점진적으로 개혁이 진행된 덕분에 영국은 혁명의 불길에 휩싸이지 않았습니다.

그러나 영국도 1830년대에 선거 문제에 부딪혔습니다. 산업혁명의 결과 도시의 인구는 폭증한 반면 농촌 인구는 급격히 줄어, 선거구 조정이 시급했습니다. 그래서 1832년에 선거구를 다시 나누고 중산층에게 선거권을 주었습니다. 노동자들은 1830년대 후반부터 성년 남자의 보통 선거권, 비밀 투표, 의원의 재산 자격 철폐 등의 요구를 담은 인민 헌장을 내걸고 운동을 펼쳤습니다. 이를 차티스트 운동이라 합니다. 차티스트 운동은 20년간 지속되다가 실패로 끝났습니다. 그러나 영국 정부는 노동자들이 무시 못 할 세력임을 실감했고, 선거법 개정도 계속 이어졌습니다. 그 결과 1867년에는 도시 소시민과 노동자가, 1884년에는 농촌과 광산의 노동자가 선거권을 얻었습니다. 성년 남녀가 모두 선거권을 갖게 된 것은 20세기에 들어와서의 일입니다.

분열을 끝내고 통일에 성공한 두 나라

1842년, 이탈리아 밀라노에서는 오페라 〈나부코〉의 첫 공연이 열렸습니다. 베르디가 단번에 지었다는 그 오페라는 단번에 관객을 사로잡았습니다. 작품 속 바빌론유수를 당한 유대인들의 설움이 이탈리아 사람들의 민족 감정을 온통 흔들어 놓은 것입니다. 베네치아 공연 때에는 〈나부코〉의 절정 부분에서 관객들이 일제히 일어나 깃발을 흔들었다고 합니다. 민족주의의 열기가 얼마나 뜨거웠는지를 알 수 있지요.

그전에도 사람들은 어렴풋이 민족을 구분하고 있었지만, 19세기에 들어 유럽에서는 동질감을 가진 공동체, 배타적인 집단으로서 민족, 국민이 강조되었습니다. 국민을 하나로 모아 국력을 키워야만 다른 국가와의 경쟁에서 이길 수 있었기 때문입니다. 그래서 유럽 국가들은 초등의무교육을 실시해 어릴 적부터 국어를 가르치고 애국심을 함양했습니다. 이러한 시대 분위기 속에, 조각조각 분열되어 있던 이탈리아와 독일이 통일을 이루었습니다.

이탈리아는 왕국, 공국, 교황령 등으로 분열된 상태에서 오스트리아의 간섭을 받고 있었습니다. 오스트리아의 메테르니히가 쫓겨난 1848

년을 전후로 이탈리아 통일 운동도 급물살을 탔지만 결국 실패했습니다. 그 후 사르데냐 왕국이 재상 카보우르를 중심으로 힘을 키워 통일의 중심으로 떠올랐습니다. 사르데냐 왕국이 북부 이탈리아를 병합한 데 이어, 가리발디가 붉은 셔츠를 입은 의용대를 이끌고 남부를 점령했습니다. 이윽고 가리발디가 점령지를 사르데냐 왕국에 바침으로써 1861년 마침내 통일된 이탈리아 왕국이 세워졌습니다.

독일에서는 프로이센이 관세 동맹을 주도하면서 통일의 중심으로 떠올랐습니다. 전통적인 강국 오스트리아가 쇠락의 길을 걷고 있던 데 반해, 프로이센은 산업혁명을 거치면서 신흥 강국이 된 상태였습니다. 통일에 오스트리아를 포함할 것인가를 놓고 의견이 엇갈렸지만, 대세는 오스트리아를 배제하는 것으로 기울었습니다.

"오직 철과 피에 의해서만 문제가 해결될 수 있다."는 연설로 유명한 비스마르크의 주도하에 프로이센은 대대적인 군비 확장에 나섰습니다. 그 결과 오스트리아를 물리치고 북독일 연방을 세웠고, 프랑스와의 전쟁에서도 승리하여 1871년에 독일 통일을 완수했습니다. 그 후 독일은 영국에 맞설 만한 강대국으로 급부상합니다.

노예의 자유를 위한 전쟁? 남북전쟁의 이면

미국은 서부 개척의 결과 드넓은 땅과 자원을 갖추고 있었는데, 19세기에 이르러 남북이 갈리는 문제에 직면했다. 상공업이 발달한 북부와 달리 남부에서는 흑인 노예들을 동원하여 목화를 대규모로 재배하고 있었다. 1850년, 북부로 도망간 노예를 남부의 주인에게 돌려주는 법이 통과되면서 노예제 문제에 대한 관심이 뜨거워졌다.

링컨이 대통령에 당선되자 남부의 일곱 주는 연방에서 탈퇴하여 따로 대통령을 선출했다. 이렇게 해서 남북전쟁(1861~1865)이 일어나게 된다. 링컨은 훗날 신화적 인물로 부상했지만, 백인과 흑인이 동등하다는 생각을 갖고 있지는 않았다. 그에게는 연방을 유지하는 것이 무엇보다 중요했다. 노예를 해방하지 않고도 연방을 지킬 수 있다면 링컨은 그렇게 했을 것이다. 그러나 전세가 북부에 불리해지자 링컨은 1863년에 노예 해방 선언을 단행한다. 노예 해방이라는 거창한 명분은 북부군에게 힘을 주었고, 국제 여론의 지지도 이끌어 냈다. 흑인들이 북부군에 입대하면서 남북전쟁은 정말 노예들을 위한 전쟁이 되어 버렸다.

1865년, 병사가 부족한 상황에서 남부의 대통령 데이비스는 흑인들을 남부군에 입대시킨다는 법안에 서명한다. 흑인들이 노예제 유지를 위해 싸우는 어처구니없는 상황이 벌어질 수도 있었으나, 이 법이 실행되기 전에 전쟁은 끝이 난다. 미국은 전쟁의 상처를 빠르게 회복하고 국민 단합을 이루었다. 그러나 흑인들은 어떻게 자립해서 살아갈 것인가, 인종 차별을 어떻게 극복할 것인가의 문제에서 오래도록 벗어나지 못했다.

산업혁명, 풍요로운
삶의 시작이었을까?

영화 〈모던 타임스〉에서 찰리 채플린은 온종일 공장에서 나사못을 조입니다. 허구한 날 똑같은 동작을 반복하다 보니, 쉴 때도 기계가 눈앞에 어른거리고 손이 저절로 움직입니다. 채플린의 동작은 우스꽝스러우면서도 어딘가 슬픈 느낌을 줍니다. 기계와 자본의 노예가 되어 버린 인간을 풍자하고 있기 때문입니다.

이 영화는 산업혁명기를 배경으로 한 것은 아니지만, 산업혁명을 시작으로 사람들이 맞닥뜨리게 된 문제를 인상적으로 그려내고 있습니다.

산업혁명은 18세기 후반부터 영국에서 시작된, 산업의 대변혁입니다. 기계가 발명되고 증기 같은 동력이 이용되면서 엄청난 양의 제품이 쏟아져 나오게 된 것을 말합니다. 산업혁명은 사람들의 삶을 완전히 바꿔 놓았습니다.

같은 '혁명'이라도, 산업혁명은 단번에 정권을 무너뜨리는 정치 혁명과는 다릅니다. 산업혁명은 오랫동안 진행된 변화들을 기초로 일어나 서서히 퍼져 나갔습니다. 우선 초기 자본주의부터 살펴보겠습니다.

농촌에서 시작된 초기 자본주의

자본주의는 어쩐지 도시에서 시작되었을 것 같지만, 실은 농촌에서 시작되었습니다. 도시에서는 길드가 자유로운 활동을 규제했기 때문에 자본주의가 생겨나기 힘들었습니다. 18세기까지는 유럽에서 농업이 지배적이었고, 그런 가운데 초기 자본주의가 나타났습니다.

자본주의가 성립하려면, 이윤을 얻으려는 자본가와 임금을 받고 일하는 노동자가 등장해야 합니다. 임금 노동자는 16세기에 영국에서 일어난 인클로저 운동을 계기로 생겨났습니다. 중세 봉건시대에 농민들은 '농노'라는 신분으로 영주에게 묶여 있는 처지였지만, 자기 땅에서 쫓겨나는 일은 없었습니다. 법적인 권리는 없어도, 대대로 일정한 곳에 머물면서 농사지을 수 있도록 관습적으로 인정해 준 것입니다. 그리고 농민들이 서로 도와가며 함께 경작할 수 있는 공유지가 곳곳에 널려 있었습니다.

그런데 모직물 산업이 발달하면서 양모 값이 치솟자, 영국의 지주('젠트리'라는 새로운 지주)들은 농사 대신 양 기르기를 선택했습니다. 지주들은 넓은 땅을 차지해 울타리를 치고는, 그 안을 목초지로 만들어 양을 길렀습니다. 이것이 영국에서 16세기에 일어난 인클로저(enclosure, 울타리 치기) 운동입니다. 그 후로도 인클로저 운동은 여러 번 일어났고, 지주들은 양 사육뿐 아니라 농사를 대규모로 짓기 위해서도 울타리를 쳤습니다. 농업 생산력이 향상되어 예전처럼 많은 일손은 필요하지 않았습니다.

이 때문에 많은 농민이 농사짓던 땅에서 쫓겨났습니다. 이들은 농촌에 남아 임금을 받으며 농사일을 해 주기도 하고, 매뉴팩처(공장제 수공업)에 종사하기도 했습니다. 도시로 떠난 사람들은 산업혁명 전까지는 일자리가 별로 없어서 정처 없이 떠돌며 어렵게 살았습니다. 그러다가 도시에 공장이 늘어나면서 공장의 임금 노동자가 되었습니다.

농민 중에는 직접 농사를 지으면서 부를 축적한 자영농들도 있었습니다. 이들은 많은 땅을 빌리고 새로운 기술을 도입해 농업 생산력을 높였습니다. 혼자 힘으로는 벅찰 만큼 땅이 늘어난 후에는 노동자들을 고용하여 농업 경영을 했습니다. 이들 중에서 자본가가 나타났습니다.

한편 산업혁명 전에 영국 농촌에서는 선대제 수공업이 발달했습니다. 전통적인 수공업은 집 안에서 소규모로 이루어졌습니다. 이를 가내수공업이라 합니다. 처음에는 자급자족 형태로 이루어지다가, 나중에는 남는 수공업 제품을 팔게 되었습니다. 선대제 수공업은 돈 많은 사람이 수공업자에게 미리 돈이나 원료를 대 주어 제품을 만들게 한 뒤, 제품을 팔아 돈을 번 것을 말합니다. 또한 수공업자들을 공장에 모아 놓고 제품을 생산하는 매뉴팩처도 나타났습니다. 선대제 수공업과 매뉴팩처에 투자한 사람들에게서도 자본가의 모습을 찾아볼 수 있습니다.

영국에서 산업혁명이 시작되다

18세기에 프랑스는 유럽의 패권을 놓고 영국과 우열을 다투는 강국이었습니다. 네덜란드도 산업화를 위한 기반이 조성되어 있었습니다. 이런 나라들을 제치고 영국에서 산업혁명이 시작되었습니다. 그 이유는 무엇일까요?

영국은 무엇보다 17세기 내란 후 정치가 안정된 덕분에 경제가 안정적으로 발달할 수 있었습니다. 자본과 시장, 노동력, 자원도 탄탄했습니다. 모직물 공업이 발달하면서 많은 자본이 쌓였고, 인구와 식민지가 늘어나 국내외 시장이 확대되었습니다. 작은 섬나라여서 원재료와 제품이 쉽게 오갔고, 스코틀랜드를 병합한 후에는 국내 관세가 없어져 상품이 자유로이 유통될 수 있었습니다. 노동력은 인클로저 운동으로 일찍부터 확보되어 있었고 철, 석탄 등 지하자원도 풍부했습니다.

반면에 프랑스는 전통적 농업에서 벗어나지 못해 자본주의적 농업 경영으로 나아가지 못했습니다. 영국의 지주들이 어떻게 하면 농업 생산력을 높일까 궁리하고 있을 때, 프랑스 귀족들은 베르사유 궁전에서 우아한 생활을 하느라 여념이 없었습니다. 국내 관세 때문에 상품 유통도 원활하지 못했습니다. 네덜란드는 좁은 땅에 적은 인구, 부족한 자원이 산업화에 장애가 되었습니다. 결국 다른 나라들보다 이점을 많이 가진 영국에서 처음으로 산업혁명이 일어나게 되었습니다.

대부분 산업혁명 하면 기계의 발명을 떠올립니다. 사람이 손을 부지런히 놀려 생산하던 것을 기계가 담당하게 되면서 제품이 대량 생산되는 것, 맞습니다. 그러나 산업혁명 초기부터 복잡한 기계가 발명된 것은 아닙니다. 발명의 주역도 과학자나 전문 기술자가 아니었습니다. 면직물을 생산하던 사람들이 좀 더 효율적으로 작업하기 위해 만든 간단한 기계가 산업혁명을 이끌었습니다.

18세기에 영국은 면직물 공업에 힘을 쏟고 있었습니다. 일찍부터 면화를 재배하여 면직물을 생산한 아시아와 달리, 유럽은 오랫동안 주로 양털이나 아마로 옷을 해 입었습니다. 면직물에 대한 유럽인들의 반응은 폭발적이었습니다. 면직물은 보온성도 좋고 세탁하기도 편하면서 값도 쌌기 때문입니다. 영국은 처음에는 인도산 면직물을 대량 수입해 유럽 각국에 팔았습니다. 면직물을 직접 생산할 수만 있다면 큰돈을 벌 것이 확실했습니다. 영국 사업가들은 아메리카의 넓은 땅에서 노예들을 시켜 면화를 대량 재배하게 하고, 그 면화를 들여온 뒤 면직물을 생산해 수출하는 방법을 생각해 냈습니다.

이렇게 해서 면직물 사업은 점점 더 활기를 띠었고, 면직물 생산에 종사하는 사람들은 발등에 불이 떨어진 듯 작업에 집중했습니다. 그러던

1764년에 하그리브스가 발명한 제니 방적기. 산업혁명 초기의 발명품들은 사람이 작동시켜야 하는 수동식 기계들이었다.

제임스 와트의 증기기관. 증기기관은 연료만 계속 공급된다면 지치지 않고 가동되는 획기적인 동력원이었다.

1733년, 존 케이가 '나는 북flying shuttle'을 발명했습니다. 이 기계는 베틀에서 씨실을 푸는 북이 자동으로 움직임으로써 옷감 짜는 속도를 배로 빨라지게 했습니다. 뒤이어 제니 방적기, 수력 방적기 등이 발명되어 실을 뽑는 방적 기술의 혁신을 이루었습니다.

그 후 전문 기술자들이 나서서 더 효율적인 기계를 발명해 냈습니다. 1780년대에는 제임스 와트의 증기기관이 기계의 동력으로 쓰이게 되었습니다. 이를 계기로 공장제 기계 공업이 널리 퍼졌고, 면직물 공업을 비롯한 전 산업의 생산성이 획기적으로 향상되었습니다.

19세기에는 교통에도 혁명적 변화가 일어났습니다. 영국의 스티븐슨이 증기기관차를 발명한 후 유럽 여러 나라에 철도가 놓였습니다. 그런데 철도를 따라 기차가 곳곳을 누비게 되면서 시급한 문제가 하나 생겼습니다. 기차들의 운행 시각을 정하고 철도망 내에서 통일하지 않으면 언제 충돌할지 모르는 일이었습니다. 이에 영국이 처음으로 표준시와 철도 시간표를 만들고, 다른 나라들이 그 뒤를 이었습니다. 세계 각국은 영국 그리니치 천문대를 기준으로 표준시를 사용하기 시작했습니다.

증기선은 강폭이 넓은 미국에서 발명되었습니다. 발명은 통신수단에서도 이어졌습니다. 미국의 모스가 유선 전신을, 이탈리아의 마르코니가 무선 전신을 발명했습니다. 전화의 아버지로 유명한 벨은 1876년에 전화 특허를 받았습니다.

산업혁명이 초래한 심각한 문제

이미 산업사회에 살고 있는 우리에게는 무덤덤한 일이지만, 산업혁명은 그전까지 인류가 걸어온 길에 비추어 볼 때 엄청난 변화였습니다. 인류의 경제사를 통틀어 중요한 혁명을 두 가지만 꼽는다면 신석기 혁명과 산업혁명을 듭니다.

신석기 혁명은 인류가 농사를 짓고 가축을 길러 비로소 먹을거리를 생산하게 된 것을 말합니다. 만약 신석기 혁명이 없었다면 인류는 일찌감치 굶어 죽었을 것입니다. 산업혁명 역시 인류가 삶을 이어 가고 발전하는 데 큰 역할을 했습니다. 농업 사회에서는 점점 늘어나는 인구를 먹여 살릴 만큼 생산력이 충분하지 않았습니다. 그러나 산업혁명으로 기계가 생산을 담당하게 되면서 인류는 대량 생산, 대량 소비, 풍요의 시대로 들어섰습니다. 또한 산업혁명은 19세기 이후 유럽이 우위를 점하고 다른 대륙을 침략하는 데 발판이 되었습니다.

그런데 산업혁명이 가져온 물질적 풍요 뒤에는 심각한 사회 문제가 있었습니다. 자본주의가 본격화되면서 빈부 격차가 날로 커지고, 노동

런던 뒷골목의 빈민굴. 귀스타브 도레의 19세기 작품이다. 당시 영국 노동자들은 환기도, 배수도 제대로 안 되는 비위생적 환경에서 가난하게 살아갔다.

자들이 열악한 환경에 놓인 것이 가장 큰 문제였습니다. 일할 사람이 널려 있으니 임금은 터무니없이 낮았고, 노동 시간을 비롯한 환경도 악조건이었습니다. 공장주들은 비싼 기계를 노동자들보다 더 소중히 여겼고, 성인 남자보다는 다루기 편한 여자와 어린이 노동자를 더 반겼습니다. 광산의 좁은 갱도에서 석탄을 끌고 나오거나 비좁은 곳에 들어가 기계를 청소하는 일은 몸이 작은 아이들이 제격이었습니다. F. 엥겔스의 말을 들어 보겠습니다.

공장주들은 보통 8~9세의 어린이들을 고용하고 있다. ……중략…… 하루 노동 시간은 식사 시간과 휴식 시간을 제외하고 14~16시간에 이른다. 공장주들은 감독자가 어린이를 매질하고 학대하는 것을 허용하며 실제로 자신이 그렇게 하기도 한다.

– 엥겔스의 《영국 노동자 계급의 상태》에 실린
〈공장조사위원회 1차 보고서(1833)〉

산업혁명 후 영국 노동자들이 벌인 최초의 저항은 기계 파괴 운동이었습니다. 기계가 생산 현장에 도입되면서 예전의 수공업자들, 특히 숙련공들은 일자리를 잃었습니다. 이들은 영국 직물 공업지대의 기계들을 닥치는 대로 부수었습니다. 1811년에 시작된 이 운동은 러드라는 사람이 주도했다고 해서 러다이트 운동이라 불립니다. 이 운동은 1817년까지 이어졌지만 결국 진압되었습니다.

1830~1840년대에는 영국 노동자들이 참정권을 요구하며 차티스트 운동을 벌였지만, 이 또한 좌절되었습니다. 그 후 노동조합을 중심으로 노동자들의 거센 저항이 계속되었습니다. 1900년에는 노동자들의 주장을 대변하는 영국 노동당이 조직되기에 이릅니다.

한편 새로운 사상도 나타났습니다. 프랑스의 생시몽과 푸리에, 영국의 오언 등 초기 사회주의자들은 자본주의 사회를 비판하고, 협력에 기초한 이상 사회를 건설할 것을 주장했습니다. 특히 오언은 방적 공장의

러다이트 운동. 기계만도 못한 대접을 받던 노동자들이 들고일어나 기계를 파괴한 운동이다.

지배인이었는데, 노동 조건을 개선하는 데 힘쓰다가 미국으로 건너가 협동촌New Harmony을 세웠습니다. 그러나 이 시도는 실패로 끝났습니다. 이후 초기 사회주의 사상은 공상적이라는 비판을 받았습니다.

사회주의 사상은 마르크스와 엥겔스에 의해 본격화되었습니다. 두 사람은 자본주의의 모순을 체계적으로 비판하고 사회주의 사상을 과학적으로 정립했습니다. 이들은 자본주의의 구조상 생산 수단, 생산 과정 등에서 노동자가 소외될 수밖에 없고, 그래서 계급투쟁이 필연적으로 일어나며 이를 통해 평등한 공산주의 사회가 건설된다고 주장했습니다. 《자본론》으로 유명해진 마르크스의 이 이론을 마르크스주의라 합니다.

마르크스주의는 유럽 각국에서 전개된 노동운동과 사회주의 운동의 사상적 기반이 되었습니다. 1922년에는 최초의 사회주의 국가인 소련(소비에트 사회주의 공화국 연방)이 세워졌습니다. 그러나 소련은 1991년에 해체되었고, 자본주의는 체제의 모순을 그대로 끌어안고도 마르크스의 이론과는 달리 더욱더 강고해졌습니다.

빈부 격차의 심화, 환경문제, 삶의 질 하락, 인간성 상실 등 자본주의의 문제점은 갈수록 심화될 것입니다. 이런 문제들을 해결하려면 어떤 노력이 필요할까요?

유럽 열강의 다툼, 제1차 세계대전으로 번지다

1848년 유럽을 휩쓸었던 혁명은 더 큰 변혁으로 나아가지 못하고 일단락되었습니다. 그 후 서양에서는 부르주아지(자본가 계급)의 지배가 더욱 확고해졌습니다. 정치가 안정을 찾은 가운데 사람들은 산업 혁명의 혜택을 만끽했습니다. 발명가 에디슨 덕분에 집집마다 불이 환히 켜진 것처럼, 인류의 앞날에도 빛이 가득할 것만 같았습니다.

부르주아지의 자신감, 넘쳐나는 자본은 유럽 밖으로 분출되었습니다. 서양 선진국들은 원료를 값싸게 들여오고 공업 제품을 판매할 곳이 필요했습니다. 아프리카와 아시아는 그런 요구에 딱 들어맞는 곳이었습니다. 그 결과는 서양 열강의 분할 점령, 식민 지배였습니다.

유럽 밖에서 피를 튀기며 세력 다툼을 벌이는 동안 유럽은 평화를 누렸습니다. 그러나 유럽의 평화는 오래 안 가 깨지고 맙니다. 1914년, 처음으로 세계적 규모의 전쟁이 시작된 것입니다. 단번에 승리할 거라던 유럽 강대국들의 자신감은 여지없이 무너집니다. 지금으로부터 100년 전, 그 현장으로 들어가 봅시다.

식민지 쟁탈에 나선 서양 열강

19세기 전반까지 서양에서는 정확한 세계 지도를 그릴 수 없었습니다. 아프리카를 비롯한 여러 지역에 대해 제대로 알지 못했기 때문입니다. 그러나 잇따른 탐험 덕분에 지도의 곳곳이 하나둘 채워져 나중에는 완벽한 세계 지도가 완성되었습니다. 20세기 초에는 북극과 남극마저 정복되어 이제 지구 구석구석에 사람의 손길이 미치게 되었습니다.

탐험가들은 대개 선교 사업이나 지적 호기심, 도전 정신 때문에 위험을 무릅썼습니다. 그러나 미지의 땅에 대한 정확한 정보는 서양 열강의 침탈로 이어졌습니다. 19세기 후반부터 서양 열강은 대외 팽창에 적극 나서서 아프리카, 아시아 곳곳에 식민지를 건설했습니다. 이를 제국주의라 합니다.

서양 열강이 아프리카, 아시아의 국가들을 식민지로 삼은 것은 풍부한 자원과 인력이 탐났기 때문입니다. 그러나 서양인들은 자기네가 벌이는 침탈을, 문명을 전파하는 위대한 사명으로 포장했습니다. 그들은 아프리카, 아시아 각국의 오랜 전통과 고유한 문화를 미개하고 야만적인 것으로 치부했습니다. 그러면서도 귀중한 문화재들을 약탈해 본국으

케이프 식민지의 수상 세실 로즈. 카이로에서 케이프타운까지 전신망을 구축하겠다는 로즈의 말을 풍자한 그림으로 1900년 《펀치》지에 실렸다.

로 빼돌렸습니다.

　서양 입장에서 제국주의 정책은 경제적으로 이로울 뿐 아니라 국내 갈등을 잠재우는 면에서도 효과적이었습니다. 국내 문제에 쏠리는 시선을 밖으로 돌려, "식민지를 늘려 가는 조국이 자랑스럽지 않은가?"라고 부추기면서 국민을 하나로 모은 것입니다. 제국주의 정책은 늘어난 인구를 밖으로 내보내는 데도 기여했습니다.

　가장 앞선 나라는 영국이었습니다. 빅토리아 여왕(재위 1837~1901) 시절에 영국은 매년 거의 본토만 한 넓이씩 영토를 늘렸습니다. 이집트 수에즈 운하를 확보한 후에는 남아프리카까지 잇는 종단 정책을 추진했습니다. 케이프 식민지의 수상 세실 로즈는 "지구를 모두 분할하고 나면 혹성이라도 병합하고 싶다."고 말하면서 제국주의자의 야심을 노골적으로 드러낸 바 있습니다.

　프랑스가 아프리카에서 횡단 정책을 추진하면서 두 나라의 대립이 불가피했습니다. 두 나라는 파쇼다에서 충돌했으나, 국내 문제가 복잡했던 프랑스가 양보하여 다행히 전쟁은 피할 수 있었습니다.

벨기에, 포르투갈, 독일 등도 끼어들어 마치 땅따먹기라도 하듯 아프리카 거의 전 지역을 조각조각 나눠 점령했습니다. 그리고 나서 서양 열강은 아시아로 가서 또 식민지 쟁탈전을 벌였습니다.

19세기를 일컫는 팍스 브리태니카Pax Britanica라는 말이 있습니다. 고대 로마의 전성기를 가리키는 '팍스 로마나'에 빗대어 나온 말입니다. '팍스'는 평화, '브리태니카'는 영국으로, 영국 주도하에 평화가 이루어졌다는 뜻입니다. 그러나 식민지들은 결코 평화롭지 못했습니다.

단적인 예가 1899년에 일어난 보어 전쟁입니다. 남아프리카 공화국에는 네덜란드 이주민들의 후손인 보어인들이 살고 있었습니다. 영국이 케이프 식민지를 세우자 보어인들은 북쪽으로 가서 트란스발 공화국과 오렌지 자유국을 세웠습니다. 영국은 두 나라의 금과 다이아몬드를 포

파쇼다에서 충돌한 영국과 프랑스를 풍자한 그림. 침대에 누운 할머니는 영국, 파쇼다라 적힌 과자를 들고 서 있는 소녀는 프랑스를 상징한다. 프랑스 신문 《르 프티 주르날》 1898년 11월 20일자의 1면

기할 수 없어 결국 전쟁을 일으킵니다. 영국은 민가와 토지를 불사르는 초토화 작전을 쓰는 한편, 포로들을 영국으로 끌고 가서 강제 수용소에 가뒀습니다. 그곳에서 2만 명이 넘는 보어인이 죽었다고 합니다.

문명을 전파한다던 서양 열강은 탐욕에 혈안이 되어 있었습니다. 잔인한 살육을 서슴지 않는 그들에게서 문명국의 모습을 찾아볼 수는 없었습니다. 식민지에서 그들이 벌인 행태는 커다란 전쟁이 머지않았음을 예고하고 있었습니다.

제1차 세계대전이 일어나다

유럽은 꽤 오랫동안 영국, 프랑스 중심으로 세력 균형을 이루고 있었습니다. 그런데 독일이 1871년에 통일을 이룬 후 급성장하면서 위기감이 감돌았습니다. 독일은 오스트리아-헝가리 제국, 이탈리아와 함께 3국 동맹을 맺어 프랑스를 고립시켰습니다. 그러는 한편 해군을 늘리고 대형 군함을 만들어 영국을 자극했습니다. 이에 맞서 영국, 프랑스, 러시아는 3국 협상을 맺었습니다.

양측의 대립은 언제든 전쟁으로 불거질 수 있었습니다. 프랑스와 독일은 아프리카 모로코의 지배권을 놓고 전쟁을 치를 뻔했습니다. 그러나 이 사태는 영국이 프랑스를 지지하면서 중재에 나선 덕분에 해결되었습니다. 프랑스가 모로코를 갖고, 그 대신 독일에게 콩고 북부를 떼어 주기로 한 것입니다.

발칸 반도의 정세도 심상치 않았습니다. 발칸 반도에는 슬라브족을 비롯한 여러 소수 민족이 살고 있었습니다. 이 때문에 갈등의 소지가 많아서 발칸 반도는 '유럽의 화약고'라 불렸습니다. 이 지역은 오스만 제국의 지배를 받고 있었는데, 19세기 후반부터 민족주의 운동이 확산되었습니다. 러시아는 범슬라브주의를 내세워 슬라브계 민족들을 뭉치게 하려 했습니다. 그러자 오스트리아–헝가리 제국과 독일이 범게르만주의를 내세우면서 러시아에 맞섰습니다.

1912년에 일어난 1차 발칸전쟁에서는 세르비아 중심의 발칸 동맹이 오스만 제국을 물리쳤습니다. 그 결과 세르비아가 발칸 반도의 대부분을 차지했습니다. 이듬해에는 영토 배분 문제 때문에 발칸 동맹국들 사이에서 2차 발칸전쟁이 일어났습니다. 세르비아는 알바니아를 차지해 지중해로 진출하려 했습니다. 그러나 오스트리아–헝가리 제국이 개입해 이를 막았습니다. 이 때문에 세르비아인들은 오스트리아–헝가리 제국에 대한 깊은 반감을 품게 되었습니다.

1914년 6월, 오스트리아–헝가리 제국의 황태자 부부가 암살되었습니다. 보스니아의 사라예보에서 이들을 암살한 사람은 세르비아 청년이었습니다. 정확히 한 달 후, 오스트리아–헝가리 제국은 세르비아에 선전포고를 했습니다. 이에 러시아가 세르비아를 돕기 위해 총동원령을 내렸습니다. 그러자 두 편으로 나뉘어 있던 유럽 국가들이 끼어들면서, 1914년 8월에 제1차 세계대전이 일어났습니다.

반전 시위가 벌어지기도 했지만, 유럽 각국의 국민들은 대부분 환호하면서 전쟁을 지지했습니다. 유럽 사람들은 전쟁의 무서움을 체감하

제1차 세계대전의 도화선이 된 사라예보 사건. 이 사건은 단순히 세르비아 대 오스트리아-헝가리 제국 두 나라의 갈등이 아니라, 범슬라브주의와 범게르만주의 사이의 적대감이 표출된 사건이었다.

지 못했습니다. 그동안 보어 전쟁(1899~1902), 러일 전쟁(1904~1905)이 있었지만 모두 유럽 중심부에서 멀찍이 떨어진 곳에서 일어났기 때문입니다. 사람들은 이제 막 일어난 전쟁도, 자랑스러운 조국이 거뜬히 이길 거라 확신했습니다. 참전한 병사들은 늦어도 크리스마스 전에는 돌아올 거라 기대했습니다.

그 예상은 어그러졌습니다. 산업혁명 후 유럽 열강이 갖게 된 힘과 공격성은 엄청난 것이었습니다. 그것이 내부를 겨눌 경우 공멸의 위험이 있음을, 유럽 사람들은 미처 몰랐습니다.

독일의 애초 계획은 서부 전선에서 벨기에와 프랑스를 가볍게 이긴 다음, 주력 부대를 동부 전선에 투입해 러시아를 공격하는 것이었습니다. 그러나 독일 동쪽을 위협하는 러시아를 그냥 둘 수는 없었습니다. 독일군이 러시아군을 물리치는 사이에, 서부 전선에서 영국군과 프랑스군이 독일군을 밀어냈습니다. 각국이 세운 계획은 틀어지고, 전쟁이 장기화되었습니다.

"돌격!" 명령에 우르르 몰려가 단번에 적을 제압하던 방식은, 20세기의 새로운 전쟁에 먹혀들지 않았습니다. 현대 무기 앞에서는 공격보다 방어가 더 중요했습니다. 양측은 머물던 자리를 지키기 위해 깊은 구덩이, 즉 참호를 파고 적의 공격을 막아 냈습니다. 이렇게 해서 참호전이 시작되었습니다. 참호는 영어로 트렌치trench입니다. 흐린 날 멋스럽게 입는 트렌치코트가 바로 참호전에서 유래한 옷입니다. 참호 속에서 긴긴 날을 버텨야 했기에, 비바람과 추위를 막아 주는 옷이 필요했던 것입니다.

교착 상태에 빠진 전선에서 병사들은 기약 없이 참호 생활을 견뎌야 했습니다. 참호 주변에는 시체들이 늘어났고, 시체를 뜯어 먹는 들쥐, 파리, 구더기 들이 우글댔습니다. 폭우로 진흙 바다가 되어 버린 참호, 고막을 찢을 것 같은 포격 소리, 동료들의 신음, 죽음에 대한 공포, 몸 속을 돌아다니는 이……. 모두, 온전한 정신을 유지하기 힘든 상황이었습니다.

그럼에도 개전 후 처음 맞는 크리스마스이브에는 기적 같은 일이 일어나기도 했습니다. 그 시작은 서부 전선, 독일군 쪽에서 흘러나온 '고요한 밤, 거룩한 밤' 노래였습니다. 하나둘 입을 모으면서 캐럴 소리는 점점 커졌고, 100미터 정도 떨어진 영국군은 박수를 보냈습니다. 독일 병사들은 "쏘지 않겠다. 너희도 쏘지 마라." 하곤, 참호를 따라 쌓은 벽에 양초를 세우고 불을 붙였습니다. 양측의 병사들은 날이 밝자 무인 지대에서 만났습니다. 그들은 담배를 건네며 인사를 나눈 뒤 전사자들의 장례를 치르고 함께 축구를 했다고 합니다.

이 짤막한 평화는 일부 지역에서 비공식적으로 이루어졌을 뿐입니다.

교전국들은 시간이 걸리더라도 적군의 기세를 꺾기 위해 소모전을 펼쳤습니다. 참호에 몸을 숨긴 병사들은 기관총을 난사하고, 습격조는 수류탄을 적진에 던지며 어떻게든 승세를 잡아 보려 했습니다. 사상자가 속출하는 가운데 독가스까지 사용되었고, 새로 개발된 탱크는 참호든 철조망이든 모조리 밀어 버렸습니다.

전쟁이 길어지면서 각국의 물자와 인력이 전쟁에 총동원되었습니다. 참전한 남자들을 대신해서 여자들이 군수 공장에 투입되었습니다. 국민 전체가 전쟁에 매달린 가운데, 교전국들은 적국의 후방 공격에 나섰습니다. 밤사이 바다를 건너와 폭탄을 떨어뜨리는 독일 비행선은 영국인들을 공포로 몰아넣었습니다.

한편 미국은 참전하지 않고, 군수 물자를 생산해 수출하고 있었습니다. 수많은 인명이 희생되는 이 전쟁이, 미국에게는 군수품 수출로 자국의 경제를 살리는 좋은 기회였습니다. 1915년, 영국의 루시타니아호가 미국을 출발해 영국으로 가고 있었습니다. 여객선이었지만 사실 이 배

제1차 세계대전 당시 제작된 포스터. 총력전 태세에 돌입하자 각국은 "전장으로 나가라!" 또는 "군대는 당신을 원한다." 같은 구호가 쓰인 포스터를 곳곳에 붙여 참전 열기를 북돋았다.

에는 수많은 군수품이 실려 있었습니다. 독일 잠수함은 이 배에 어뢰를 발사해 격침시켰습니다. 이 공격으로 천 명 넘는 사망자가 나왔고 그중에는 백여 명의 미국인도 포함되어 있었습니다. 1917년 4월, 독일이 공식적으로 경고를 하면서 무제한 잠수함 작전이 본격화되었습니다. 미국은 이를 빌미로 연합국 측에 끼어들었습니다.

러시아에서는 1917년 3월에 혁명이 일어났습니다. 혁명 러시아 정부는 독일과 단독 강화를 맺은 뒤 전선에서 빠져나갔습니다. 이로써 독일은 서부 전선에 집중할 수 있게 되었습니다. 독일군은 안간힘을 다해 최후의 공세를 펼쳤으나 실패했습니다. 동맹국 측은 하나둘 항복했습니다. 패색이 짙어지면서 독일에서도 전쟁에 반대하는 여론이 강하게 일었습니다. 급기야 킬 군항의 해병들은 출항 명령을 거부하고 봉기를 일으켰습니다. 이 봉기가 번지면서 독일은 금방이라도 혁명이 일어날 것 같은 상황에 빠졌습니다. 결국 빌헬름 2세가 물러나고 공화국이 선포되었습니다. 독일의 새로운 정부가 휴전 조약을 맺음으로써, 4년 넘게 끌던 전쟁이 그제야 끝이 났습니다(1918).

제1차 세계대전에는 30여 개국이 참전하여 천만 명 이상이 희생되었고, 재산 피해도 엄청났습니다. 세계가 처음 치른 '대전' 앞에, 오랜 세월 유지된 '제국'들, 즉 독일, 오스트리아-헝가리, 러시아, 오스만 제국이 쓰러졌습니다. 유럽은 승전국과 패전국을 막론하고 전쟁으로 깊은 상처를 입었습니다. 그러는 동안 미국은 한층 더 국력을 키워 전후 국제 질서를 주도하게 되었습니다. 일본도 연합국 측에 참전하여 독일 식민지를 챙겼습니다. 패전국의 식민지였던 폴란드, 체코슬로바키아 등은 독립했습니다.

한편 전쟁을 치르는 동안 여성과 노동자의 역할이 부각되었습니다. 그 결과 전후 유럽 여러 나라에서 여성에게 참정권을 주고, 재산에 따른 선거권 제한을 없애면서 민주주의가 확대되었습니다.

최초의 사회주의 국가를 세운 러시아혁명

러시아혁명은 세계사에 굵직한 획을 그은 사건이었습니다. 마르크스의 이론에 따르면 사회주의 혁명은 산업화가 많이 진전된 국가에서 일어날 것으로 예상되었습니다. 러시아혁명은 그 예상을 뒤엎었지요. 러시아는 유럽 강대국 가운데 근대화가 가장 늦게 진행되었고 자본주의 발달도 미약한 상태였습니다. 어쩌면 러시아는 그렇게 뒤처져 있었기에 사회주의 혁명에 성공했는지도 모릅니다. 오랜 세월 쌓인 울분, 변화를 향한 갈망이 유럽 어느 국가보다도 강렬했기 때문입니다.

유럽의 다른 국가들이 입헌군주제니, 공화제니 하며 민주주의를 모색하고 있을 때, 러시아에서는 여전히 차르(황제)가 전제정치를 하고 있었습니다. 농민들은 농노 해방령(1861년) 이후로도 불만을 품고 있었습니다. 농민들에게 나눠 준 토지는 충분치 않을뿐더러 질도 좋지 않았습니다. 농민들은 그런 토지를 시세보다 비싼 값에 사야 했습니다. 게다가 농민은 다른 신분들보다 세금 부담도 많았습니다.

그러나 이처럼 낡은 틀을 벗어나지 못한 러시아에서도 사회 변화가 일어나고 있었습니다. 정부 주도로 산업화를 추진한 결과 공장 노동자들이 빠르게 늘어나고 있었습니다. 인텔리겐치아라 불리는 지식층의 개혁 요구도 계속되고 있었고, 사회주의 사상도 들어왔습니다.

러일전쟁이 한창이던 1905년 1월, 상트페테르부르크에서 노동자와 가족들이 행진을 시작했습니다. 그들은 성상聖像과 차르의 초상화를 들고 찬송가를 부르면서 함께 걸었습니다. 겨울 궁전으로 가서 노동 시간 단축 등 개혁 요구를 적은 문서를 전달할 생각이었습니다. 행렬의 선두에 선 가폰 신부가 평화 시위임을 미리 정부에 알린 상태였습니다. 그러나 겨울 궁전의 광장에 이르자, 군대가 행진 중지를 명했습니다. 그러고는 총을 발사했습니다. 광장의 눈밭은 순식간에 피로 물들었습니다. 이 사건을 '피의 일요일 사건'이라 합니다.

이 사건으로 러시아 사람들은 차르에 대한 충성심과 기대를 완전히 버렸습니다. 러시아 곳곳에서 노동자들의 파업과 농민들의 봉기가 이어졌습니다. 영화 〈전함 포템킨〉에 그려진 것처럼 군인들도 혁명의 기운에 휩싸였습니다. 차르 니콜라이 2세는 마지못해 두마(국회) 설치 등 개혁을 약속하고는 전제정치를 이어 갔습니다.

제1차 세계대전에 참전하면서 러시아는 막대한 인명 피해와 경제난에 부딪혔습니다. 정부에 대한 국민의 신뢰는 바닥에 이르렀습니다. 1917년 3월, 사람들의 불만이 혁명으로 터져 나왔습니다. 당시 러시아가 쓰던 율리우스력에 따르면, 2월의 일이었습니다. 러시아는 1918년 2월 1일부터 서양 대부분의 국가가 쓰는 그레고리우스력을 채택합니다.

여성 노동자와 주부들이 국제 여성의 날을 맞아 "빵을 달라!"며 시위

광장에서 연설 중인 레닌. 레닌은 마르크스주의를 러시아 현실에 맞게 적용하여 사회주의 혁명을 이끌었다.

한 데 이어, 노동자들이 대대적인 파업에 돌입하면서 사태가 일파만파 커졌습니다. 병사들도 혁명의 대열에 합류했습니다. 곧이어 노동자와 병사의 대표들은 소비에트(평의회)를 조직했습니다.

피의 일요일 사건이 있었던 1905년에는 차르가 군대에 의지하면서 자리를 보전할 수 있었습니다. 그러나 병사들이 혁명 세력의 일부가 된 지금, 차르는 손 쓸 방법이 없었습니다. 니콜라이 2세가 물러나면서 드디어 제정이 무너지고, 임시 정부가 세워졌습니다.

이제 임시 정부와 소비에트가 양립한 가운데, 두 주체 간의 싸움이 불가피해졌습니다. 임시 정부의 개혁은 지지부진했고, 전쟁 또한 계속되었습니다. 4월, 정부의 탄압을 피해 망명 가 있던 레닌이 돌아왔습니다. 레닌은 국민이 원하는 것이 무엇인지 정확히 간파하고 있었습니다. "모든 권력을 소비에트에게", "토지를 농민에게", "전쟁을 즉시 중지할 것"을 내세운 레닌의 연설에 사람들은 뜨거운 박수를 보냈습니다.

레닌은 볼셰비키를 이끌고 있었습니다. 볼셰비키는 1903년 러시아 사회민주노동당 대회에서 레닌 일파가 승리했을 때 '다수파'라는 뜻에서 스스로 붙인 이름입니다. 그러나 볼셰비키가 줄곧 다수표를 얻은 것은 아닙니다. 볼셰비키는 소비에트에 기초한 프롤레타리아트(무산 계급)의 독재를 위해 의회 민주주의를 포기할 생각이었습니다. 이에 반대하는 사회주의자혁명가당, 멘셰비키(소수파라는 뜻) 등 여러 세력이 있었습니다.

11월(러시아 기준으로 10월), 레닌이 이끄는 볼셰비키가 임시 정부를 무너뜨리고 소비에트 정부를 세웠습니다. 레닌은 전쟁을 끝내고 토지와 주요 산업을 국유화했습니다. 그리고 나서 공업화와 도시화, 농업 현대화를 목표로 시장 경제를 일부 인정하는 신경제 정책(NEP)을 실시했습니다. 반혁명 세력과의 내전은 한동안 계속되었습니다. 연합국들도 반혁명 세력을 도우며 내전에 개입했습니다. 레닌은 내전에서 승리한 후 주변국들을 흡수해 소비에트 사회주의 공화국 연방, 즉 소련을 세웠습니다(1922).

내전을 겪는 동안 볼셰비키는 당에 대한 비판이나 다른 생각을 용납지 않게 되었습니다. 레닌의 뒤를 이은 스탈린은 사회주의 경제 건설에 힘을 쏟는 한편, 반대파를 숙청하여 독재 체제를 강화했습니다.

또 한 번의
세계대전과 전후 세계

제1·2차 세계대전은 하나의 연속선상에 있었습니다. 영국 수상을 지낸 처칠도 두 전쟁을 묶어 '제2의 30년 전쟁'이라 했다고 합니다. 1914년에 제1차 세계대전이 시작되어 1945년에 제2차 세계대전이 끝났으니 얼추 30년이지요.

우선 제1차 세계대전이 왜 일어났던가를 생각해 봅시다. 첫째, 제국주의 열강이 서로 잇속을 챙기는 가운데 전쟁의 싹이 자라고 있었습니다. 둘째, 과열된 민족주의도 원인으로 작용했습니다. 두 가지 화근은 전후 처리 과정에서 더 커졌습니다. 승전국들은 전쟁의 책임을 모두 독일한테 떠넘겨 막대한 배상금을 물리고, 군사력도 크게 감축시켰습니다. 그리고 독일 영토 일부와 해외 식민지 전부를 빼앗았습니다. 위협적인 독일을 재기 불능 상태로 만들려는 속셈이었습니다. 이런 결정에 맞닥뜨린 독일인의 치욕을, 훗날 히틀러가 자극합니다.

제1차 세계대전은 기존의 전쟁과 달리, 각국의 국민이 모두 동원된 총력전이었습니다. 전쟁을 치르면서 국가는 국민의 집결체로서 우뚝 서게 되었고, 국가 간의 대결 구도와 배타적 민족주의가 더 강해졌습니다. 한편 전시부터 불안하게 흘러가던 각국의 경제는 대공황으로 파국에 이르렀습니다. 대공황이 세계 각국을 들쑤셔 놓은 가운데 전체주의 국가들이 나타났습니다. 이들이 결국 제2차 세계대전을 일으킵니다. 제2차 세계대전과 그 후 오늘에 이르기까지의 역사를 짚어 보겠습니다.

전후 혼란 속에 나타난 전체주의

제1차 세계대전에서 가장 이득을 본 나라는 미국이었습니다. 미국은 전쟁 중에 군수품을 생산해 경제 위기에서 벗어났고, 전후에는 군수품의 대금을 챙겼습니다. 그 대금만 해도 엄청난데, 유럽 국가들은 전쟁으로 파괴된 시설을 복구하느라 또 미국에 돈을 빌렸습니다. 미국은 최대의 채권국으로서 세계 금융의 중심지가 되었습니다. 19세기에 '해가 지지 않는 나라' 영국이 누리던 번영은 어느새 미국으로 넘어갔습니다.

미국 경제는 1920년대에 희망차게 질주하고 있었습니다. 미국 상품이 전 세계로 수출되었고, 주가도 계속 올랐습니다. 그러나 어느새 경제의 적신호가 켜져 있었습니다. 전후 유럽이 농산물을 다시 생산하면서 농산물 값이 폭락했습니다. 공산품도 과잉생산으로 재고가 쌓이고 값이 떨어졌습니다. 1929년 10월 24일은 '암흑의 목요일'이라 불립니다. 이날 뉴욕의 증권거래소는 주가가 갑자기 큰 폭으로 떨어져, 주식을 팔려는 사람들로 아수라장이 되었습니다. 이날을 시작으로 10여 년간 극심한 경기 침체가 이어졌습니다. 차관과 무역 관계로 미국과 깊이 얽혀 있던 여러 나라도 덩달아 경제 혼란을 겪었습니다. 이를 대공황이라 합니다.

미국은 루스벨트 대통령의 뉴딜 정책으로 대공황의 늪에서 서서히 빠져나왔습니다. 이때부터 국가가 나서서 경제 문제를 풀어 가게 되었습니다. 루스벨트는 테네시 강 유역을 개발하는 등 공공사업을 통해 실업자들에게 일자리를 주고, 사회보장제도를 실시했습니다.

식민지가 많은 국가들은 대공황을 극복하는 데 상대적으로 유리했습니다. 영국과 프랑스는 국내에서 남아도는 상품을 식민지에 팔고, 높은 관세를 붙여 수입을 억제하면서 불황을 타개했습니다. 반면에 식민지를 몰수당한 독일과, 국내 시장도 작고 식민지도 얼마 안 되는 이탈리아, 일본 등은 경제 난국에서 벗어날 길을 찾기 힘들었습니다. 이런 국가들은 어떻게든 국외로 세력을 팽창해 식민지를 차지하려 했습니다. 그 과정에서 전체주의를 추구하는 세력이 권력을 잡게 됩니다.

전체주의란 민족이나 국가 같은 '전체'를 앞세워 개인의 자유를 억압하는 체제입니다. 이탈리아의 파시즘, 독일의 나치즘이 대표적입니다. 문제는, 억지로 그렇게 만든 것이 아니라 대중의 지지를 기반으로 체제가 유지되었다는 데 있습니다. 그 시절 무엇이 전체주의를 가능케 했을까요?

파시즘과 나치즘은 단순한 과거사가 아닙니다. 2005년 로마 축구 경기장에서는 이탈리아 선수가 오른팔을 쭉 뻗어 팬들에게 파시스트 경례를 했습니다. 이탈리아의 극우파는 이 광경을 기쁘게 받아들였지만, 대다수의 사람은 우려를 표했습니다. 우리나라에서도 2011년에 모 가수가 콘서트 중에 나치 군복을 입고 퍼포먼스를 벌여 물의를 빚은 바 있습니다. "그리 진지하게 생각할 게 뭐 있나?" 하는 사람들도 있겠지만, 파시즘과 나치즘이 초래한 결과를 생각하면 논란이 무성한 것이 당연합니다.

파시즘은 이탈리아어 '파쇼fascio'에서 나온 말입니다. 고대 로마의 집정관은 시가행진할 때 여러 개의 나뭇가지로 묶은 도끼를 앞세웠습니다. 이 도끼를 가리키는 라틴어 파스케스fasces에서 유래한 말이 '파쇼'입니다.

이탈리아는 제1차 세계대전의 승전국이었지만 마치 패전국처럼 침울한 분위기에 휩싸였습니다. 승전국에 걸맞은 식민지를 요구했지만, 전후 회의에서 강대국들이 이탈리아의 요구를 들어주지 않았기 때문입

중앙에 파스케스가 새겨진 미국 동전. 고대 로마 시대에 기원을 둔 파스케스는 국가의 결속을 상징한다.

니다. 전쟁에서 가까스로 살아남은 군인들은 "고작 이런 나라를 위해 목숨 걸고 싸운 것인가?" 하며 분개했습니다. 그들은 자신들을 전장으로 보낸 정치가들을 증오했습니다. 그리고 고대 로마 제국의 영광을 되살릴 지도자를 염원했습니다. 이러한 요구에 들어맞은 사람이 무솔리니였습니다.

무솔리니는 교사 생활도 하고, 소설도 쓰고, 사회주의 운동에도 관심을 가졌던 사람입니다. 그러나 그는 군대에서 마흔 군데나 상처를 입었음을 자랑하면서 퇴역 군인들과 어울렸습니다. 무솔리니는 1919년 3월 이탈리아 밀라노에 퇴역 군인 등을 모아 놓고 '사회주의와의 전쟁'을 선포했습니다. 그는 자신의 운동을 '전우단'이라는 뜻의 '파시 디 콤바티멘토Fasci di Combatimento'라 불렀습니다. 파시즘이 공식적으로 탄생하는 순간이었습니다. 파시즘은 좁게는 무솔리니의 정치 운동을 뜻하지만, 넓게는 나치즘을 비롯해 그즈음부터 오늘날에 이르기까지 자유 대신 민족의 단결, 외적 팽창을 추구하는 정치 운동을 의미합니다.

무솔리니가 이끄는 행동대는 검은 셔츠단이라 불렸습니다. 이들은 일제히 검은 셔츠를 입고 돌아다니면서 노동조합 사무실을 습격하고 사회주의자들을 폭행했습니다. 국민의 일치단결을 최고로 치는 파시즘과, 국경을 넘어 노동자들이 연대할 것을 주장하는 사회주의는 상극이었습니다. 사회주의를 두려워하는 보수 세력, 자본가 들은 무솔리니에게 자금을 대 주었습니다.

검은 셔츠단은 세력을 점점 확대해 로마로 쳐들어가기에 이릅니다. 그러나 이들이 무력으로 정권을 빼앗은 것은 아니었습니다. 이탈리아 왕 에마누엘레 3세는 이들을 저지하기 위한 계엄령에 사인하지 않고, 무솔리니에게 총리직을 제안했습니다. 아마 왕을 포함한 보수 세력이 자기네 자리를 보전하기 위해 무솔리니를 받아들였던 것으로 보입니다. 이렇게 해서 무솔리니는 손쉽게 권력을 거머쥐었습니다(1922). 그 후 이탈리아는 빠르게 전체주의 체제로 나아갔습니다.

무솔리니는 항상 군복을 차려입고 대중 앞에 나타나 강인한 지도자로서의 이미지를 부각시켰습니다. 그는 자기 자신이 파시즘 자체라고 선언하다가, 권력을 잡은 지 10년 후에 가서야 강령을 내놓았습니다. 《전체주의의 기원》을 쓴 한나 아렌트는 무솔리니가 "지도력과 행동만으로 강령을 대신한 최초의 당 지도자"라 말한 바 있습니다. 이처럼 파시스트들은 사회주의는 물론 기존의 모든 주의에 반대한다는 입장을 표했지만, 딱히 대안으로 제시한 것은 없었습니다. 어쩌면 그렇기에 파시스트들은 카멜레온처럼 상황에 맞게 변신하면서 대중의 마음을 사로잡았는지 모릅니다. 약한 국가가 싫고 혼란스러움이 지겨운 사람들은 모두 그들 편에 섰습니다.

파시스트의 국가 개념은 모든 것을 포괄하며, 국가를 떠나서는 인간과 영혼의 가치도 존재하지 않는다. ……중략…… 오직 전쟁만이 인간의 힘을 최고조에 이르게 하고 이에 직면할 용기를 가진 국민에게 고귀함을 부여한다.

– 무솔리니, '파시즘 독트린'

독일인의 마음을 사로잡은 독재자, 히틀러

독일에서는 제1차 세계대전 후 바이마르 공화국이 세워졌습니다. 바이마르 공화국은 남녀 보통 선거권, 내각제 등 민주적 헌법을 채택하고, 사회민주당의 에베르트를 초대 대통령으로 선출했습니다. 그러나 독일인들은 이러한 민주주의가 익숙지 않았습니다. 공화국 지도자들이 굴욕적인 베르사유 조약에 서명한 것에 대해서도 불만이 많았습니다.

바이마르 공화국의 약점은 절대 다수의 정당이 없어서 연합 정부로 구성된 데 있었습니다. 여러 정당의 의견을 조정하다 보면 항상 온건한 쪽으로 결정이 내려졌습니다. 발등에 불이 떨어진 것 같은 위기 상황에서 바이마르 공화국은 역부족이었습니다. 가장 힘든 것은 경제 문제였습니다. 무엇보다 전시에 발행한 공채와 전쟁 배상금 때문에 국가의 빚이 막대했습니다. 이를 쉽게 해결하기 위해 화폐를 찍어 낸 결과 물가가 엄청나게 치솟았습니다. 물가는 점점 올라 나중에는 지폐를 불쏘시개로 쓸 정도였다고 합니다. 불행 중 다행으로 전쟁 배상금이 줄고 미국에서 차관을 들여오면서 조금씩 경제가 나아졌습니다. 독일 정부는 군사력을 회복하기 위해 러시아와 비밀 조약을 맺기도 했습니다. 이 조약에 따라 러시아에서 무기를 생산해 실험하고, 장교들을 파견해 훈련시켰습니다.

그러나 대공황은 바이마르 공화국을 쓰러뜨렸습니다. 미국의 자본이 빠져나가면서 극심한 경제 혼란이 불어닥친 것입니다. 이러한 위기 속에 두각을 나타낸 사람이 히틀러입니다. 히틀러는 미술 대학에 낙방한 후 좌절감에 젖어 있다가 제1차 세계대전에 참전했습니다. 열심히 싸워

무공훈장을 두 번이나 받은 히틀러는 독일의 패배에 크나큰 충격을 받았습니다. 그는 독일노동자당에 들어가 당에서 가장 유능한 연설가가 되었습니다. 그는 당 이름을 국가사회주의독일노동당(줄여서 '나치당')으로 바꾸고 당의 세력을 키워 나갔습니다.

혈기가 넘치던 히틀러는 1923년에 폭동을 일으켰다가 체포되었습니다. 그러나 히틀러는 재판 과정에서 당당하게 소신을 밝혀 더욱 유명해졌습니다. 그가 감옥에서 쓴 책이 《나의 투쟁》입니다. 그 후 히틀러는 합법적인 방법으로 권력을 잡기로 마음먹습니다. 그는 독일인들의 마음을 사로잡을 자신이 있었고, 대중 선동 기술도 익히 알고 있었습니다. 지적인 척, 장황하게 말을 늘어놓은 기존의 정치가들과 달리, 히틀러는 대중 앞에 극적으로 등장해 주먹을 꽉 쥐고 변화무쌍한 표정을 지으면서 열변을 쏟아 냈습니다. 그는 전쟁 패배와 베르사유 조약 체결이 공산주의자들과 유대인들의 음모라고 주장했습니다.

히틀러의 인기에 힘입어 나치당은 선거를 통해 제1당이 되었습니다. 1933년, 팔순이 넘은 힌덴부르크 대통령은 히틀러를 총리에 임명했습

히틀러가 지켜보는 가운데 행진하는 나치군. 오른팔을 번쩍 들어 올리는 로마식 경례는 히틀러가 파시즘의 원조 무솔리니를 본뜬 것이다.

니다. 그 후 히틀러는 강력한 독재자로 군림했습니다. 히틀러가 집권하고 있던 시절의 독일을 제3 제국이라 합니다. 신성 로마 제국과 통일 후 성립된 두 번째 제국을 계승했다는 의미였습니다. 제3 제국은 곳곳에서 "하일(만세) 히틀러"를 외쳐 대는 나치 천하였습니다. '게슈타포'라는 비밀경찰이 국민의 일거수일투족을 감시하는 가운데 제국 전체가 전쟁 준비에 매진했습니다. 아이들은 유년단을 거쳐 히틀러 유겐트에 들어갔습니다. 그곳에서 강인한 신체에, 군대식 규율을 잘 따르고 나치 이념으로 철두철미하게 무장한 독일 청소년들이 양성되었습니다.

1930년대 중엽부터 이탈리아와 독일은 대외 침략에 나섰습니다. 이탈리아가 에티오피아를 침공한 데 이어 독일은 라인란트, 오스트리아, 체코슬로바키아로 공세를 펼쳤습니다. 독일의 오스트리아 합병은 영화 〈사운드 오브 뮤직〉의 배경이 되기도 했습니다.

이즈음 대외 침략에 나선 국가가 아시아에도 있었습니다. 바로 일본입니다. 19세기에 미국의 강요로 개항한 일본은 아시아에서 가장 먼저 산업화를 이룬 뒤 서양의 침략 행위를 그대로 따라 했습니다. 일본은 먼저 우리나라를 식민지로 삼은 뒤 1930년대에 만주사변, 중일전쟁을 일으켰습니다. 코드가 비슷한 이탈리아와 독일, 일본은 1937년에 손잡고 방공防共 협정을 맺기에 이릅니다.

한편 에스파냐에서는 보수 세력에 맞선 사람들이 인민 전선을 구축해 선거에서 승리했습니다. 그러자 프랑코 장군이 에스파냐령 모로코에서 반란을 일으켰습니다(1936). 이렇게 시작된 에스파냐 내전에 영국과 프랑스는 중립 입장을 취했지만, 이탈리아와 독일은 적극 돕고 나섰습니다. 파시즘 대 반파시즘의 전쟁으로 확대되면서 헤밍웨이를 비롯한 각국의 지식인들이 에스파냐 내전에 참전했습니다. 에스파냐 내전은 제2차 세계대전의 예행연습 같았습니다. 새로운 무기들이 선보인 가운데 민간인을 포함한 수많은 사람이 희생되었습니다. 피카소가 그린 〈게르니카〉는 이 전쟁 중 독일 나치군의 무차별 폭격을 고발한 그림입니다. 치열한 접전 끝에 1939년 인민 전선 정부는 무너지고, 프랑코가 권력을 잡았습니다. 프랑코는 1975년에 죽을 때까지 독재 권력을 놓지 않았습니다.

제2차 세계대전이 일어나다

1939년, 독일은 소련과 불가침 조약을 맺은 뒤 폴란드를 점령했습니다. 히틀러는 전쟁을 위해, 그토록 비난하던 공산주의와 손을 잡았습니다. 살얼음판 걷듯 조심스레 관망하던 영국과 프랑스가 독일에 선전포고를 하면서 제2차 세계대전이 시작되었습니다.

독일이 프랑스로 넘어오려면 마지노선을 넘어야 했습니다. 마지노선은 제1차 세계대전 후 프랑스가 독일과의 국경선에 구축한 난공불락의 요새였습니다. 독일군은 마지노선을 피해, 방어선이 구축되어 있지 않은 아르덴 지역을 통해 기습 공격을 감행했습니다. 허를 찌른 독일군의 공격에 프랑스는 항복하고 맙니다. 독일은 영국을 제외한 유럽 거의 전부를 손에 넣었습니다.

독 · 소 불가침 조약을 풍자한 그림. 아래에 "신혼이 얼마나 오래 갈까?"라 적힌 글처럼, 세계를 놀라게 한 이 조약은 누가 봐도 머지않아 깨질 것이 분명했다.

쉽사리 백기를 든 프랑스와 달리 영국은 처칠의 지휘 아래 항전하는 길을 택했습니다. 독일과 영국의 공군 대결에 이어 해전이 치열하게 벌어졌습니다. 영국은 미국이 배에 실어 보내는 물자에 의존하면서 가까스로 독일군의 공격을 막아 냈습니다.

1941년, 히틀러는 불가침 조약을 깨고 소련 공격에 들어갔습니다. 그러나 소련은 쉽게 무너지지 않았습니다. 또한 전쟁이 장기화되면서 독일군의 물자 보급에 차질이 생길 수밖에 없었습니다. 그러던 차에 독일과 동맹을 맺은 일본이 미국 하와이의 진주만 기지를 공격했습니다. 이에 미국이 참전하면서, 전쟁은 유럽 일대를 벗어나 진짜 '세계' 대전으로 확대되었습니다.

미국이 공급하는 화물차, 통신 장비 등은 영국과 소련에 큰 힘이 되었습니다. 동부 전선에서 소련이 버티는 가운데, 서부 전선에서는 연합군이 이탈리아로 쳐들어가 무솔리니 정권을 무너뜨린 뒤 노르망디 상륙작전으로 프랑스 등을 해방시켰습니다. 수세에 몰린 히틀러가 자살한 후 독일이 항복하고, 일본만 남아 전쟁을 계속했습니다. 마침내 미국의 원자폭탄 공격으로 일본도 항복함으로써 제2차 세계대전이 끝을 맺습니다(1945).

냉전 시대를 넘어 새로운 혼란 속으로

제2차 세계대전에서는 원자폭탄을 비롯한 최첨단 무기가 무차별적으로 사용된 결과 약 5천만 명이 목숨을 잃었습니다. 인간 이성의 힘을 의심케 하는 홀로코스트(유대인 대량 학살)도 일어났습니다. 이 전쟁은 과학 기술의 방향과 인류의 미래에 대한 근본적 검토가 절실함을 보여 주었습니다.

유럽은 제2차 세계대전 후 패권을 완전히 내려놓았습니다. 영국과 프랑스의 국력이 크게 쇠퇴한 가운데 아시아, 아프리카의 여러 나라가 식민 지배에서 벗어났습니다. 이후 미국과 소련이 국제 정치를 주도했습니다. 두 국가는 전쟁 중 나치 독일을 물리치기 위해 손을 잡았지만, 공동의 적이 사라지자 첨예하게 대립하기 시작했습니다.

세계는 미국과 소련 중심의 두 진영으로 나뉘어 체제 경쟁에 돌입했습니다. 이 시기를 냉전 시대라 합니다. 1947년에 미국의 트루먼 대통령이 공산주의 세력의 확대를 막겠다고 선언함으로써(트루먼 독트린) 냉전이 공식적으로 시작되었습니다. 냉전의 산물로 베를린 장벽과 한반도 분단이 꼽히지요. 냉전은 실제 전쟁인 열전에 반대되는 표현입니다. 언제라도 맞붙어 싸울 것처럼 두 체제는 군사력을 강화하고 이념 공세를 펼쳤습니다. 우리나라가 6·25 전쟁 후 긴 세월 반공주의에서 헤어나지 못한 것처럼, 세계도 좌우 이념 대립과 체제 경쟁이 극심했습니다. 미국에서는 1949년 중화인민공화국 수립 후 반공주의가 더욱 강화되었습니다. 1950년에는 상원의원 매카시가 "국무부에 공산주의자들이 있다."고 발언한 것을 시작으로, 공산주의자들을 색출해 처벌하는 매카시즘 열풍에 휩싸였습니다.

공산주의는 전 세계 지표 면적의 3분의 1까지 세력을 확장하면서 자본주의 진영을 위협했습니다. 그러나 현실의 공산주의 국가들은 마르크스와 엥겔스, 레닌의 이상에서 한참 멀어져 있었습니다. 국가 권력이 점점 강해지면서 당 간부들과 일반 국민 사이에는 갈등의 골이 깊이 파였습니다. 체제 유지를 위한 억압, 일당 독재, 경제 침체 등의 문제도 계속되었습니다. 1989년에 베를린 장벽이 무너진 후 독일은 1990년에 통일을 이루었습니다. 소련도 1991년 12월에 해체되었습니다. 동유럽 여러 나라에서도 공산주의 체제가 무너지면서 세계는 냉전의 시대에서 벗어났습니다.

그러나 세계 곳곳에서 서로 다른 종교, 인종 등을 이유로 갈등이 계속되고 있습니다. 이는 잘 알려진 유고슬라비아 내전, 팔레스타인 분쟁, 르완다 내전처럼 동유럽, 중동, 아프리카 등 일부 지역에 국한된 현상이 아닙니다.

최근에만 해도 프랑스의 인종 차별 사례가 보도된 바 있습니다. 2013년 10월 프랑스에서는 기아나(남아메리카에 있는 프랑스 해외 영토) 출신의 토비라 장관에게 한 소녀가 "원숭이야, 바나나 먹어라!" 하고 외쳤다고 합니다. 이 사건은 극우파 잡지의 제목에 토비라를 원숭이에 빗댄 문구가 실리면서, 지식인들의 비난과 유엔 산하 인권위원회의 경고로 이어졌습니다. 소위 선진국이라는, 의식 있을 거라 생각되는 국가들조차 인종 차별에서 벗어나지 못한 것입니다. 오히려 이민자들이 일자리를 뺏는다는 생각에서 최근 인종주의가 더욱 심화되고 있다고 합니다.

2001년에 일어난 9·11 테러, 2013년에 일어난 보스턴 마라톤 테러처럼 무고한 생명을 앗아 가는 테러리즘의 위협도 도사리고 있습니다. 9·11 테러의 경우, 미국이 보복에 나서면서 아프가니스탄 침공과 이라크 전쟁으로 이어졌습니다. 그러나 복수는 복수를 낳게 마련입니다. 피로 얼룩진 과거사를 반복해서는 안 되겠지요.

2008년에 시작된 세계적 금융 위기를 비롯해 서로 긴밀히 얽힌 국제 문제들과 지구 온난화를 비롯한 환경 문제, 소수자의 권리 등 인류가 힘을 합쳐 풀어 가야 할 문제가 많습니다.

한 사람, 한 사람이 현실을 직시하고 미래를 준비해 갈 때입니다. 지난 역사에서 지혜를 얻는다면, 앞으로 닥칠 세계 변화에 조금은 능동적으로 대처할 수 있지 않을까요?

단숨에 정리되는 서양사 연표

◈ 기원전

3500년경 인류 최초의 문명인 메소포타미아 문명이 탄생하다.

3000년경 이집트 문명이 탄생하다. 오리엔트 문명의 영향을 받아 에게 문명이 탄생하다.

1400년경 크레타 문명이 몰락하고 뒤이어 미케네 문명이 발달하다.

1200년경 미케네 문명이 몰락하고 그리스 세계의 암흑기가 시작되다(약 400년간).

800년경 그리스 세계에 폴리스들이 등장하다. 페니키아 문자를 변형한 알파벳이 사용되기
시작하다.

431년 아테네와 스파르타 사이에 펠로폰네소스 전쟁이 일어나다(~404년).

334년 마케도니아의 알렉산드로스가 페르시아 원정을 떠나다.

323년 헬레니즘 시대가 시작되어 그리스 문화가 오리엔트 지역으로 퍼지다(~기원전 31년).

264년 로마와 카르타고가 포에니 전쟁을 치르다(~146년).

133년 로마의 티베리우스 그라쿠스가 농지 개혁을 주장하다.

73년 검투사 스파르타쿠스가 반란을 일으키다(~71년).

60년 로마의 카이사르, 폼페이우스, 크라수스가 1차 삼두정치를 시작하다.

27년 아우구스투스를 필두로 로마 제정이 시작되다.

◈ 서기

313년 로마 콘스탄티누스 대제가 크리스트교를 공인하다(밀라노 칙령).

395년 로마 제국이 동로마와 서로마로 분열되다.

476년 서로마 제국이 게르만족의 침입으로 멸망하다.

527년 비잔티움 제국의 유스티니아누스 대제가 통치를 시작하다.

726년 비잔티움 제국의 레오 3세가 성상 숭배 금지령을 내리다.

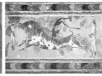

800년 프랑크 왕국의 카롤루스 대제가 교황으로부터 서로마 황제의 관을 받다.

962년 동프랑크의 오토 1세가 교황으로부터 신성 로마 제국 황제의 관을 받다.

1054년 크리스트교가 로마 가톨릭과 그리스정교로 나뉘다.

1075년 하인리히 4세가 교황에게 무릎을 꿇다(카노사의 굴욕).

1096년 십자군 전쟁이 시작되다(~13세기 말).

1158년 유럽 최초의 대학인 볼로냐 대학이 자율권을 얻다.

1215년 영국의 존 왕이 마그나 카르타(대헌장)에 서명하다.

1309년 교황청이 프랑스 아비뇽으로 옮겨지다(아비뇽 유수).

1337년 영국과 프랑스가 백년전쟁을 벌이다(~1453년).

14세기 중엽 유럽에 흑사병이 퍼지다.

14세기경 이탈리아에서 르네상스가 시작되다.

1405년 중국 명나라의 정화가 해외 원정을 시작하다(1433년까지 일곱 차례).

1453년 비잔티움 제국이 오스만 제국에게 멸망하다.

1455년 영국에서 장미전쟁이 일어나다(~1485년).

1486년 마녀사냥 방법이 책으로 정리되다(16~17세기에 마녀사냥이 절정에 이름).

1488년 바르톨로메우 디아스가 항해 끝에 희망봉(아프리카 남단)에 이르다.

1492년 콜럼버스가 아메리카에 상륙하다.

1498년 바스쿠 다 가마가 인도 항로를 개척하다.

1517년 루터의 95개조 반박문으로 종교개혁이 시작되다.

1521년 아스텍 제국(오늘날의 멕시코)이 에스파냐의 침입으로 무너지다.

1522년 마젤란 일행이 세계 일주에 성공하다.

1532년 잉카 제국(오늘날의 페루)이 에스파냐의 침입으로 멸망하다.

16~19세기 아프리카 흑인들이 노예가 되어 아메리카로 끌려가다(노예무역).

1534년 헨리 8세의 이혼을 계기로 영국 국교회가 탄생하다.

1543년 코페르니쿠스가 지동설을 발표하다.

1562년 프랑스에서 위그노 전쟁이 일어나다(~1598년).

1568년 네덜란드 독립 전쟁이 시작되다(~1648년).

1588년 영국이 에스파냐의 무적함대를 격파하다.

1618년 독일에서 30년 전쟁이 일어나다(~1648년).

1628년 영국의 찰스 1세가 권리청원을 승인하다.

1642년 영국에서 청교도혁명이 일어나다(~1649년).

1643년 프랑스의 루이 14세가 왕위에 오르다(~1715년).

1688년 영국에서 명예혁명이 일어나다.

1689년 영국 의회가 권리장전을 승인받다.

17세기 유럽에 과학혁명이 일어나다.

18세기 시민혁명의 사상적 기초를 이룬 계몽사상이 유럽으로 퍼지다.

18세기 후반 영국에서 산업혁명이 시작되다.

1776년 독립선언 발표로 미국이 세워지다.

1789년 프랑스혁명이 일어나다(~1799년).

1804년 나폴레옹이 황제가 되다. 생도맹그의 흑인들이 독립국 아이티를 세우다.

1814년 빈 회의에서 혁명 이전으로 돌아갈 것을 결정하다(~1815년).

1823년 미국이 아메리카에 대한 유럽의 간섭을 막기 위해 먼로 선언을 발표하다.

1830년 프랑스에서 7월 혁명이 일어나다.

1838년 영국 노동자들이 참정권을 요구하는 차티스트 운동을 시작하다.

1848년 프랑스에서 2월 혁명이 일어나다. 마르크스, 엥겔스가 《공산당 선언》을 발표하다.

1861년 통일된 이탈리아 왕국이 세워지다. 미국에서 남북전쟁이 일어나다(~1865년).

1871년 프로이센의 주도로 독일이 통일되다. 프랑스에 파리 코뮌이 세워지다.

19세기 후반 서양 열강이 아프리카, 아시아에 식민지를 건설하기 시작하다(제국주의).

1898년 아프리카 분할을 둘러싼 영국과 프랑스의 대립으로 파쇼다 사건이 일어나다.

1899년 영국이 보어인들이 세운 두 나라를 침입하여 보어 전쟁을 일으키다.

1904년 러일전쟁이 일어나다(~1905년).

1905년 러시아에서 피의 일요일 사건이 일어나다.

1912년 발칸전쟁이 일어나다(~1913년).

1914년 제1차 세계대전이 일어나다(~1918년).

1917년 러시아혁명이 일어나다.

1922년 소련이 성립하다. 이탈리아에서 무솔리니가 집권하다.

1929년 미국에서 대공황이 일어나다.

1933년 독일에서 히틀러가 집권하다. 미국이 뉴딜 정책을 실시하다.

1936년 에스파냐 내전이 일어나다(~1939년. 파시즘 대 반파시즘의 전쟁).

1939년 제2차 세계대전이 일어나다(~1945년).

1947년 트루먼 독트린으로 냉전 시대가 시작되다.

1949년 중화인민공화국이 수립되다.

1950년 미국이 공산주의자들을 색출하는 매카시즘에 휩싸이다.

1989년 베를린 장벽이 무너지다.

1990년 분단되었던 독일이 통일되다.

1991년 소련이 해체되다. 발트 3국이 독립하다. 유고슬라비아 내전, 걸프 전쟁이 일어나다.

1993년 유럽연합(EU)이 출범하다.

1997년 온실가스 감축을 막기 위한 교토의정서가 채택되다.

2000년 로마 교황청이 십자군 전쟁 등 가톨릭의 잘못을 인정하고 사과하다.

2001년 미국 뉴욕 세계무역센터가 폭파되다(9·11 테러). 미국이 아프가니스탄을 침공하다.

2003년 미국과 동맹국들의 공격으로 이라크 전쟁이 일어나다(~2011).

참고 문헌

김덕수, 《그리스와 로마》, 살림, 2004

김응종, 《서양의 역사에는 초야권이 없다》, 푸른역사, 2005

김중락, 〈크리스토퍼 힐과 잉글랜드 혁명 그리고 시민혁명론〉, 《영국연구》 10, 2003

김진경 외, 《서양 고대사 강의 개정판》, 한울, 2011

김진경, 《고대 그리스의 영광과 몰락》, 안티쿠스, 2009

김창성, 《사료와 그림으로 보는 세계사 산책−서양 고대》, 솔, 2003

노명식, 《프랑스 혁명에서 파리 코뮌까지, 1789∼1871》, 책과함께, 2011

노명우, 《프로테스탄트 윤리와 자본주의 정신, 노동의 이유를 묻다》, 사계절, 2008

로버트 O. 팩스턴, 손명희 · 최희영 옮김, 《파시즘−열정과 광기의 정치 혁명》, 2005

로버트 서비스, 김남섭 옮김, 《코뮤니스트》, 교양인, 2012

미하엘 유르크스, 《크리스마스 휴전, 큰 전쟁을 멈춘 작은 평화》, 예지, 2005

박지향, 《클래식 영국사》, 김영사, 2012

발터 부르케르트, 남경태 옮김, 《그리스 문명의 오리엔트 전통》, 사계절, 2008

베터니 휴즈, 강경이 옮김, 《아테네의 변명》, 옥당, 2012

서양사학자 13인, 《서양 문화사 깊이 읽기》, 푸른역사, 2008

서양중세사학회, 《서양 중세사 강의》, 느티나무, 2003

손영호, 《다시 읽는 미국사》, 교보문고, 2011

송충기 외, 《세계화 시대의 서양 현대사》, 아카넷, 2009

스티브 A. 스미스, 류한수 옮김, 《러시아 혁명: 1917년에서 네프까지》, 박종철출판사, 2007

아민 말루프, 김미선 옮김, 《아랍인의 눈으로 본 십자군 전쟁》, 아침이슬, 2002

육영수, 《혁명의 배반 저항의 기억−프랑스혁명의 문화사》, 돌베개, 2013

윤진, 〈중학교 사회 교과서에 나오는 서양 고대사 서술의 문제〉, 《호서사학》 50, 2008

이기영, 〈서유럽에서 노예제사회로부터 농노제의 이행요인−기독교, 계약, 인구 및 노동력에 대한 검토〉, 《서양사론》 96, 2008

이성형, 《콜럼버스가 서쪽으로 간 까닭은?》, 까치, 2003

이영림 외, 《근대 유럽의 형성: 16∼18세기》, 까치, 2011

이옥순 외, 《오류와 편견으로 가득한 세계사 교과서 바로잡기》, 삼인, 2007

임승휘, 《유럽의 절대 군주는 어떻게 살았을까?》, 민음인, 2011

자크 르 고프 외, 최애리 옮김, 《중세를 찾아서》, 해나무, 2005

장영란, 《장영란의 그리스 신화》, 살림, 2005

정기문 외, 《역사학의 성과와 역사교육의 방향》, 책과함께, 2013

정기문, 《로마는 어떻게 강대국이 되었는가?》, 민음인, 2010

조준현, 《청소년을 위한 쏙쏙 경제사》, 인물과사상사, 2012

조한욱, 〈마녀사냥의 마법〉, 《역사비평》 겨울호, 1994

존 엘리스, 정병선 옮김, 《참호에서 보낸 1460일》, 마티, 2005

주경철, 《네덜란드》, 산처럼, 2003

주경철, 《문명과 바다》, 산처럼, 2009

주명철, 《오늘 만나는 프랑스 혁명》, 소나무, 2013

진중권, 《춤추는 죽음 1》, 세종서적, 1997

질 망스롱, 우무상 옮김, 《프랑스 공화국 식민사 입문》, 경북대학교출판부, 2013

차용구, 《로마 제국 사라지고 마르탱 게르 귀향하다》, 푸른역사, 2003

최갑수, 〈1789년 '인권선언'과 혁명기의 담론〉, 《프랑스사 연구》 4호, 2001

최창모, 《기억과 편견─반유대주의의 뿌리를 찾아서》, 책세상, 2004

케네스 포메란츠 외, 박광식 옮김, 《설탕, 커피, 그리고 폭력》, 심산, 2003

크리스토퍼 브룩, 이한우 옮김, 《수도원의 탄생》, 청년사, 2005

키아라 프루고니, 곽차섭 옮김, 《코앞에서 본 중세》, 길, 2005

토마스 이디노풀로스, 이동진 옮김, 《예루살렘》, 그린비, 2002

페르디난트 자이프트, 차용구 옮김, 《중세, 천년의 빛과 그림자》, 현실문화, 2013

하워드 진, 《살아있는 미국 역사》, 추수밭, 2008

허승일 외, 《인물로 보는 서양 고대사》, 길, 2006

헤시오도스, 김원익 옮김, 《신통기》, 민음사, 2003

황대현, 《서양 기독교 세계는 왜 분열되었을까?》, 민음인, 2011

후지사와 미치오, 임희선 옮김, 《이야기 이탈리아사》, 일빛, 1999

본문의 도판 사용과 관련해 도움을 주신 서명준(디오니소스 극장), 류천(노트르담 대성당 장미창), Urse Ovidiu(표지의 콜로세움), Bernard Gagnon(로마 수도교) 님께 고마운 마음을 전합니다.

서양 역사 5천년에 대한 이해가 달라진다!

단숨에 정리되는 세계사 이야기

초판 1쇄 발행일 | 2014년 4월 5일
초판 9쇄 발행일 | 2023년 1월 20일

지은이 | 정헌경
펴낸이 | 이우희
펴낸곳 | 도서출판 좋은날들

출판등록 | 제2011-000196호
등록일자 | 2010년 9월 9일
일원화공급처 | (주) 북새통
(03938) 서울시 마포구 월드컵로36길 18 902호
전화 | 02-338-0117 · 팩스 | 02-338-7160
이메일 | igooddays@naver.com
디자인 | su:
copyright ⓒ 정헌경, 2014
ISBN 978-89-98625-05-4 43900

국립중앙도서관 출판시도서목록(CIP)

단숨에 정리되는 세계사 이야기 : 서양 역사 5천년에 대한 이
해가 달라진다! / 지은이: 정헌경. ― 서울 : 좋은날들, 2014
  p. ;   cm
ISBN 978-89-98625-05-4 43900 : ₩12800
서양사[西洋史]
920-KDC5   CIP2014009245